소설로 읽는 **한국환경생태사2**: 산업화 이후편

서연비람은 조선 시대 왕궁 내, 강론의 자리였던 서연(書筵)에서 강관(講官)이 왕세자에게 가르치던 경전의 요지를 수집하여 기록한 책(비람備覽)을 말합니다. 서연비람 출판사는 민주주의 국가의 주인인 시민들 역시 지속 가능한 과거와 현재, 미래의 이치를 깨우치고 체현해야 한다는 믿음으로 엄착한 도서를 발간합니다.

소설로 읽는 한국문화사 제4집

소설로 읽는 **한국환경생태사2**: 산업화 이후편

초판 1쇄 2024년 12월 31일

지은이 김종성 · 정라헬 · 김세인 · 박숙희 · 정우련 · 배명희 · 채희문 · 마린 · 은미희
편집주간 김종성
편집장 이상기
펴낸이 윤진성
펴낸곳 서연비람
등록 2016년 6월 29일 제2016-000147호
주소 서울시 강남구 언주로30길 57, 제E동 제10층 제1011호
전자주소 birambooks@daum.net

ⓒ 김종성 · 정라헬 · 김세인 외, 2024, Printed in Korea.

ISBN 979-11-89171-82-7 04910
ISBN 979-11-89171-80-3 (세트)

값 16,500원

소설로 읽는 한국문화사 제4집

소설로 읽는

한 국 환 경 생 태 사 2

산업화 이후편

소설로 읽는 한국문화사 편찬위원회 편

서연비람

차례

머리말 ……………………………………… 7

1. 불의 협곡―불의 땅 3: 아연제련소 환경문제 - 김종성
……………………………………………………… 9

2. 온산향가: 온산공단 환경오염 - 정라헬
………………………………………………… 109

3. 둥지 잃은 새:천수만간척사업 - 김세인
………………………………………………… 133

4. 곡지 씨의 개나리:원자력발전소 방사능오염 - 박숙희
………………………………………………… 155

5. 은어가 사는 강물: 낙동강 페놀 수질오염 - 정우련
………………………………………………… 177

6. 너무 늦지 않게:새만금간척 개발 - 배명희
………………………………………………… 199

7. 무지개다리 건너는 법:의료 폐기물 - 채희문
………………………………………………… 223

8. 풀잎들:밀양송전탑 사건 - 마린 ………… 243

9. 마고할미가 울었어:골프장 환경오염 사건 - 은미희
………………………………………………… 265

작품 해설 - 김종성 …………………………… 315

집필 작가 소개 ……………………………… 325

머리말

   '소설로 읽는 한국문화사' 제4집 출간을 준비하는 동안 ㈜한국작가회의 집행부에 변동이 있어서 편자가 ㈜한국작가회의 소설분과 위원회에서 소설로 읽는 한국문화사 편찬위원회로 바뀌게 되었다. 계약된 필자 가운데 집필을 중도에 포기한 작가와 집필 기간에 집필을 하지 못한 작가들로 인하여 출간이 늦어져 이제야 출간하게 되었다.

   그나마 다행인 것은 편찬 주체와 일부 필자가 바뀌긴 했지만, '소설로 읽는 한국문화사' 출간의 연속성을 위해 소설로 읽는 한국문화사 편찬위원회 편집주간은 김종성 소설가가, 간사는 유시연 소설가가 계속해서 맡아 수고하기로 했다. ㈜ 한국작가회의 소설분과 위원회 회원들인 소설가 18인이 '소설로 읽는 한국문화사' 제4집의 집필에 참여하여 『소설로 읽는 한국환경생태사1:산업화 이전편』과 『소설로 읽는 한국환경생태사2: 산업화 이후편』을 출간하게 되었다.

   그동안 단행본이면서 테마가 있는 문예지의 성격을 아울러 갖춘 출판물로 무크(mook)지 성격을 띠면서 출간되어 온 '소설로 읽는 한국문화사'는 제1집, 제2집, 제3집을 세상에 내보내는 동안 제1집 『소설로 읽는 한국 여성사1: 고대 · 중세편』은 신작 중편소설 1편과 신작 단편소설 7편을, 제1집 『소설로 읽는 한국 여성사2: 근세 · 현대편』은 신작 중편소설 2편과 신작 단편소설 7편을, 제2집 『소설로 읽는 한국음악사1: 고대 · 중세편』은 신작 중편소설 1편과 신작 단편소설 7편을, 제2집 『소설로 읽는 한국음악사2: 근세 · 현대편』은 신작 중편소설 1편과 신작 단편소설 8편을, 제3집 『소설로 읽는 한국문학사1: 고전문학편』은 신작 중편소설 2편과 신작 단편소설 7편을, 제3집 『소설로 읽는 한국문학사2: 현대문학편』은 신작 중편소설 3편과 신작 단편소설 6편을, 각각 실었다. 이어서 출간하는 제4집 『소설로 읽는 한국환경생태사1: 산업화 이전편』은 신작 중편소설 3편, 신작 단편소설 6편을, 제4집 『소설로 읽는 환경생태사2: 산업화 이후편』은 신작 중편소설 2편, 신작 단편소설 7편을 실었다.

『소설로 읽는 한국환경생태사2: 산업화 이후편』에 실린, 김종성의 신작 중편소설 「불의 협곡-불의 땅 3」은 낙동강 상류에서 가동 중인 아연제련소 환경문제를, 정라헬의 신작 단편소설 「온산향가」는 온산공단 환경오염 문제를, 김세인의 신작 단편소설 「둥지 잃은 새」는 천수만 간척사업을, 박숙희의 신작 단편소설 「곡지 씨의 개나리」는 원자력 발전소 방사능오염 문제를, 정우련의 신작 단편소설 「은어가 사는 강물」은 낙동강 페놀 수질오염 문제를, 배명희의 신작 단편소설 「너무 늦지 않게」는 새만금간척사업을, 채희문의 신작 단편소설 「무지개다리 건너는 법」은 의료 폐기물 문제를, 마린의 신작 단편소설 「풀잎들」은 밀양 송전탑 사건을, 은미희의 신작 중편소설 「마고할미가 울었어」는 골프장 환경오염 사건을 각각 다루고 있다.

어렵게 모은 원고를 아름다운 책으로 만들어 준 ㈜서연비람 윤진성 대표와 이상기 편집장을 비롯한 편집진의 노고에 감사드린다. 끝으로 내외 환경이 나날이 어려워져 가는 이때 혼신의 힘을 다해 작품활동을 하는 ㈔한국작가회의 회원들과 출간의 기쁨을 함께하고자 한다.

2024년 9월 22일
소설로 읽는 한국문화사 편찬위원회 편집주간
김종성

1. 불의 협곡-불의 땅 3: 아연제련소 환경문제

-김종성

1

신호등에 빨간불이 들어왔다. 종규는 머리카락을 쓸어올리며 빨간 신호등이 파란 신호등으로 바뀌길 기다리며 서 있었다. 아파트 단지를 스쳐 지나온 바람 끝이 차가웠다. 아파트 단지 담장을 따라 죽 늘어 서 있는 잣나무 가지 끝에 앉아 있던 눈송이가 떨어져 나와 허공에 휘날렸다. 한파 주의보가 내려졌다더니 정말 추위가 몰려오려는 모양이군. 종규는 낮게 중얼거렸다. 등이 검은 길고양이가 꼬리를 세운 채 화단 울타리 앞에 서 있었다. 노란 버스 뒤로 검은 승용차가 바짝 따라갔다. 옆구리에 동백어린 이집이라고 쓰여 있는 노란 버스가 앞으로 튀어나올 것 같이 망막에 넓게 퍼졌다. 노란 버스가 가까이 다가오는 듯한 느낌을 받았을 때 신호등에 파란불이 들어왔다. 신호등에 24라는 숫자가 떴다. 종규는 좌우로 살피며 천천히 횡단보도로 발걸음을 옮겼다. 화단 울타리를 뛰어넘어 온 길고양이가 횡단보도를 가로질러 세븐일레븐 편의점이 자리 잡고 있는 골목으로 재빨리 달아났다. 4라는 숫자가 파란 신호등에 나타났다. 종규는 발걸음을 빨리했다.

다시 신호등에 빨간불이 들어왔다.

"아침 일찍 어디를 다녀오십니까?"

희재가 경비실에서 나오며 물었다. 그는 그린 월드아파트에서 경비반장을 맡고 있었다.

"일회용 면도기를 사러 편의점에 다녀오는 길입니다."

종규가 그에게 일회용 면도기를 들어 보였다.

"일본 정부가 사도광산(佐渡鑛山)의 세계문화유산 등재를 위한 정식 추천서를 유네스코에 다시 제출했다는 뉴스 보셨지요?"

약간 네모진 턱을 들며 희재가 말했다.

그는 일제 강점기에 일본 니가타현 사도가시마에 있는 사도광산에 끌려가 금·은광석과 아연광석을 캐는 강제 노역을 하다 해방 때 귀국했던 아버지 이야기를 자주 하곤 했다.

"네. 어제저녁 9시 뉴스에서 봤습니다. 사도광산이 전쟁범죄기업인 미쓰비시광업회사(三菱鑛業會社)가 운영했던 회사더군요."

종규가 낮은 음성으로 말했다.

"선친이 사도광산에 천 명이 넘는 한국인들이 일본인들에게 끌려가 강제 노역을 했다고 말하곤 했어요."

희재가 아늠을 오른손으로 쓰담으며 말했다.

그는 청계제련소에서 동해항까지 황산을 실은 탱크로리를 운전하다가 곱둔재에서 타이탄 트럭과 추돌사고를 일으켜 3년 만에 그만두고 울평의 해명공업단지 한가운데에 자리 잡고 있는 해명동제련소를 드나들며 광미(鑛尾)를 단양의 시멘트공장으로 실어 나르는 일과 해명아연제련소와 해명동제련소를 오가며 광미를 실어 나르는 일을 했다.

비철금속 제련업체인 해명동제련소는 더 이상 뽑아낼 금속이 없게 된 광미를 시멘트 제조 원료로 단양의 시멘트공장에 보냈고, 원광석에서 구리를 뽑아내고 남은 부산물인 광미를 바로 옆의 해명아연제련소로 보냈다. 구리를 제련할 때 나오는 광미에 다량 함유돼 있는 아연을 추출하도록 하기 위한 것이었다. 해명아연제련소는 대신 아연 원광석에서 아연을 뽑아내고 남은 광미를 해명동제련소로 보냈다. 아연을 추출하고 난 광미에 해명동제련소가 전문으로 제련하는 구리 성분이 다량 함유되어 있기 때문이었다.

"잘 알려지지 않은 사실이지만, 청계제련소와 해명아연제련소를 운영하는 일신(日新) 그룹의 뿌리가 미쓰비시광업회사 염화광업소란 걸 부인할 수 없는 사실이지요."

종규가 숙였던 고개를 천천히 들며 말했다.

그가 태어나 자랐던 청계리 염화촌과 희재가 태어나 자랐던 대치리는 염화산(炎火山) 자락을 가운데에 두고 똬리를 틀고 있었다.

"나도 염화산에서 아연광석을 캐던 일본 회사가 미쓰비시광업회사라는 이야기를 아버지한테서 들은 적이 있어요."

"참, 천리는 요즘 어때요?"

"이동·남사읍에 반도체 산업단지와 신도시가 들어온다고 들썩거리고 있는데, 원주민들이 보상금을 받아서는 대체 토지를 이동·남사읍과 가까운 안성 같은 데서 사들이기에 턱없이 부족하다고 하더군요. 안성 땅값도 많이 올랐어요."

희재가 해명동제련소에서 삼척시 백마시멘트 공장으로 광미를 싣고 가다가 마주 오는 트럭과 충돌하여 오십천으로 추락했던 사고로 크게 다쳐 일 년 동안 병원에서 치료를 받은 뒤 그만두고 동생이 처인구청 앞에서 굴밥식당을 하는 용인으로 이사를 온 것은 십여 년 전의 일이었다. 그는 처인구청에서 청소차를 끌다가 정년퇴직하고 이동읍 천리에 있는 라이프타워아파트에서 살고 있다고 했다.

"그나마 남아 있던 마을숲들이 모두 사라지겠군요."

종규가 남사읍의 마을숲을 떠올렸다.

"반도체 산업단지가 들어선다는데 마을숲이 남아나겠어요."

희재가 고개를 끄덕였다.

종규가 현관문에 달린 도어록의 비밀번호를 눌러 문을 열고, 전실로 들어섰을 때 휴대전화 벨소리가 울렸다. 종규는 휴대폰 폴더를 열었다. 문조사 이 주간이었다.

"그리스 로마 신화에 나오는 인물들을 작가들이 한 사람씩 맡아 경장편 소설로 펴내는 작업을 하려고 하는데요…… 선생님께서는 '메디아'를 맡아 200자 원고지로 600매 정도 써주시면 되겠습니다."

"메디아?"

"네. 남편을 빼앗아 간 신부에게 노란색 독을 품은 드레스를 선물해 드레스를 입은 신부가 골격 관절이 뒤틀어지며 서서히 죽어 가게 만든 여자지요."

"노란색 독을 품은 드레스…… 이제 생각났네요. 사람들은 오래전부터 카드뮴이라는 금속에 들어있는 원소로 노란색을 만들어서 물감으로 사용하기도 했다는 걸 어떤 책에서 읽은 적이 있네요……."

"사람이 만들어 낼 수 있는 가장 아름다운 노란색을 흔히 '카드뮴 옐로'라 부른다지 않습니까?"

"카드뮴이라는 금속 원소에는 독이 들어 있어서 아연제련소와 아연광산에서 흘러나온 카드뮴에 오염된 물을 마시고, 그 물로 재배한 농작물을 먹고, 주민들이 그리스신화 속의 신부와 똑같은 증세로 죽어 가는 사건이 일본에서 일어났고, 우리나라에서도 발생한 걸 보면……."

"써 주시겠지요?"

"언제까지 집필하면 되나요?"

"내년 3월 말까지 써 주시면 되겠습니다."

"집필 기간이 대략 6개월 정도 되겠네요."

"기간 내에 작품을 못 끝낼 거 같으면 출판사와 의논해 연장하면 됩니다."

이 주간의 목소리가 송수화기에서 사라졌다.

종규가 엘리베이터에서 내려 복도로 걸음을 뗐다. 전실문 앞에 택배가 하나 던져져 있었다. 원기가 보낸 우편물이었다. 겉봉투에 '일신환경예술상 수상작가 이원기 환경 사진집 『금강송을 찾아서』'라고 쓰여 있었다. 여섯 그루의 금강송이 담긴 사진이 표지를 장식하고 있었다.

"사진작가 마가렛 버크화이트처럼 '사실(事實)'과 '미(美)'를 사진의 기본으로 삼고 아무리 비참한 사실이라도 거기에는 신성한 가치가 있다는 것을 믿고 사진 작업에 임했다…….' 이 친구, 언제 마가렛 버크화이트를 다 공부했어."

종규는 『금강송을 찾아서』의 책장을 넘기며 웅얼거렸다.

『청계협곡의 금강송』이라는 사진집으로 일신환경예술상을 수상한 원기가 펴낸『금강송을 찾아서』는 '환경 사진집'인지 '환경 에세이집'인지 헷갈릴 성도로 금강송 사진이 차지하고 있는 지면보다 금강송에 관한 글이 더 많이 지면을 차지하고 있었다. 금강송에 대한 자료를 많이 찾아 읽었네. 종규는 혼잣소리로 중얼거리며『금강송을 찾아서』의 책장을 덮었다.

휴대전화가 울렸다. 종규가 휴대전화 폴더를 열었다.

"어이, 종규, 오래간만이다."

원기의 굵직한 목소리가 송수화기에서 흘러나왔다.

"책 잘 받았다. 사진만 잘 찍는 줄 알았는데, 글도 잘 썼더군."

종규가 말했다.

"자료 보고 쓴 거야."

"자료는 어떻게 구했는데?"

"산곡군청과 울진군청의 도움을 좀 받았지."

"육송정 삼거리 묘사를 잘했더라."

종규가『금강송을 찾아서』의 책장을 펼치며 말했다.

"……."

"내가 한번 읽어볼게. '산곡과 태백을 잇는 국도에서 청계로 들어오는 낙동강을 따라 난 사잇길이 육송정 삼거리로 가는 길이다. 황지천과 철암천이 동점 구문소에서 만나 낙동강 본류를 이루며 흘러가 육송정 삼거리에서 서쪽에서 들어와 합류하는 청정천을 만나 비로소 큰 물줄기를 형성해 완연한 낙동강의 모습을 이룬다. 가야와 신라 문명의 발상지인 낙동강이 비로소 낙동강답게 흘러가는 첫 물길이 바로 이곳 육송정 삼거리를 휘돌아 가는 낙동강이다. 육송정 삼거리에는 쉼터와 작은 가게 외에 민가는 없었다. 예전에는 육송정 삼거리에는 식당이 있었고, 가게에서 버스표도 팔았다. 88올림픽이 서울에서 개최될 무렵 청옥산을 관통하는 터널과 새 길이 청계면 외곽을 지나가는 바람에 육송정 삼거리는 더 한적한 곳이 되어버렸다. 육송정 삼거리에서 30분 정도 걸어가면 곱둔재 아래에 금강송

숲에 둘러싸여 있는 청계서당이 보인다.' 웬만한 작가보다 글을 잘 썼어."

종규는 『금강송을 찾아서』의 책장을 덮었다.

"……고마워. 가방끈이 짧은 반거충이가 글을 잘 쓰면 얼마나 잘 쓰겠어."

원기가 잠시 뜸을 들였다가 입을 열었다.

"무슨 소릴 하는 거야. 일제 강점기 때 창작 활동을 한 최서해는 보통학교 3학년 중퇴가 최종 학력인데도 「홍염」같은 빼어난 소설을 발표해서 문단의 주목을 받았지."

"……."

"근데 넌, 어떻게 『금강송을 찾아서』를 내게 되었지?"

"사실, 금강송 사진을 찍어 봐야 사진집을 출판해 주는 출판사를 찾기도 힘들고 해서 고민을 하고 있던 차에 서울의 일신출판사에서 '오늘의 환경총서'라는 시리즈의 하나로 금강송을 테마로 한 환경사진 에세이집을 내볼 생각이 없느냐고 연락이 왔었어."

"일신출판사면 일신문화재단에서 운영하는 출판사 아냐?"

"맞어……."

"그래 계약금은 얼마 받았어?"

"백만 원 받았어."

"괜찮게 받았네."

"금강송 찍으러 여기저기 다니느라 기름값도 안 나와."

"그래?"

"금강송은 백두대간 줄기를 타고 설악산, 오대산, 태백산에서부터 경상북도 산곡군, 울진군 등지에서 자라는 소나무를 말하잖아."

"금강송은 속이 짙은 황색이어서 황장목, 껍질에 붉은빛이 돌아 적송, 금강송 집산지였던 산곡군 춘양면의 이름을 따서 춘양목 등으로도 불렸다면서?"

"금강송은 우리가 흔히 산에서 볼 수 있는 소나무와 달리 줄기가 굽지 않고 곧으며 마디가 길어. 결이 곱고 단단해서 켠 뒤에도 굽거나 트지 않고 잘 썩지도 않아 예로부터 최고의 목재로 인정받았어. 금강송 같은 좋은 소나무를 보호하기 위하여 조선왕조는 황장금표를 세우고, 일반인이 금강송을 벌채하는 걸 법으로 금하는 등 여러 조치를 했어."

"지난주에는 미륵산에서 산림 가꾸기 작업을 했다고?"

"그랬지."

"몹시 힘들었겠어."

"힘들어도 할 수 없어."

"……."

"사진이 돈이 되야 말이지. 전번에 받은 상금으로 아들이 아파트 중도금을 치르는 데 보태주었지."

"근데 요즘 사진관은 안 하는가 보지?"

"사진관 해서 입에 풀칠하기도 어려워. 폐업한 지 몇 해 되었지. 아버지가 하던 과수원을 물려받아 하고 있지만, 돈이 안 돼. 과수원 일은 아내한테 맡겨 놓고 사진 찍으러 돌아다니거나 산림 가꾸기 작업을 하거나 하지."

"참 미륵산에도 금강송이 예전만큼은 아니지만 지금도 꿋꿋하게 자라고 있다지?"

"미륵산이 울진군 금강송면과 그리 멀지 않은 곳에 있으니까, 아직 금강송이 많이 있지."

"금강송면?"

"그전에는 울진군 서면이었는데 금강송면이라고 이름을 바꾸었지."

"난 모르고 있었네. 하여간 원기는 금강송 박사가 다 되었네."

"누가 금강송 사진작가가 아니라 할까 봐 금강송 이야기나 하고 있느냐며 비웃진 않겠지."

"누가 비웃어?"

"말마. 아내한테 과수원을 맡겨 놓고 카메라를 어깨에 메고 산만 헤매고 다닌다고 동네 사람들이 나보고 미친놈이라고 비웃었지."

"……시골에서 예술 활동하기 힘들 거야. 특히 사진예술 같은 게 더 그럴 거 같아."

"……사진을 찍어봐야 돈 주고 사는 사람도 없고……."

"네가 미륵산에서 산림 가꾸기 작업을 하고 있다는 이야길 전해 듣고 좀 놀라긴 했지."

"과수 농사를 하는 틈틈이 그나마 할 수 있는 일이 산림 가꾸기 작업이야."

"하긴 청계선 제련소에서 일하지 않는 사람은 농사일밖에 할 일이 없으니까……."

"참, 너도 뼝대 영감을 잊어버리곤 있진 않겠지?"

원기가 갑자기 생각났다는 듯이 말했다.

"그럼 해명에서 도로 청계로 이사 와서 뼝대 영감을 따라 미륵산에 다래 머루 따러 다니면서 유년 시절을 보낸 우리가 뼝대 영감을 잊어버릴 리 없지."

종규가 말했다.

육송정 삼거리에 있던 가게에서 버스표를 팔던 뼝대 영감은 젊은 시절에는 염화광업소에서 아연광석을 캐던 선산부였다. 광부 생활 10년에 남은 건 병든 몸뚱아리뿐이라는 말이 광부들 사이에 회자되었듯이 뼝대 영감이 아연광석을 캐내는 일을 그만두게 된 것은 돌가루가 폐에 들어가 하루하루 갱 속에 들어가는 게 힘들어졌기 때문이었다. 그는 선산부 생활을 하기 전에는 염화산 임꺽정 바위에서 석이를 채집하기도 하고, 뼝대 밑에 토종벌통을 만들어 놓고 벌꿀을 채취하기도 했다. 뼝대 밑에 살면서 육십이 넘은 나이에도 뼝대를 잘 탄다 해서 뼝대 영감이라고 불렀다. 뼝대 영감은 청설모처럼 재빠른 동작으로 뼝대를 타고 내려가 뼝대에 매달리곤 했다. 토종벌꿀이 살아 있는지 확인해 보기 위해 뼝대 영감은 한 달에 두어 번 뼝대를 타고 오르곤 했다.

"네가 고현대 입학시험에 합격하여 서울로 올라가던 해, 염화산 일대에 낭충봉아부패병이 급속도로 퍼져 토종벌 농가가 큰 피해를 봤어. 한번 퍼지면 그 확산 속도가 매우 빠르고 예방과 치료가 안 돼 피해가 극심했어."

"난 청계에서 그런 일이 벌어지고 있는지 몰랐네."

"토종벌 농사가 큰 피해를 보자, 뼝대 영감이 사흘이 멀다하고 뼝대를 오르내리기 시작했어. 자칫 잘못하면 뼝대 아래로 떨어질 것만 같은 위험한 순간이 자주 있었지. 바위틈에 뿌리를 내리고 있는 참나무 가지 하나를 왼손으로 잡고 서서 뼝대 영감이 벌통 뚜껑을 따곤 했어. 그걸 바라보노라면 이마와 손에서 땀이 저절로 배어나기 시작했어. 다행히 뼝대 절벽 아래의 토종벌통에는 병이 퍼지지 않았어."

육송정 삼거리 초입에서 낙동강과 만나는 청정천 옆으로 난 산길을 따라 올라가면 놋대접처럼 움푹 들어간 대접마을이 자리 잡고 있었다. 뼝대 아래의 솟을샘에서 물줄기가 시작되는 청정천이 마을 한가운데로 흘러가고 울창한 숲이 마을을 에워싸고 있었다.

"아직 대접마을에 주민이 살고 있나?"

"아랫골에 살던 뼝대 영감이 마지막으로 이사 가고 나서부터 아무도 안 살아."

"그렇게 되었구나."

"지금은 철근콘크리트 뼈대만 덩그러니 남아 있는 선광장 밑의 20미터 높이의 절벽을 칡넝쿨과 환삼덩굴이 뒤덮고 있어."

그해 염화광업소에서 대접마을 윗골에 대접갱을 뚫기 시작하기 전에 여섯 가구가 살았는데, 염화광업소가 나라로부터 토지의 사용권을 획득했다면서 가을걷이가 끝나면 집을 비우라 했다. 농사를 짓지 못하게 하면 어떻게 먹고 살아가라는 말이냐며, 마을 사람들이 좀처럼 이사를 갈 생각을 안 하니까, 염화광업소에서 남자는 광부로 여자는 선광부(選鑛婦)로 취직을 시켜주겠다고 제안했다. 그리고 한 가구당 사택을 한 채씩 제공해 주고, 6개월 치 생활비를 우선 지급해 주겠다고 했다. 국유림에 불을 질러 괭이로 부대밭을 일구어 먹고 살던 화전민이었던 그들은 땅값을 보상해 달라고 말할 수 있는 처지가 되지 못했다. 어차피 나라 소유의 땅을 무단 점유하고 농사를 지어 왔던 그들이었다. 아들이 황지에서 굴삭기 기사로 일하고 있는 정 씨는 황지로 이사를 갔다. 네 가구는 염화 광업소 사택촌으로 이사를 가고, 병대 영감은 면산으로 옮겨가 묵정밭을 일구어 옥수수와 감자를 갈아 먹고, 토종벌을 치며 살았다. 면산의 서쪽 사면에는 구문소가 자리 잡고 있으며, 동쪽 사면에는 병풍처럼 둘러싸인 산지 속에 폭포가 흩어져 있어 자연경관이 빼어나게 아름다운 덕풍계곡이 있다.

2

1미터가 넘는 잠자리가 하늘로 날아올랐다. 땅이 흔들렸다. 인목과 코르다이테스에 달라붙어 있던 삼엽충과 진딧물이 우수수 떨어졌다. 암모나이트, 노틸러스, 해백합들이 물결에 휩쓸려갔다. 상어, 폐어, 그리고 갑주어들이 산더미 같은 파도에 휩쓸려 와 높이가 수십 미터나 되는 고사리 숲을 덮었다. 방추층과 실리캔스들이 바다나리, 사방산호, 판산산호들에 뒤엉켜 밀려왔다. 퇴적물이 쌓였다. 식물들이 죽어 갔다. 죽은 나무들이 썩지 않은 채 광석층을 이루었다. 가스가 밀려왔다. 폭발음이 들렸다. 땅이 쪼개졌다. 시뻘건 불기둥이 하늘로 치솟았다.

휴대전화기의 벨소리에 종규는 눈을 떴다. 잠자리도 사라지고 없었고, 시뻘건 불기둥은 보이지 않았다. 그는 몸을 일으켜 휴대전화기를 찾으려고 손을 뻗쳤다. 손가락이 잘 펴지지 않았다. 전화벨 소리가 계속 공기를 휘저었다.

"전하 왔어요."

정혜가 독서등 밑에 있는 휴대전화기를 집어 들어 폴더를 열고 종규의 귀에 갖다 댔다.

"어젯밤 늦게까지 작업했는가 봐."

황 교수의 걸걸한 목소리가 튀어나왔다.

"황 교순, 잠도 없는가……?"

"김 주간, 몇 시쯤 올 거야?"

"아침 먹고 떠나려고 해."

"그럼 좀 늦겠네."

"연구실이 한강 오피스텔 2동 906호지?"

"번거롭게 오피스텔로 올 필요가 없어. 마침 종로로 나갈 약속이 있으니 2시 30분쯤 종각 앞에서 만나지 뭐."

황 교수는 민주화를 요구하는 대학교수 100인 서명 운동에 앞장섰다가 대학에서 해직된 뒤 안동대학을 비롯한 몇 군데 대학에 시간강사로 나가면서 토종 물고기의 생태를 연구하고 있었다.

종규는 종로1가 버스정류장에서 내려 종각을 향해 천천히 걸어갔다. 갸름하게 생긴 얼굴의 황 교수가 누런 서류봉투를 들고 종각 앞에서 서성거리고 있었다.

두 사람은 골목으로 들어가 커피숍에서 마주 보고 앉았다.

"집필하고 있는 책은 잘 되고 있어?"

종규가 자리에 앉으며 물었다.

"한 절반쯤 썼어."

황 교수가 낮은 목소리로 말했다.

"태백시에 물줄기의 발원지가 3곳이나 있다는 거 알고 있지?"

"이번에 열목어 이야기를 집필하면서 알게 되었어. 검용소에서 한강이 발원하고, 황지에서 낙동강이 발원하고, 백병산에서 삼척 오십천이 발원한다는 걸 알게 되었지."

"그랬구나."

"사실, 한강의 발원지가 검용소란 사실은 이번에 처음 알았어."

"금대봉 기슭의 검용소는 1억 5천 만 년 전인 백악기에 형성된 석회암반을 뚫고 하루에 2천~3천 톤의 지하수가 솟아나는 냉천이야."

"사실 자료조사를 해보니 태백산 일대는 지질학적으로 불안정한 지역이더군. 그러한 지역에서 한강, 낙동강, 오십천이 발원하고 있는 거지, 백악기에 지진이 나서 땅이 솟아나고 무너져 내리고 갈라져서 새로운 강물과 새로운 땅이 생겨났지. 그때 새로운 강물 속으로 물고기들이 흩어졌지. 한곳에 살던 열목어도 한강과 낙동강, 오십천으로 흩어져 살면서 수십만 년이 흐르는 동안 서로 다르게 진화해서. 생김새만 비슷할 뿐 완전히 다른 열목어가 되었다고 해. 그러다가 한강과 낙동강의 열목어는 환경에 잘 적응해 살아남았고, 환경에 적응하지 못한 오십천의 열목어는 멸종했다는 거야."

"조사를 많이 했네."

"안동대학에서 민속학을 가르치는 안중권 교수가 많이 도와줬어."

"그래?"

"안 교수는 영남지방 민속과 태백산 일대 민속을 주로 연구해. 특히 무가와 민요에 대해 많은 연구를 했지. 게다가 무가와 민요 자료를 연구실 캐비넷에 넣어 놓고 논문만 쓰는 게 아니라, 굿을 현대적 연희로 되살려 길거리굿을 공연하는 데 많은 노력을 기울이고 있지."

"길거리굿을 공연한다고?"

"응, 안동대학 민속반에 길거리굿패가 있는데 안 교수가 지도교수지."

"한 번 만나 보고 자문을 구해봐야겠네."

"안 교수는 워낙 공적인 일과 사적인 일로 매우 바쁜 분이라 만나 보기가 쉽지 않아. 요즘 대학생들에게 길거리굿을 지도하느라 바쁘다고 하더군. 소설을 쓰는 데 꼭 필요한 자료가 있으면 나한테 부탁해. 내가 안 교수의 자문을 받아서 구해줄게."

"내 생각에 안 교수라는 분이 희귀 자료도 많이 갖고 있을 것만 같아."

"권기 · 권행가 등이 편찬한 『영가지』는 경상도 안동부의 연혁 · 인문지리 · 행정 등을 수록하여 편찬한 지방지잖아. 『영가지』에 보면 소천부곡의 토산물로 여항어를 소개하고 있는데, 이 물고기가 열목어야. ……『영가지』도 안 교수가 구해준 거야."

"소천부곡은 낙동강 상류 청계협곡 일대를 말하는 거지?"

"맞아. ……조선조 말엽까지만 해도 열목어가 청계협곡뿐만 아니라 강원도 홍천, 정선, 인제, 평창 일대에 많이 서식한 것으로 알려져 있었어. 내가 강원대학교에 전임강사로 임용되었던 해에 강원도 일대로 토종어 탐사를 나갔던 적이 있어."

"그 당시만 해도 강원도는 엄청 교통이 불편했을 텐데……."

"말도 말아. 춘천에서 버스를 타고 홍천터미널에 도착해 홍천군청으로 가서 새마을계 공무원들과 합류해 지프로 홍천군 내면으로 갔어. 방내리에서 출발해 창촌리, 강원리를 거쳐 명계리에 이르기까지 두 시간이 걸렸어."

"고생했겠네."

"무엇보다도 주민들에게 열목어가 살고 있는 곳을 알려 달라고 하면 한결같은 대답이 '몰라요'였어."

"왜?"

"열목어를 남획으로부터 보호하려는 마음이었겠지."

"그랬을 수도 있겠지……."

"새마을 계장이 우리가 타고 간 지프에 쓰여 있는 '새마을'이라는 세 글자를 가리키며 새마을운동 기초 자료 수집차 열목어 조사를 하기 위해 교수님을 모시고 춘천에서 왔다고 주민들을 설득해 겨우 열목어가 서식하고 있는 곳을 알아낼 수 있었어. 곤충류뿐만 아니라 쥐까지 잡아먹는 육식성 어류인 열목어는 백두대간을 기준으로 서쪽의 깊은 계곡이 주요 서식지이지."

"열목어 서식지로 낙동강 상류 지역과 명계리·강원리 계방천 계곡 말고 또 있어?"

"고한 정암사 계곡에 열목어가 서식하고 있어. 그밖에 오대산과 설악산 계곡에 열목어가 서식하고 있는 것으로 파악되고 있어."

"백천계곡에도 열목어가 살고 있다던데."

"사실 1900년대 초만 해도 낙동강 상류의 지류에 열목어가 살고 있었다는 게 밝혀졌어. 백두대간 태백산 남쪽에서 낙동강을 향해 흘러가는 백천계곡은 물이 맑고 차서 세계 최남단 열목어 서식지로 알려졌었지.

황 교수가 말했다.

"일제 강점기 때 낙동강 상류에서 열목어가 발견되었다는 걸 어디에서 읽은 적이 있는데……."

종규가 말끝을 흐렸다.

"열목어가 낙동강 상류에서 관찰된 게 1937년 초였어. 시베리아에서나 볼 수 있는 열목어가 낙동강 상류에도 살고 있다는 게 처음으로 학계에 알려진 거지."

"백천계곡에 있는 사찰에서 한강에서 서식하고 있던 열목어를 잡아다 복원했다는데… 사실 그 열목어는 낙동강 지류 어디에서인가 서식하고 있던 열목어를 잡아다 키웠을 가능성이 있어. 그 당시엔 한강 열목어와 낙동강 열목어가 다른 개체라는 걸 몰랐거든. 만약 한강에서 잡아 온 개체들이 정착하는 데 성공했다면 낙동강 본류에서 한강 열목어가 잡혀야 하잖아."

"지금 낙동강에서 잡히는 열목어는 낙동강에서 살던 개체들만 포획되는 거야. 석탄 광산과 아연 광산 개발로 멸종한 줄 알았던 낙동강 열목어가 살아남았던 거지, 낙동강 본류에서는 열목어가 씨가 말랐지만, 낙동강 지류의 맑은 물속에서 살아남아 있다가 석탄 광산과 아연 광산이 문을 닫고 난 후 낙동강 본류가 전보다 깨끗한 물로 변하자, 낙동강 본류로 돌아오기 시작한 거지."

"그 말은 반은 맞고 반은 틀린 거 같아……. 봄과 초여름 사이 산란하기 위해 백천계곡을 거슬러 올라가는 열목어 떼를 볼 수 있었으나 1962년 염화산 자락에 염화광업소가 아연광석을 캐기 시작하면서 열목어가 사라지기 시작했어. 그러다가 일신상사가 청계제련소를 낙동강 상류 물돌이뜰 마을에 세우면서 열목어가 씨가 마르게 되었지. 청계제련소 폐수가 흘러들지 않는 낙동강 상류 육송정 삼거리 위의 낙동강과 그 지류에는 열목어가 살 가능성이 있지만, 청계제련소 폐수가 흘러드는 육송정 삼거리 아래의 낙동강 본류에는 열목어가 살아남아 있을 가능성은 없어."

"낙동강의 열목어가 수난을 겪게 된 건 꽤 오래되었어. 자료를 찾다가 본 건데, 70년대 초에 〈동아일보〉는 아연 광업소의 아연물이 넘쳐흘러, 강바닥은 아연 광산 선광장의 폐수 때문에 잿빛으로 물들어 열목어가 절멸했다고 보도했어."

"70년대 초면 염화광업소가 폐광하기 전이네."

황 교수가 말했다.

"그렇지. 1970년에 청계제련소가 가동되었으니까……."

종규가 말끝을 흐렸다.

"그때부터 제1공장 주변의 토양과 바위들이 유실될 정도로 피해가 심해졌어. 청계제련소의 시설 규모가 커지면서 아연 정광에서 최대한 효율적이고 효과적으로 정련 아연을 뽑아내는 아연잔재처리 공정을 가동하기 시작한 2006년 이후부터 청계협곡이 심하게 훼손되기 시작했어."

황 교수가 말했다. '아연잔재처리 공정'은 유독물질로 취급되는 아연잔재를 환경친화적인 슬래그 형태로 만들어 판매하는 기술을 말한다.

"그럼 오는 일요일 아침 9시에 청량리역 광장에서 만나."

종규가 말했다.

3

청계면 주민들이 낙동강 환경오염 대책 시민연대 대원들을 처음 본 것은 ㈜ 일신 청계제련소 제3공장이 완공되고서부터였다. 처음에 청계면 주민들은 노란 옷을 입은 그들이 염화산을 등반하러 온 등산객들인 줄 알았다. 그런데 그게 아니었다. 그들이 제3공장으로 들어가는 다리 밑 자갈밭에 내려가서 '제3공장 불법 증축', '대기오염 측정치 조작', '불법 관정 개발', '환경범죄 등의 단속 및 가중처벌에 관한 법률 위반', '정화되지 않은 폐수 방류', '죽음의 청계제련소 낙동강을 떠나라'고 쓰여 있는 펼침막을 펼치고 노래를 부르기 시작했다. 이윽고 펼침막을 든 노란 옷들을 제외한 노란 옷들이 강변의 자갈밭 위에 드러누웠다.

왕왕거리는 소리가 멎자, 다부진 몸집의 사내가 마이크를 들고 앞으로 나왔다.

"낙동강 환경오염 시민연대 사무총장 장병로입니다."

"안 들립니다."

뒤쪽에서 소리가 날아왔다.

"마이크가 왜 이러지, 아아."

"잘 들립니다."

이번에도 뒤쪽에서 소리가 날아왔다.

"……일신 그룹 청계제련소 측에서는 제련소 안의 모든 배출 시설에서 나오는 것들은 모두 한군데로 모아서 일반 빗물과 오염원이 특정되지 않은 오염수와 분리해서 각각 처리하고 있다고 말하고 있습니다. 허드렛물

자체도 회사에서 전체를 다 모아서 그 물을 재사용하거나 해서 공장 바깥으로 오염수가 한 방울도 안 흘려보내는 식으로 관리하고 있다고 말합니다. 뿐만 아니라 제련소 안에 있는 차단 시설 안으로 물이 떨어지도록 설비를 해놓고 있다고 말합니다. 또 차단 시설 밖으로 떨어진 소량의 물을 가지고 처벌을 하면 제련소를 돌리지 말라는 이야기라고밖에 할 수 없다고 반발하고 있습니다. 그것마저도 비상 상황에서 물이 시설 밖으로 떨어진 거라고 말합니다. 그 정도의 양을 가지고 전체 17만 평에 이르는 제련소를 120일 조업 정지 처분을 내린다는 게 말이 되지 않는다고 말하고 있습니다. 환경부가 청계제련소에 대해서는 진짜 현미경 점검을 했다고 보면 된다고 말하고 있습니다. 환경부에서 이 정도의 현미경 점검을 해서 이 정도의 지적 사항이 나왔으면 청계제련소는 나름대로 열심히 했다고 생각한다고 목소리를 높이고 있습니다. 그런데 말입니다. 청계제련소는 굴뚝에서 배출하는 오염물질의 배출량을 측정해야 하는 대기 1종 사업장입니다……. "

장병로가 오른손으로 머리매무새를 고치고 나서 말했다.

청계제련소 협력 업체 노동자들이 열을 지어 나타났다. 그들이 낙동강 환경오염 대책 시민연대 대원들을 에워쌌다.

"헛소리 그만 주절거려라."

협력 업체 노동자들이 장병로에게 달려들었다. 노란 옷들이 달려들어 협력 업체 노동자들을 잡아당겼다. 협력 업체 노동자들이 뒷걸음질 쳤다.

청계면 개발위원회 위원장 류정진이 주민들을 이끌고 제3공장 앞으로 왔다.

"노란 옷들은 또 뭐야?"

"이번엔 천주교 패거리들이 아니네."

"낙동강 환경오염 시민연대?"

"처음 들어보는 단체네?"

"저건 무슨 단체 깃발이야? 대구환경운동연합?"

"이대로 가다간 부산환경운동연합 깃발도 나타나겠어."

주민들이 웅성거리며 노란 옷들을 향해 발걸음을 뗐다.

"멈추세요."

류정진이 주민들을 향해 손짓했다.

낙동강 환경오염 대책 시민연대 대원들을 태운 버스가 두 번째로 육송정 삼거리로 들어선 것은 여름이 끝자락에 걸려 있던 날이었다.

"저놈들은 여길 왜 또 오는 거야."

류정진이 오른손을 들어 버스를 가리켰다.

청계제련소 본사 직원들과 협력 업체 노동자들이 국도를 막았고, 시민연대 대원들이 제1공장으로 가는 다리와 낙동강 강변에 진입하는 것을 막았다.

"지난 50년간 일신 그룹이 청계협곡 물돌이뜰에 제련소를 세워 낙동강 최상류에 다량의 중금속 오염수를 무단 방류한 사실과 청계협곡의 대기에 아황산가스를 뿜어대 대기를 오염시키고 산림을 훼손한 사실과 토양을 오염시킨 사실을 제대로 규명해야 합니다. 전방위적인 환경오염으로 청계협곡에서 질병으로 고통받으면서 살아가는 청계면 주민을 비롯하여 산곡군민들의 건강권과 생명권을 지킬 수 있는 대책을 마련해야 합니다. 뿐만 아니라 산곡군 농민들이 땀 흘려 생산한 농산물이 중금속 오염으로 판매 금지가 되었다는 사실에 대해서도 진실을 규명해야 합니다. 더 나아가 청계제련소의 광미침전지와 광미적치장에서 새어 나오는 폐수로 낙동강 안동호의 중금속 오염에 대한 대책과 1천300만 영남 사람들의 건강권과 생명권을 지킬 수 있는 대책을 마련해야 합니다."

위원장 권중돈이라고 쓰여 있는 명패를 가슴에 단 사내의 목소리는 시간이 흐를수록 더 커져 갔다.

"저놈 마이크를 얼른 빼앗아라."

오른쪽 눈썹 밑에 흉터 자국이 희미하게 나 있는 순녀가 권중돈을 향해 걸음을 옮기며 쇳소리를 튕겨냈다. 그녀는 청계행정복지센터 앞에서 분식집을 하고 있었다.

노란 옷이 달려 나와 순녀를 가로막았다.

"당신들의 팔매질이 우리 밥줄을 끊어버린다는 건 알고 이러능교?"

희끗희끗한 머리카락에 기름이 낀 순녀가 상체를 앞으로 내밀며 말했다.

"우리는 청계의 자연과 청계면 주민들을 일신 그룹의 손아귀로부터 구출하려고 왔습니다."

몸이 작고 여린 지희가 말했다. 그녀는 낙동강 환경오염 대책 시민연대의 홍보부장이었다.

"우리가 빨갱이한테 잡혀 있는 포로인가?"

"누가, 누구를 구출해?"

"니네 앞가림이나 하고 다녀라."

발자국 소리와 함께 '청계제련소를 지키자'라고 쓰여 있는 끈을 머리에 두른 경비원들이 열을 지어 나타났다.

"당장 여길 떠나라."

깡마르고 키가 1미터 80센티미터는 넘어 보이는 경비대장이 말했다.

"다시 한번 경고한다. 당장 여길 떠나라."

경비대장이 앞으로 튀어나올 듯 돌출한 눈덩이 안에서 번득이는 눈동자를 굴리며 말했다.

주민들이 점점 늘어났다. 경비원들과 주민들이 노란 옷들을 에워쌌다.

원기가 카메라 셔터를 연방 눌러댔다.

강파른 얼굴의 순녀가 노란 옷들을 향해 돌진했다. 마치 씨름 선수같이 덩치가 큰 걸때 치고는 도무지 겁이 없어 보이는 노란 옷이 순녀를 세차게 밀쳤다. 순녀가 길바닥에 철퍼덕 주저앉았다.

"아이고 나 죽네, 이 잡놈의 새끼들아, 왜 우릴 몬 살게 구는 거야. 사북광업소 막장에서 석탄을 캐다가 천정이 무너져 남편이 돌에 깔려 죽어, 자식새끼들을 굶기지 않으려고 청계까지 이사 와서 우짜든지 벌어묵고 살라카는데 너희들이 왜 우릴 몬 살게 하능 거야. 우리가 아황산가스를 마시고 죽든, 카드뮴을 삼키고 죽든, 니들이 뭔 상관이야. 그냥 굶어 죽는 거보다 낫지 않겠어. 우리 자식새끼들이 배고프다고 울 때 니들이 쌀 한 됫박 퍼준 적이 있어? 그저 입만 살아 가지고, 환경이 으떻고, 자연이 으떻고, 생태계가 으떻고, 나불대고 있지. 니들이 우리 생존권을 보장해 줄 거야. 아이구 내 팔자야. 사북에서도 몬 살고 밀려나, 황지에서도 몬 살고 밀려나, 이젠 청계에서도 몬 살고 밀려나게 생겼네. 아이구 내 팔자야."

순녀가 주먹으로 가슴을 치며 울음을 터뜨렸다.

"부녀회장님, 진정하세……."

금진만이 콧날이 시큰해져 말을 잇지 못하고 순녀를 일으켜 세웠다.

그는 순녀의 남편과 함께 사북광업소에서 선산부로 일했었다.

"부위원장님, 우리들이 으떡해야 청계에서 쫓겨나지 않고 살 수 있겠니껴?"

순녀가 금진만의 팔을 붙잡고 흐느꼈다.

"우리가 청계에서 왜 쫓겨나요? 우리 생존권에 대한 아무런 대책도 세워주지 않고 우릴 쫓아낸다면 한 발짝도 물러날 수 없지요."

금진만의 목소리에 물기가 서려 있었다.

"아이고, 허리야, 각목으로 두들겨 맞은 데가 더 쑤셔오네."

순녀가 길바닥에 주저앉으며 손등으로 눈물을 훔쳤다.

그녀는 정선군 사북읍 동원탄좌 사북광업소 광부들이 총파업에 돌입하면서 시작된 사북항쟁의 불꽃이 솟아오르자, 광부들을 따라 부녀자들과 함께 노조지부장을 붙잡기 위해 사북광업소 광부 사택을 이 잡듯 뒤졌다. 그들은 사북광업소 노조지부장의 부인을 붙잡아 노조 사무실 앞으로 끌고

가 옷을 갈기갈기 찢어버리고 노조 게시판 기둥에 매달아 놓고 가혹 행위를 했다. 순녀는 폭행에 가담했다는 혐의로 검은 지프에서 내린 사복을 입은 사내들에게 붙잡혀 정선경찰서 합동수사단 임시조사실로 연행되었다. 군(軍)·검(檢)·경(警)으로 구성된 합동수사단의 수사관이 그녀를 베니어합판으로 칸을 쳐 만든 임시조사실로 밀어 넣었다. 주동자가 누군지 말해. 난, 모르니더. 이런 쌍년은 죽여도 괜찮아. 수사관 둘이 네모난 각목으로 그녀의 머리, 어깨, 무릎을 내려치고 쓰러지면, 워커발로 짓밟았다.

"자, 오늘은 일단 철수합시다."

손바닥으로 희멀건 얼굴을 한 번 문지르고 나서 권중돈이 말했다.

매주 토요일마다 낙동강 환경오염 대책 시민연대 사람들이 노란색 관광버스를 타고 와 청계제련소 정문 앞에서 시위를 했다. 청계제련소를 둘러싸고 돌아가는 상황이 좋지 않다는 것을 깨달은 청계제련소 노동조합원들과 협력 업체 노동자들이 주축이 되어 구사대를 조직하고 청계제련소로 들어오는 도로의 북쪽과 남쪽에 경비초소를 짓고 시위대를 감시했다.

머리에 '구사대'라고 쓰여 있는 붉은 띠를 두른 검은 제복들이 각목을 하나씩 들고 나타났다. 그 뒤를 따라 '먹고사는 것보다 더 절박한 것은 없다', '외부 세력은 왜 청계면 주민의 생존권을 파괴하려 하는가'라고 쓰여 있는 펼침막을 펼쳐 들고 청계면 이장협의회 회원들, 청계면 개발위원회 위원들, 청계면 새마을부녀회 회원들, 그리고 청계장로교회 교인들이 떼를 지어 몰려왔다.

"친애하는 청계면 주민 여러분! 청계면 이장협의회 회장 문병일 한 말씀 올립니다. ……우리는 더 이상 낙동강 환경오염 대책 시민연대를 비롯한 제3자들의 횡포를 강 건너 불구경하듯이 가만히 바라보고만 있을 수 없습니다. 우리 청계면 주민들은 청계제련소가 문제가 없다고 생각하진 않습니다. 청계제련소가 문제가 있다, 없다 하는 문제보다 더 중요한 건 청계면 주민들이 먹고 사는 일입니다. 문제가 있다고 해서 청계제련소를 없애면 그만이라는 건 현실을 모르고 하는 소리입니다. 청계제련소 문제에 우리들의 생존권이 걸려 있습니다. 청계제련소와 청계면 주민들의 문제인데 왜 제3자들이 나서서 감 놔라, 배 놔라 합니까. ……저 사람들은 배에 기름이 져서 멀리 서울에서, 부산에서, 대구에서, 안동에서 매주 청계협곡까지 관광버스를 타고 와 우리들의 생활 터전을 무너뜨리려 하고 있습니다. 우리들은 더 이상 뒤로 물러설 수 없습니다. 수백 미터 탄갱 속에서 탄을 캐다가 진폐증에 걸려 탄광에서 쫓겨나 갈 곳 없는 우리들을 받아줘 입에 풀칠이라도 하게 해 준 데가 청계제련소입니다. 탄광이 줄줄이 문을 닫아 태백시 인구가 12만에서 4만 이하로 줄어들어 시장 좌판에 하루 종일 앉아 있어도 사람 구경하기 힘들어 좌판을 접고, 갈 곳이 없어 헤매던 우리들을 받아줘 하루 삼시 세끼 자식새끼들 굶기지 않고 살아갈 수 있도록 돌봐준 데가 청계제련소입니다. 예천 땅에서 소작으로 농사짓다가 도지 주고 나면 남는 게 없어 입에 풀칠조차 할 수 없어 청계로 들어온 우리들을 협력 업체에서 매월 따박따박 월급을 받게 해 주어 자식새끼들 굶어 죽지 않게 해 준 데가 청계제련소입니다. ……이제 우리는 더 이상 물러설 곳 없는 벼랑 끝에 서 있습니다. 뭉치면 살고 흩어지면 죽습니다."

문병일이 마이크에서 물러났다.

"우리 장로님 말씀도 잘하셔."

청계장로교회 여전도 회장이 박 집사의 귀에다 대고 소곤거렸다.

"청계제련소 노동조합장 최무진입니다. 우리나라 정계, 관계, 언론계, 학계에 막강한 네트워크를 갖고 있는 일신 그룹이지만 실질적으로 우리 일신 그룹을 이끌고 있는 정상봉 고문님이 잠을 못 이룰 정도로 골치를 썩이고 있다 합니다. 청계면과 일신 그룹 청계제련소는 같은 배를 탄 운명 공동체입니다. 망해도 같이 망하고 흥해도 같이 흥해야 하는 겁니다."

구릿빛 얼굴의 최무진이 마이크를 들고 분명한 발음으로 말할 때마다 복숭아씨 같은 목의 울대가 오르내렸다.

"최무진 조합장님, 정신 차리십시오. 언제까지 정상봉 고문의 주구 노릇만 할 겝니까. 여러분늘이 처자식들과 둥지를 틀고 사는 청계면의 농지와 임야 등 청계제련소 반경 2킬로미터 이내의 땅에 산곡군이 다섯 차례에 걸쳐 토양정화 명령을 내린 거 알고 있지요? 청계초등학교 운동장과 청계중학교 운동장은 토양정화 작업을 끝냈는데, 제련소 부지의 토양정화 작업은 지지부진합니다. 조합장님은 왜 그런 줄 잘 알고 있지요? 제련소 부지의 경우 공장 건물이 깔고 앉아 있는 토양을 긁어내야 하는데 공장 건물을 철거하지 않고는 토양정화 작업이 불가능하다는 사실을 알고 있지요? 50년 동안 일신 그룹이 청계제련소를 가동하면서 청계의 농지와 임야를 중금속 범벅으로 만들어 놓았습니다."

말을 끝낸 권중돈이 마이크를 지희에게 건네주었다.

"청계제련소를 움직이는 일신 그룹 경영자들은 서울에서 쾌적하고 풍요로운 삶을 살아가고 있습니다. 반면에 청계제련소와 협력 업체의 노동자들과 그 가족들은 아황산가스와 중금속으로 범벅이 된 청계협곡에서 살아가고 있습니다. 달면 삼키고, 쓰면 뱉어버리는 사람들이 일신 그룹 경영자들입니다. 당장 청계제련소 협력 업체에서 일하고 있는 노동자들의 월급 명세서를 찬찬히 살펴보십시오. 전쟁터 같은 제련소 현장에서 목숨을 저당 잡히고 일해 최저임금을 겨우 넘기는 월급을 받아 생계를 꾸려가고 있지 않습니까?"

지희의 물 빠진 청바지를 바람이 휘감았다. 그녀의 검은 머리칼이 바람에 흩날렸다.

청계제련소 굴뚝이 뿜어대는 냄새가 구사대를 덮치고, 시위대를 덮쳤다. 구사대와 주민들이 손으로 코를 감싸 쥐었다. 시민연대 사람들이 몸을 웅크리고 노란색 관광버스로 몰려갔다.

원기는 연방 카메라를 들이대고 플래시를 터뜨렸다.

4

종규가 집을 나서서, 버스정류장에 도착했을 때 전광판은 7시를 가리키고 있었다. 강남역행 5003번 2층버스가 버스정류장으로 머리를 들이밀었다. 그는 승차 단말기에 교통카드를 갖다대고 고개를 들었다. 뒷좌석에 자리가 하나 비어 있었다. 그는 좌석에 엉덩이를 밀어 넣었다. 신갈 인터체인지를 빠져나온 버스가 좀처럼 움직일 줄 몰랐다.

종규는 대학에서 학생들에게 한국현대소설을 가르치기 전까지 출판·잡지계에 몸을 담고 있었다. 몇 군데 출판·잡지사를 옮겨 다녔던 그는 국제통화기금 경제 위기가 왔던 해, 주로 학술 서적을 출판하는 문조사에서 편집부장으로 일하고 있었다. 문조사 사장 홍선풍은 그의 고향 양주에서 태어나 자란 임꺽정 이야기를 자주 했다.

"임꺽정 무리는 빼앗은 물건을 가난한 집 마당에 던져 놓곤 했어. 그들은 가난한 사람들의 재물을 털지 않았어. 백성들은 그들을 못살게 구는 관청보다 임꺽정 일당을 더 좋아했대. 경기도에서 황해도에 이르는 사이의 아전이나 백성들이 임꺽정 무리와 비밀히 결탁했어. 관청에서 임꺽정 무리를 잡으려고 하면 반드시 먼저 알려주었어. 조정에서는 경기·강원·황해·평안도 등 4도의 감사에게 임꺽정을 잡아 올리라고 빗발치듯 독촉했지. 관군이 쳐들어온다는 정보를 미리 빼낸 임꺽정 일당은 황해도 구월산으로 달아났어."

홍 사장이 마르지도 않고 살찌지도 않은 볼을 왼손으로 쓸어내리며 잠시 말을 멈추었다.

그는 출판사에 외부 원고가 들어오면 반드시 처음부터 끝까지 읽어보는 것으로 출판계에 알려져 있었다. 경기도 양주 언저리에서 중학교를 겨우 마치고 서울로 올라온 그는 설화와 민속에 대해 많은 관심을 갖고 있었다. 그는 잘 팔리지도 않는 한국무가전집, 한국민요전집, 한국설화전집

같은 책을 뚝심 있게 펴냈다. 문조사를 방문한 교수들은 그가 구수한 입담
으로 이야기보따리를 풀어 놓을 때마다 라디오 연속극을 듣는 것처럼 귓
바퀴를 세우고 들었다.

"제 고향 청계에 염화산이라는 산이 있는데, 그 산에 임꺽정 바위가 있
고, 꺽지가 변해 임꺽정이 되었다는 설화가 전해지고 있어요."

종규가 홍 사장을 바라보며 말했다.

"호, 그래요. 김 부장 말을 듣고 보니, 장자못 설화가 생각나네. 장자못
설화가 함경도, 경기도, 강원도, 경상도 등 전국 각지에 퍼져 있는 거처럼
임꺽정 설화도 전국 각지에 퍼져 있을 가능성이 있어."

홍 사장이 말했다.

"철원 고석정과 안성 칠장사에도 임꺽정 설화가 있는 걸 보면, 전국 각
지에 임꺽정 설화가 퍼져 있을 가능성이 있다고 봐요."

"참, 김 부장, 금장태 교수가 퇴계 선생의 『퇴계집』「무진육조소」의 '천지
의 큰 덕은 생(生)이라 한다. 무릇 천지 사이에 생명을 가진 무리가 빽빽하
니, 움직이는 것과 땅에 심어진 것, 큰 것과 미세한 것들이 모두 하늘이 덮어
주고 사랑하는 것인데, 하물며 형상이 하늘을 닮고 가장 영특하여 천지의
마음이 되는 우리 백성에 대한 그 사랑은 말할 것도 없습니다'라는 구절을
인용하면서 먼저 하늘의 사랑이 인간과 만물에 두루 미치고 있으며 특히 인
간에 대한 사랑이 크다는 것을 강조한다고 말했는데, 이게 무슨 말입니까?"

"『퇴계의 삶과 철학』에서 금 교수님은 퇴계 선생이 먼저 '천지의 큰 덕
은 생(生)이라 한다'는 『주역』의 구절을 이끌어, 하늘이 지닌 기본 덕으로
서 하늘이 만물을 낳고, 동시에 만물을 살리는 '생'의 덕(德)이 하늘의 인
간과 만물에 대한 사랑임을 확인하고 있다고 말했습니다. 그리고 나서 금
교수님은 퇴계 선생이 인간이 만물을 생성하는 천덕을 지니고 만물을 사
랑하여 배양하는 천심(天心)을 간직하고 있음을 강조하고 있다고 보았습
니다. 금 교수님은 하늘이 내려주는 인간에 대한 사랑과 사물에 대한 사랑

은 한마디로 낳아주고 살려 주는 '생'의 사랑이며, 이 '생'은 곧 생명을 존중하고 사랑하는 철학이라고 하면서, 곧 이러한 철학이 현대사회에서 인간의 이기적 욕망을 충족시키기 위해 자행되고 있는 자연 파괴, 환경 파괴로부터 인간을 구출해 줄 수 있는 원리로 새롭게 평가되고 조명될 필요가 있다고 본 겁니다."

"역시, 김 부장은 독서량이 엄청나단 말이야. ……『퇴계의 삶과 철학』을 다 찾아 읽고 말이야."

홍 사장이 말을 끝내고, 사장실로 들어갔다.

인터폰이 울리자, 선미가 자리에서 일어나 사장실로 들어갔다. 한국 현대소설의 생태의식을 연구하여 늦은 나이에 문학박사 학위를 받은 종규는 대학 강단에서 학생들을 가르치면서 환경문제를 주제로 한 소설집을 펴내기도 했다.

사장실에서 나온 선미가《환경과 사회》를 종규에게 건네주었다.《환경과 사회》는 신생 환경 단체에서 발간하는 월간지로 환경오염 현장을 발로 뛰어 쓴 기사를 싣고 있어 주목을 받고 있었다. '왜 청계면 주민들은 청계제련소 폐쇄를 반대하는가'라는 제목이 눈길을 끌었다. 일신 그룹 공동 창업주의 한 사람인 정응렬은 청계제련소를 세우기 전에 염화산에서 미쓰비시 광업회사 염화광업소가 아연광석을 캐다가 철수한 뒤 그 광산을 정부로부터 불하받아 염화광업소를 재개광한 장본인이었다. 그는 재개광 초기에는 염화산에서 캐낸 아연광석을 아연의 원재료인 아연정광으로 만들어 일본의 토호아연(東邦亞鉛)에 수출하도록 했다. 새로운 건 없네. 종규가 책장을 넘기며 중얼거렸다.

"주간님, 식사하러 가셔야죠."

탁 실장이 부드러운 눈길로 종규를 바라보았다.

그들이 한성식당 안으로 들어가자, 텔레비전에서 뉴스가 흘러나오고 있었다.

—마이니치신문이 후지산이 분화할 경우의 대책에 관한 일본 정부 내부 자료를 입수해 후지산이 마지막 분화 이후 3백여 년이 지나면서 언제 폭발해도 이상하지 않은 상태가 됐다는 분석이 나왔다고 보도했습니다. 후지산이 폭발하게 되면 도쿄 시내가 3시간 안에 화산재로 덮일 것이며, 수도권 인구의 60퍼센트에 달하는 주민들에게 물자 전달이 어려운 상황이 닥칠 수 있다는 분석도 나왔습니다.

"난 순대국밥 시킬 건데…… 탁 실장은 뭐로 할 건가"

륙색을 빈 의자 위에 올려놓으며 종규가 물었다.

"저도 순대국밥으로 하겠습니다."

탁 실장이 의자를 자신이 있는 쪽으로 당기며 말했다.

텔레비전 화면이 바뀌었다. 둥글고 긴 파이프라인이 청계제련소 제1공장에서 빠져나와 제2공장으로 들어갔다가 하얀빛을 번득이며 낙동강 상공을 가로질러 제3공장으로 이어지고 있었다. 하얀빛의 파이프라인이 햇빛에 반사되어 번쩍거릴 때마다 마치 히드라라는 괴물이 비늘을 번득이며 꿈틀거리는 것 같았다. 둥글고 긴 파이프라인 아래로 붉은 녹물이 벽면에 군데군데 흘러내린 건물 위로 불쑥 솟아난 굴뚝들이 하얀 수증기를 끊임없이 하늘로 뿜어대고 있었다.

마이크를 든 기자가 상기된 표정으로 청계제련소 제3공장 정문 앞에 섰다.

—청계협곡에 제련소가 들어선 지 50년이 지난 만큼 노동 환경이 과거보다 많이 개선되기도 했습니다. 그러나 청계면 주민들과 청계제련소 노동자들과 협력 업체 노동자들이 겪는 고통은 20년 전보다 더욱 심해지고 있습니다. 제련소가 아연광석을 제련하는 과정에서 배출하는 중금속, 특히 카드뮴 중독에 걸린 사람들이 본격적으로 나타나고 있기 때문입니다. 청계제련소에서 일하던 남편이 신장 기능 마비로 쓰러져 제대로 된 치료도 못 받고 2년 만에 숨을 거둔 뒤 박금순 씨는 산으로 들로 가서 나물과

약초를 채취해 황지자유시장에다 내다 팔아 번 돈으로 두 남매를 키우고 있습니다.

"저런 오지에 일본질소비료주식회사 흥남공장보다 큰 공장이 들어서 있는 거도 놀랍고 낙동강 최상류에 이타이이타이병을 일으키는 카드뮴을 배출하는 아연제련소가 일제 강점기도 아닌 21세기 한국에서 가동되고 있다는 게 무척 놀랍네요."

탁 실장이 텔레비전 화면에서 눈길을 거두며 말했다.

"탁 실장은 일본질소비료주식회사 흥남공장을 어떻게 아시죠?"

"아버님이 흥남질소비료공장에서 일하다가 1·4 후퇴 때 상륙용 함정인 엘 에스 티(LST)를 타고 남쪽으로 내려오셨어요. 그때 가지고 온 아버님 앨범에 흥남질소비료공장에서 찍은 사진이 있어요."

"탁 실장 부친이 실향민이셨군요."

"네. 10년 전에 돌아가셨는데, 가끔 흥남질소비료공장 이야기를 하셨어요."

순대국밥으로 배를 채운 그들은 한성식당 앞에서 헤어졌다.

륙색을 둘러맨 종규가 전동차를 타고 청량리역에 도착했을 때, 대합실의 벽시계는 3시를 가리키고 있었다. 그는 열차에 올라 창가 좌석에 앉았다. 잠시 열차 안을 물끄러미 바라보던 그는 차창 밖으로 시선을 천천히 옮겼다. 열차가 철교를 지나갔다. 그는 심한 조갈을 느꼈다. 입안에서 모래가 서걱거리는 것 같았다. 차창에 복례의 희끗희끗한 머리카락이 한 올 한 올 흩어졌다.

복례가 종규를 데리고 인규 아버지가 운전하는 트럭을 타고 해명 하동촌을 떠나 청계로 다시 돌아온 것은 그해 봄의 일이었다. 그녀는 종규의 손을 잡아끌고, 청계국민학교 교무실로 가, 전입학 수속을 마쳤다. 다음날 그녀는 종규를 앞세우고 청계서당으로 갔다. 염화산 산줄기가 마을을 감돌아 흘러가는 낙동강까지 미끄러져 내려오다가 마을을 뒤에서 껴안듯이 숲을 이루고 있는 곱둔재 아래에 청계서당이 자리 잡고 있었다. 훈장님, 천둥벌거숭이 같은 자시 놈입니더. 우짜든시 사람 맹글어 주이소.복례가 종규를 청계서당에 떨구어 놓고 뒤돌아섰다.

청계서당이 자리 잡은 곱둔재마을은 물돌이뜰마을과 이웃하고 있었으나, 물돌이뜰마을에 청계제련소가 들어서자, 청계면의 다른 마을들과는 단절된 채 고립되어 있는 마을이 되었다.

황산을 실은 탱크로리가 곱둔재를 올라가고 있었다. 그 뒤를 따라 질주하는 오토바이들을 경광등을 켠 순찰차가 뒤쫓고 있었다.

청계서당은 기와에 풀이 자라고 기둥은 삭아 골짜기를 휩쓸고 바람이 달려오면 금세라도 폭삭 무너져 내릴 것만 같았다. 도원은 종규를 기초한 문반에 배정했다. 종규는 천자문·동몽선습, 추구, 명심보감을 배웠다. 국민학교를 졸업하고 상급학교에 진학하지 못한 종규는 십팔사략, 통감, 소학을 공부하는 틈틈이 통신강의록과 참고서를 구입해 고등학교 입학 자격 검정고시를 준비했다. 검정고시로 중학 과정을 2년 만에 끝낸 종규는 대학·중용·논어·맹자·고문진보를 공부하면서 통신강의록과 참고서를 구입해 고등학교 과정을 독학했다. 그가 대학 입학 자격 검정고시에 합격한 그해 가을에도 청계서당에서는 어김없이 시회(詩會)를 열었다. 도원이 종규에게 퇴계 선생의 「정우당(淨友塘)」을 낭송해 보라고 했다.

종규가 앞으로 나가 시를 낭송하기 시작했다.

사물마다 모두 오묘한 한 하늘을 품고 있거늘
염계는 어찌하여 그대만을 어여삐 여겼느냐.
향기로운 그 덕을 가만히 생각하면 참으로 벗하기 어려운데
한 가지 깨끗한 벗이라고 일컫는 것 또한 치우쳤을까 두렵구나.

物物皆含妙一天(물물개함묘일천)

濂溪何事獨君憐(염계하사독군련).
細思馨德眞難友(세사형덕진난우)
一淨稱呼恐亦偏(일정칭호공역편).

낭송을 끝낸 종규가 자리에 가 앉았다.

"중국 북송의 유교 사상가인 염계 주돈이는「애련설(愛蓮說)」에서 '물과 뭍의 풀이나 나무에 피는 꽃 가운데 사랑할 만한 것이 매우 많다. 진(晋)나라의 도연명은 유독 국화를 사랑했고, 이 씨의 당나라 이래로 세상 사람들이 모란을 매우 사랑했다. 나는 홀로 연꽃이 진흙에서 나왔으나 더러움에 물들지 않고, 맑고 출렁이는 물에 씻겼으나 요염하지 않고, 속은 비었으나 겉은 곧으며, 덩굴지지도 않고 가지를 뻗지도 아니하며, 향기는 멀리 퍼질수록 더욱 청아하고, 꼿꼿하고 말쑥하게 우뚝 서 있어 멀리서 바라볼 수는 있으나 함부로 가지고 놀 수가 없음을 사랑한다. 나는 이렇게 말한다. 국화는 꽃 중의 은자요, 모란은 꽃 중의 부귀한 자요, 연꽃은 꽃 중의 군자이다. 아! 국화를 사랑하는 이는 도연명 이후로 들어본 일이 드물고, 연꽃에 대한 사랑이 나와 같은 이는 어떤 사람일까? 모란을 사랑하는 이는 마땅히 많을 것이다'라고 말하면서 국화는 꽃 중의 은자, 모란은 꽃 중의 부귀한 자, 연꽃은 꽃 중의 군자로 비유했지요."

학생들은 숨을 죽이고 도원을 바라보고 있었다.

"뿌리가 출렁이는 물에 씻겨 상처를 입어야만 조직이나 세포 따위가 생식이나 분열로 그 수가 늘어날 수 있는 연꽃이 생명을 유지하여 가는 원리처럼 사람도 상처와 고통을 이겨내는 과정에서 성숙할 수 있어요. 속세의 더러움 속에서 피는 연꽃이 더러움에 물들지 않는 청정함을 상징한다 하여 불교에서는 극락세계를 상징하는 꽃으로 통용되지요. 주돈이는「애련설」에서 국화·모란·연꽃의 풍격을 따져 부귀인만 좇고 은자(隱者)나

군자가 드문 세태를 비판하는 의식을 드러내며 자신이 추구하는 품성을 함축적으로 논하고 있어요."

도원이 잠시 말을 멈추었다.

"훈장님, 「정우당」은 이해하기 쉽지 않은 시 같은데요?"

원기가 말했다.

"「정우당」은 성리철학적인 접근이 요구되는 시에요. 작품의 배경으로 성리철학의 이해가 필요해요. 송나라 시대의 성리학에 불교가 많은 영향을 끼쳤어요. 송나라 유학자들은 불교사상을 수용하여 유교를 개혁하였던 거예요. 주돈이는 『태극도설』에서 '만물이 각각 한 태극을 갖추었다'라고 말했어요. 『태극도설』을 이해하는데 『대방광불화엄경』에 나오는 구절인 '먼지 한 톨 속에 온 우주가 담겨 있다'를 참고할 필요가 있어요. 『화엄경』의 가르침을 7언 30구로 노래한 의상 스님의 『화엄일승법계도』 또는 『법성계』라고도 하는 데 나오는 한 구절이지요. 퇴계 선생이 「정우당」을 창작하면서 『태극도설』의 '만물이 각각 한 태극을 갖추었다'는 구절을 떠올려 '사물마다 모두 오묘한 한 하늘을 품고 있거늘'이라고 묘사했다는 것을 유추할 수 있어요. '오묘한 한 하늘'은 태극을 이야기하고 있어요. 하늘과 땅이 아직 나뉘기 전의 세상 만물의 원시 상태인 태극이란 유교의 본체로서 핵심이에요. 모든 사물은 태극을 지니고 있어요. 즉 본체로서의 태극과 개체로서의 태극이 바로 그것이죠. 둘이면서 하나요, 하나이면서 둘이며, 현상에 내재하는 태극인 것이지요. '단 한 가지 깨끗한 벗이라고 일컫는 것'에서 깨끗한 것은 연꽃을 가리키는 것이지요. 연꽃은 단지 깨끗하기만 한 꽃이 아니에요. 매우 훈훈한 향기를 내뿜는 꽃이지요. 이 구절은 연꽃의 상징적·인격적 특징을 묘사하고 있어요. 성리학을 연구하는 유자(儒者)들은 연꽃을 좋아하고 숭상하였어요. 연꽃은 군자를 상징하지요."

도원이 말했다.

이어서 책씻이를 했다. 학부모들이 음식으로 국수·경단·송편을 준비해 왔다. 특히 송편은 팥·콩·깨 같은 소를 넣는 떡이었다. 학생들의 문리가 그렇게 뚫리라는 뜻에서 소를 빠뜨리지 않았다. 책씻이를 마친 후한국 근대시를 읽고 감상하는 시간을 가졌다.

도원이 『김소월 시집』을 펼쳤다.

"김소월, 다들 알고 있지요? 김소월이 민요시를 쓰는 시인으로 알려졌지만 민요시뿐 아니라 경향시와 인물시, 그리고 자연시들도 쓴 시인입니다. 먼저 「엄마야 누나야」를 살펴보도록 해요.

> 엄마야 누나야 강변 살자.
> 뜰에는 반짝이는 금모랫빛,
> 뒷문 밖에는 갈잎의 노래
> 엄마야 누나야 강변 살자.

"「엄마야 누나야」는 4행 1연으로 되어 있지요. 첫째 행은 사라진 장소 상실을 노래하고 있어요. 일제에 강변을 빼앗겼던 한국인들의 고향 상실을 노래하고 있는 거지요. 둘째 행은 사라지고 없는 금빛 모래밭을 노래하고 있어요. 뜰에서 반짝이던 금모래빛도 일제가 한반도를 침탈하기 전에는 있었는데 지금은 강변에서 사라지고 없어요. 셋째 행에서는 지금은 없어진 소리를 노래하고 있어요. 뒷문 밖에서 서걱거리던 가랑잎의 소리도 사라지고 없어요. 넷째 행은 첫째 행을 반복하고 있어요. 장소 상실감을 반복하여 노래하고 있는 거지요. 민요조의 서정시로만 알고 있던「엄마야 누나야」가 일제에 빼앗긴 강변의 집을 그리워하는 한국인들의 장소 상실감을 노래하고 있어요."

도원의 목소리가 점점 가늘어졌다.

정암터널을 빠져나온 열차가 추전역을 지나자, 산그림자가 장막처럼 차창에 드리워지기 시작했다. 희끗희끗한 눈에 덮인 연화산(蓮花山)의 그림자 저편을 내다보고 앉아 있던 종규는 다시 눈길을 신문에다 꽂았다. 일신 그룹이 토호아연의 기술 지원을 받아 지은 청계제련소가 제3공장 건설을 무허가로 지은 사실이 뒤늦게 드러나 물의를 빚고 있다는 소식에 이어 일제 강점기에 약 1천 5백여 명의 한국인을 강제 동원했던 현장인 사도광산의 세계문화유산 등재 소식에 축제 분위기인 일본과 달리, 한국에서는 '굴욕 외교'라는 거센 비판이 이어지고 있다는 뉴스가 눈길을 끌었다.

슬레이트로 지붕을 덮은 집들이 차창 뒤쪽으로 미끄러져 갔다. 둥그스름한 산줄기가 갑자기 요동을 쳤다. 능선 저 멀리, 태백산이 흰 구름에 휩싸여 있었다. 영주시 부석면 봉황산에 있는 부석사를 '태백산 부석사'라고 부르는 것에서 알 수 있듯이 태백산, 봉황산, 연화산, 염화산으로 나누어 부르는 곳을, 태백산 일대에서 조상 대대로 살아온 사람들은 누구나 태백산이라 불렀다. 태백산이라는 이름은 '크게 밝은 뫼'라는 뜻으로 단군신화에 그 뿌리를 두고 있는 것으로 여겨진다. 김부식의 『삼국사기』에 보면 "일성이사금 5년 겨울 10월에 왕이 친히 북쪽으로 순행하여 태백산에서 천제(天祭)를 지냈다"는 기록이 있는 것으로 보아, 태백산은 '크게 밝은 산'으로 성스럽고 축복받은 땅이었다. 태백산 밑에 자리 잡은 태백시는 역사적으로 삼척 지방에 속하였으나, 한때는 안동 지방에 속한 때도 있었다. 이중환이 지은 『택리지』에 보면 태백산과 황지가 경상도 땅으로 되어 있다.

열차가 태백역에 멈췄다. 종규는 륙색을 둘러매고 플랫폼에 내렸다. 열차가 차가운 바람을 플랫폼으로 밀쳐내며 남쪽으로 사라졌다. 승객들이 모두 빠져나간 개찰구로 종규는 두리번거리며 다가갔다. 륙색을 다시 고쳐 매고 종규는 대합실을 획 둘러보았다. 대합실 안에는 육십객의 노인들이 의자에 앉아 텔레비전을 시청하고 있었다. 박철만의 네모진 턱이 화면에 나타났다.

종규는 "슬러지는 이타이이타이병을 일으키는 카드뮴이 섞인 중금속 덩어리"라고 말하곤 하던 희재의 얼굴을 떠올렸다.

박철만은 태백시 동점마을로 동점귀금속단지를 끌어들이려고 앞장섰던 인물이었다. 귀금속단지는 사실상 아연광석을 제련하는 공정 과정에서 발생하는 슬러지에서 금·은·동을 추출하는 비철금속제련소였다. 동점마을 주민들이 청계아연제련소가 제1공장, 제2공장, 제3공장도 성이 안 차서 이제 동점마을에 제4공장과 제5공장을 건설하려 한다며 격렬히 반대하자, 동점귀금속단지 대신 동점농공단지가 들어섰다. 그러나 일신 그룹이 환피아와 관피아를 내세워 언제 또 준동하여 암세포가 퍼져나가듯이 비철금속제련소를 태백산 일원의 계곡에 건설할지 모를 일이었다.

대구에서 대학을 마치고 태백시청 환경과에서 공직 생활을 시작한 박철만이 고수골에 폐광한 염화광업소에서 만든 광미적치장이 있었고, 그곳에 이타이이타이병을 일으키는 카드뮴이 섞여 있는 광미가 어마어마하게 묻혀 있다는 사실을 알게 된 것은 김종규라는 청년이 그해 여름 장마가 시작한 지 열흘이 지났을 무렵 태백시청에 제출한 장문의 진정서를 읽어보고 처음 알았다. 염화광업소의 광미적치장에서 흘러나온 광미에서 카드뮴을 비롯한 광독(鑛毒) 물질이 섞여 있다는 것을 모를 리 없는 그였다. 더구나 이타이이타이병이 '일본의 4대 공해병'의 하나로 사회문제가 되었다는 사실을, 그는 잘 알고 있었다. 태백시청에서 드물게 그는 4년제 대학에서 환경학을 전공했다. 수질오염개론 등 그가 읽은 전문서적에 나오는 어휘를 구사하고 있는 진정서가 예사롭지 않다고 생각한 그는 시장에게 보고했다. 이마와 턱이 둥그스름한 시장은 박철만의 보고를 듣고 미간을 찌푸리며 보건소 소장에게 연락해 무레이골 샘물을 채수해 수질 검사를 실시하도록 했다. 수질 검사 결과 진정인 김종규의 추정대로 샘물에 카드뮴을 비롯한 광독물질이 유의미하게 함유되어 있었다. 연세대학교 환경연구소에 수질 검사를 의뢰했던 결과 무레이골의 샘물은 마실 수 없는 물로 판정이 났다.

"급수차를 동원해 무레이골 주민들이 샘물 대신 수돗물을 마실 수 있도록 대책을 세우세요."

시장이 전화로 상수도사업소 소장에게 업무 지시를 내렸다.

한 달 정도 급수차가 살대같이 내리꽂히는 장대비를 뚫고 무레이골을 들락거렸다. 장마철이 끝났다. 더 이상 급수차가 무레이골을 들락거리지 않았다.

—청계제련소는 태백 시민 500명에게도 일자리를 제공하는 중요한 기업입니다. 석탄산업합리화사업 이후 80개가 넘던 광산들이 다 문을 닫고 그나마 남아 있던 대한석탄공사 장성광업소마저 문을 닫았습니다. 1명의 시민을 채용하는 업체가 아쉬운 우리 태백시로서는 5백 명의 시민을 고용해 주는 청계제련소는 태백시의 지속적인 성장을 위해서도 꼭 필요한 기업입니다. 태백시민의 생존권이 걸린 문제입니다.

박철만의 살이 오른 얼굴이 텔레비전 화면에서 번들거렸다.

"청계제련소에서 놔주는 주사 한 대 맞았네."

"청계제련소에서 주사를 한두 번 놔 준 게 아녀. 여러 번 놔준 게 틀림없어."

"저 자슥, 동점마을에 귀금속단지를 세워 태백 경제를 살리겠다는 공약을 내걸고 태백시장에 출마했다가 낙선했던 놈 아냐?"

"아즉도 태백시장 자리에 미련이 남아 있나……."

반백의 머리털에, 얼굴에 잔주름이 많은 노인이 의자에서 일어섰다.

종규가 대합실을 막 빠져나오자, 영빈이 손을 번쩍 들었다. 두 사람은 태백커피숍으로 들어갔다.

"전번에 내가 부탁한 자료는 좀 알아봤어?"

종규가 의자에 앉으며 물었다.

"산곡군청과 산곡문화원을 드나들며 자료를 수집했지. ……현재 산곡군 청계면과 춘양면, 울진군 금강송면 등을 중심으로 금강송이 자생하고 있었어. 춘양면 서벽리에 있는 금강송 숲은 궁궐이나 전통 사찰과 같은 문화재의 보수 복원용으로 사용하기 위해 '서벽 문화재용 목재 생산림'으로 지정되어 있었어. 청계제련소 주변을 포함한 청계면 일대에도 금강송이 서식하고 있었어. 특히 청계면 대치리와 소천면 선고리에 걸쳐 있는 청학산 일대에는 금강송 생태 경영림이 조성되어 있었어. 조선 시대 말엽의 울창했던 금강송 숲을 복원해 100년 뒤 후손들이 아름드리 금강송을 볼 수 있게 하기 위해서이지. "

영빈이 말을 끝내고 수국꽃처럼 청초한 얼굴의 여주인에게 손짓했다.

여주인이 다가와 걸음을 멈추고 두 손을 배에 대고 꼼지락거렸다.

"커피 할 거지?"

영빈이 가방에서 자료를 꺼내며 말했다.

"응."

종규가 짧게 말했다.

"〈투데이 뉴스〉의 '이어지고 있는 금강송의 비극, 이제는 끊어야 한다'를 안 읽어보았지?"

"그런 매체가 있는지조차 몰랐는데……."

"청계제련소 환경오염 문제가 이슈로 떠오르자, 환경 분야의 전문 기자들이 여기저기 뛰어다니면서 취재해 연재 형식으로 보도하고 있어. "

"청계제련소가 환경오염 문제뿐만 아니라, 노동 안전 문제로 매스컴에 오르내리기도 하지……."

여주인이 탁자에 내려놓고 간 커피 잔을 집어 들며 종규가 말했다.

"문제는 말이야 일신 그룹의 홍보실 직원들이 매일 출근하면 제일 먼저 하는 게 일신 그룹에 관한 기사를 체크해 회장실에 보고한다는 거야. 재계 25위 일신 그룹이 청계제련소 환경오염 문제와 노동 안전 문제가 하루가 멀다 하고 보도되고 있어 회사 경영진의 눈과 귀가 신문과 방송으로 향하고 있다고 해."

영빈이 말을 끝내고 커피잔을 집어 들었다.

"근데, 닌 일신 그룹 소식을 어떻게 그리 잘 아니?"

종규가 커피 잔을 탁자 위에 내려놓으며 물었다.

"원기하고 자주 연락해. 원기가 일신 그룹 홍보실 사람들과 가까이 지내는가 봐."

영빈이 아무 표정이 없는 얼굴로 말했다.

"그래. 원기가 초등학교에 다니던 때부터 사람들과 잘 사귀었지."

종규가 영빈의 얼굴을 건너다보며 다시 입을 열었다.

"원기가 붙임성 하난 좋지. ……이 자료 좀 봐. 『산곡군지』에서 복사해 왔는데 도움이 되는지 모르겠어."

영빈이 서류봉투에서 복사물을 꺼냈다.

"'……일제는 식량 수탈뿐만 아니라, 군기(軍器) 및 군사 시설 등에 사용할 금속을 조달하기 위해 한국인이 집안에서 사용하는 유기 밥그릇은 물론 숟가락, 젓가락까지 자진 헌납이라는 미명 아래 강제로 공출해 갔다. 그리고 군사 시설을 만들기 위해 한국의 삼림을 무한정으로 벌채하여 한국의 산을 민둥산으로 만들었다. 일제에 의한 금강송 약탈이 극심했다. '1937년 일제는 임업 개발을 목적으로 조선총독의 감독을 받는 조선임업개발주식회사를 설립했다'는 대목이 관심을 끌었어."

영빈이 복사물을 종규에게 건네주며 말했다.

"고마워."

종규가 복사물을 테이블 한구석으로 밀어놓고 커피 잔을 당겨 입으로 가져갔다.

"금강송 군락지였던 선고계곡에 조선임업개발주식회사 주재소가 있었고, 주재소의 감시하에 금강송이 벌채되었어."

"그래? 처음 듣는 얘긴데."

"춘양면과 소천면 사이에 있는 선고계곡에 가면 '역사 속으로 사라져간

금강송의 눈물이 담긴 조선임업개발주식회사 주재소 터'를 알리는 표지석
이 하나 서 있어. 일제 강점기에 금강송이 무지막지하게 약탈당했다는 기
록이 새겨져 있어. 너도 알다시피 산곡군의 금강송은 일제 강점기 때 엄청
나게 베어져 일본으로 실려 갔지. 〈동아일보〉에 금강송에 대한 기사가 났
지."

　말을 끝낸 영빈이 커피 잔을 집어 들었다.

　"그 당시에 기자들의 취재 열정이 대단했던 가봐."

　"이 기사를 읽어보면 책상에 앉아 쓴 기사는 아닌 게 틀림없어."

　"산곡-울진 간 도로가 산곡군 광비까지 개통되고, 무진장의 처녀림이
울창한 산속까지 임도가 개설되자, 유명한 태백산 목재가 강물을 이용하
여 낙동강 상류에서 뗏목을 만들어 운반하던 것도 옛일이 되고, 매일 수십
대의 화물트럭으로 운반을 하게 되었다는 거야. 청계면에 도로가 개통되
기 전 산곡군 일대에서 벌채된 금강송은 청계면과 소천면의 낙동강 강변
여러 곳에서 뗏목으로 날랐다고 촌로들은 증언하고 있어. 청량산 가근방
에 있는 명호면 풍호리의 비진 나루에서도 뗏목을 만들어 낙동강에 띄워
금강송을 하류로 운반했다고 해. 소천면 촌로들의 증언에 따르면 일제는
일본인 주임의 감독 아래 조선 사람 약 300명을 동원해 선고계곡에 빼꼭
히 뿌리를 내리고 있던 금강송을 벌채했다는 거야."

　"일제가 뗏목으로 운반한 금강송을 어떻게 일본으로 가져갔대?"

　"일제는 벌채한 금강송을 산 아래로 끌어내려 껍질을 벗기고 1년간 말
린 뒤 트럭으로 영주역으로 운반했어. 영주역에서 화물열차로 부산역으로
실어가 화물선에 금강송을 실어 일본으로 가져갔지. 약탈해 간 금강송은
군함을 만드는 등 군수용으로 사용했어. 당시 일제가 벌채해 간 금강송
가운데 길이가 긴 것은 10.3미터나 되었고, 밑동이 큰 것은 직경이 2미터
나 되었어. 지금 청계면과 춘양면 일대에서 자라고 있는 금강송들은
1960년대 이후에 심은 게 많아."

청계로 가는 버스는 오전 7시에 한 번, 오후 4시에 한 번, 하루에 두 번 있었다. 종규는 양미간을 찌푸렸다. 가슴 밑바닥에 납덩이가 가라앉는 듯한 불안감이 온몸을 무겁게 짓눌러왔다. 염화광업소 중앙갱 막장에서 아연광석을 채굴할 때마다 느끼곤 하던 불안감이었다. 아직 3시간의 여유가 있었다. 영빈과 헤어진 종규는 천천히 걸음을 옮겼다. 길거리로 돌아다니는 사람이 드물었다. 길가의 나지막한 건물들 위로 늦여름 햇살이 쏟아져 내리고 있었다.

연화산 꼭대기에 검은 구름이 걸려 있었다. 순직산업전사위령탑 입구에 탄광순직유가족협의회 이름이 아래에 쓰여 있는 펼침막이 바람을 맞으며 펄럭이고 있었다. 태백시의 중심부에 자리 잡은 연화산 자락이 끝나는 곳에 순직산업전사위령탑이 자리 잡고 있었다. 그곳에는 광산에서 일하다 죽어 간 순직 광부의 영령 4천여 위의 위패가 안치되어 있다. 땅속 해발 1천 미터 땅속에서 35도의 지열을 견디며 흩날리는 검은 돌가루를 덮어쓰며 석탄을 캐다가 죽은 광부들의 영혼을 위로하여 세운 탑이었다. 순직산업전사위령탑은 강원도 지역의 탄광에서 일하다가 순직한 광부들을 추모하기 위해 조성한 공간이었다.

양수열. 그는 청계제련소의 광미적치장에서 날아오는 광미와 청계제련소 굴뚝이 내뿜는 아황산가스로 양배추 농사를 망쳐 빚더미에 오르자, 농사일을 그만두고 강원탄광 철암갱에서 후산부로 일하다가 갱내 붕락 사고로 목숨을 잃은 청계초등학교 동기였다. 그는 탄갱(炭坑) 막장에서 석탄을 캐는 일을 해 돈을 모아 청계로 돌아와 염화산 자락에 금강송을 심고, 송이버섯을 채취하고, 체험농장을 만드는 게 꿈이었다. 그를 생각할 때, 종규는 문득문득 긴장하게 된다. 팔과 어깨로 치열한 삶을 살아갔던 양수열은, 살아 있는 사람들로 하여금, 열심히 살아가지 않을 수 없게 한다.

종규는 순직산업전사위령탑 관리사무소 앞을 지나 천천히 걸음을 옮겼다. 그는 고개를 돌려 버스 정류장을 바라보았다.

버스가 엔진 소리를 공기 속으로 밀어 넣으며 멈췄다. 승객들의 몸이 버스 쪽으로 쏠렸다. 청계행 버스가 미끄러져 왔다. 버스 안에는 10명이 채 안 되는 승객들이 몸을 옹송그린 채 의자에 앉아 있었다. 종규는 중간 좌석에 앉아, 시선을 천천히 차창으로 옮겼다.

버스는 염화산 산자락을 따라 왼쪽으로 돌아가고 있었다. 산비탈 곳곳에 뭉개져 내린 자리가 보였다. 차창에 진흙더미가 성큼 다가왔다가 재빨리 뒤로 물러섰다. 새해의 풍년을 기원하며 세우거나 마을 입구에 마을 수호신의 상징으로 세운 진또배기의 긴 장대 끝에 나무로 만든 새 조각이 떨어져 나간 채 비스듬히 쓰러져 있었다. 진또배기가 서 있던 자리에는 '시를 사랑하고, 자연을 보호하는 ㈜ 일신 청계제련소' 라고 쓰여 있는 광고 입간판이 햇빛을 되쏘고 있었다.

선글라스가 종규의 얼굴을 힐끗 쳐다보았다.

"청계서당……. 안 보이더니……."

"충청도 어디선가 교수 노릇 한다더니……."

소곤거리는 소리가 들렸다.

염화산을 훑고 내려온 바람이 잉잉거리며 뒤로 물러섰다. 삼거리를 지키고 있는 육송정을 둘러싸고 뿌리를 내리고 있는 6그루의 금강송 위로 잔양이 흘러내리고 있었다. 육송정을 지난 버스는 왼쪽으로 난 도로로 꺾어졌다.

석양이 뉘엿뉘엿 염화산 기슭을 누런빛으로 물들이고 있었다. 슬레이트로 지붕을 인 연립주택들이 참나무와 잣나무가 숲을 이루고 있던 산비탈에 코를 박고 서 있었다.

청계제련소의 굴뚝은 하얀 수증기를 끊임없이 대기 속으로 뿜어 올렸다. 아황산가스를 머금은 수증기였다. 대기와 만난 수증기는 눈송이로 변했다. 알루미늄처럼 하얀빛의 파이프라인 위로 눈송이가 떨어졌다. 동그랗고 기다란 파이프라인이 낙동강 위를 가로질러 갔다. 마치 그것은 거대한 히드라가 꿈틀거리며 기어가고 있는 것만 같았다. 눈송이가 점점 굵어지고 있었다. 낙동강이 이고 있는 하늘에서는 눈이 내리지 않는데, 청계제련소가 이고 있는 하늘에서는 눈이 내리고 있었다. '일신눈'이었다.

줄기차게 차창에 따라붙던 청계제련소 굴뚝이 뒤로 물러서자, 눈송이가 사라졌다.

5

주민들이 깊은 잠에 빠져 있을 때였다. 제련소 굴뚝에서 수증기가 뿜어져 나왔다. 수증기에 아황산가스를 비롯한 오염물질들이 잔뜩 달라붙어 있었다. 지독한 냄새 때문에 골머리가 띵했다. 주민들이 밖으로 뛰쳐나왔다. 골짜기에 안개가 자욱하게 끼어 있었다. 거대한 원통형 황산 창고 3개가 열을 지어 서 있는 뒤로 붉은 녹물로 얼룩져 있는 굴뚝에서 끊임없이 하얀 수증기가 뿜어져 나왔다.

염화산 위로 솟아 오른 해가 산기슭으로 햇빛을 쏟아 내리자, 마을은 평온을 되찾았다.

느티나무 아래로 마을 사람들이 하나둘 모여들었다. 마을 사람들이 한덕기 교수가 이끄는 경희대학교 의과대학 봉사대를 둘러쌌다.

"아이고 숨이 차."

순녀 아버지가 말했다. 그는 고개를 들어도 정면을 똑바로 볼 수 없었다. 사북에서 청계로 이사 온 그 이듬해부터 순녀 아버지는 두통이 악화되어 태백병원에서 정기적으로 치료를 받고 있었다. 그는 두통뿐만 아니라 다리 저림증이 심해져 고샅을 걸어 다니기조차 힘들었다. 그의 아내는 10년 전 난소암으로 죽었다. 그 당시 그녀의 치료를 담당했던 의사는 환경 관련 암이 발병할 소지가 있다고 말했다.

청계제련소와 곱둔재로 이어지는 도로 하나를 사이에 둔 집에 살고 있는 최무진의 어머니는 뼈마디가 쑤셔대 방안을 기어다녀야 했다. 그녀는 3년 전 태백병원에서 골다공증 진단을 받았다. 골다공증 치료 약을 먹으면 속이 쓰려 심하게 아플 때만 약을 먹었다. 10여 년 전부터 허리가 아프기 시작했다. 오른쪽 다리도 함께 저려 왔다. 그렇다고 마냥 손을 놓고 있을 수만은 없었다. 그녀는 새벽 5시에 봉고차를 타고 태백으로 가서 매봉산 고랭지 채소단지에서 배추 모종을 심었다. 해가 질 때까지 쪼그리고 앉아 배추 모종을 심고 나면 집에 돌아갈 즈음엔 무릎이 송곳으로 콕콕 찔러대는 것처럼 아팠다. 태백병원에서 그녀에게 류머티즘 관절염 진단을 내렸다.

"많이 아플 때면 뼈마디를 송곳으로 콕콕 찔러대는 듯하니더."

현풍에서 염화촌으로 시집와 40년 동안 청계에 거주한 현풍댁 역시 지난해 겨울 골다공증 진단을 받았다. 그녀는 청계장로교회 여전도회장인 박 집사의 시어머니였다. 그녀는 재작년에 염화산에 두릅을 따러 갔다가 너덜겅에 넘어져 팔이 부러졌다. 배젊은 의사는 복합 골절이라고 진단을 내리고 팔에 철심을 박고 깁스를 했다. 그녀는 아직도 팔이 제대로 펴지지 않았다. 요즘 그녀는 일주일에 한 번 골다공증 치료를 위해 태백병원에 가서 주사를 맞고 있다.

풍기에서 소작농으로 일하다 청계로 흘러 들어온 권 영감은 풍기에서 살 때는 건강했다. 아들이 청계제련소 경비로 취직이 되자, 그는 소작농을 그만두고 청계로 이사 와 청계제련소 협력 업체에서 철제 에어브러시로 고로에 붙은 광석 찌꺼기를 떼어내는 일을 했다. 그 이듬해부터 그는 두통이 심해져 뇌신(Noesin)을 복용하고 있었다. 청계제련소 옆에 살면 오래 못 살아, 못산다니까. 태백병원에서 처방전을 받아 약국에 갈 때마다 그는 주문처럼 중얼거렸다.

"청계제련소에서 일한 사람들과 마을에 오래 산 주민 중 50세를 넘긴 주민들 대부분이 치아산식증에 걸려있니더."

광대뼈가 나오고 볼이 들어간 권 영감이 말했다.

"병원에 안 가봤어요?"

하얀 가운을 걸친 의대생이 물었다.

"태백병원에 갔댔니더."

"의사 선생님이 뭐라고 합니까?"

"치아산식증이라고 했니더."

"치아산식증은 이빨이 녹아내리는 병이잖아요."

"네."

"그 치아산식증에 걸린 이유가 무엇 때문이라고 생각하나요?"

의대생이 안경을 고쳐 쓰며 물었다.

"공장 내의 유독한 가스 때문일 거니더. 유독한 가스가 새어 나오는 데도 제대로 된 환기 시설이 설치되어 있지 않니더. 제련소에서 일하는 노동자들의 60, 70푸로를 차지하는 협력 업체 노동자들은 한 달에 한 번 지급되는 마스크와 작업복마저 지급되지 않니더. 정규직 노동자들에게 커피한 박스나 청주 같은 걸 건네주고 얻어 쓰는 형편이니더."

권 영감이 천천히 말했다.

"나도 좀 봐주시소."

낯빛이 검누렇게 찌든 황 노인이 윗도리를 벗었다.

맨눈으로 보아도 뚜렷하게 척추가 휘어져 있었다. 척추가 활처럼 앞으로 휘면서 상대적으로 어깨뼈가 뒤로 물러나 있었다.

"우리 마을에 제련소가 생기고부터 날이 흐려지는 날에 골짜기에 안개가 자욱하게 끼니더. 그런 날에는 두통이 심해지곤 해서 매일 뇌신약을 복용했니더. 그러다가 허리가 끊어질 듯 아프고 엉덩이도 저리기 시작하더니 다리 저림증이 심해 걸어 다니기가 힘들어졌니더. 태백병원에 다니며 치료를 받고 있으나, 잘 낫지를 않니더."

황 노인이 말했다.

그는 영주에서 우시장을 오가며 소 장사를 하다가 고갯길에서 강도를 당한 후, 청계로 흘러들어왔다. 권 영감과 함께 청계제련소 협력 업체에서 일하다가 10년 전에 그만두었다. 그의 아내는 8년 전 난소암으로 세상을 떠났다. 5년 전부터 왼팔이 마비되는 증세에 시달려 온 황 노인의 집에서 두어 마장 떨어져 있는 슬레이트집에 살고 있던 영월 영감은 반신이 마비되는 증세를 보여 왔다.

"아무래도 저 제련소가 의심돼요. 제련소 주위에 사는 주민들이 암이 발병하고, 잇달아 주민들이 신체가 전부 또는 일부가 마비되는 증상이 오는 건 이타이이타이병 같은 전형적인 환경병과 관련이 있거든요."

한덕기 교수가 제련소 굴뚝에서 눈길을 떼며 말했다.

마을 곳곳에선 허리가 굽은 노인들이 눈에 많이 띄었다.

"제련소에서 대기 배출 물질에 대한 검사를 하면 항상 정상으로 나오는데 뭔 말이야."

류정진이 원기를 바라보며 말했다.

"그게 다 눈속임에 불과해. 제련소에서 돈을 받고 측정해 주는 회사가 측정을 의뢰한 제련소 입맛에 맞게 만든 거지 뭐. 안 봐도 비디오야."

원기가 건조한 목소리로 말했다.

"그런 유언비어를 퍼뜨리다 제련소 소장의 귀에 들어가면 어떻게 할라고 그런 말을 합니까?"

"위원장님, 왜 그러십니까. 입은 비뚤어져도 말은 바르게 하라고. 우리 마을에서 청계제련소가 가동되기 시작하고부터 주민들의 건강이 크게 나빠진 건 사실이잖습니까?"

"······주민들의 건강이 크게 나빠진 건 맞는 말이야."

"······."

"그런데 보건소와 행정복지센터에서는 뭘 하고 있는지 몰라. 주민들이 건강에 위협을 받고 있는데도 주민 건강 조사를 실시하지 않은 건 도무지 납득할 수 없어."

"주민뿐만 아니라, 제련소 주변의 수목과 농작물도 조사를 해봐야 돼. 다 시들시들 말라 죽어 가고 있잖아."

"그런데도 제련소 소장이 '청계제련소는 철저한 환경정화 시스템으로 유독물질 배출이 기준치 이하로 줄었다'면서 '청계면 주민들의 질병은 제련소와 직접 관련이 없을 거라 본다'고 말했다잖아."

"다들 입만 살아가지고……."

청계행정복센터 앞에서 원기와 헤어진 류정진이 혼잣말로 중얼거리며 청계역을 향해 걸어갔다.

"또 어딜 가는 거야?"

장 반장이 물었다. 그는 청계장로교회 여전도회장인 박 집사의 남편이었다.

"권성만 시의원을 좀 만나 보려고."

류정진이 말했다.

"그놈은 왜 만나는겨. 행정복지센터에서 열린 이장협의회 회의 석상에 나타나 '청계면에서 생산되는 농산물 중에서 카드뮴이나 납 같은 중금속이 검출되지 않는 농산물이 어디 있습니꺼'라고 씨불인 시레베 아들놈을 왜 만나는겨."

장 반장이 역정을 냈다.

청계제련소 카드뮴 생산 팀에서 5년 동안 일하다 그만둔 뒤, 낙동강 강변의 자갈밭을 갈아 밭농사를 짓고 있는 그는 최근 청계제련소 인근의 밭에서 재배한 대파에서 카드뮴이 검출되었다는 텔레비전 방송 보도에 화가 나 있었다. 그 방송이 나온 뒤 산곡군청에서 누런 봉투를 든 공무원이 지프를 타고 와서 대파를 군청에서 사 갈 거니까, 시장에 내다 팔지 말라고 했기 때문이었다.

"대파만 오염되었겠어. 원기네 사과나무도 비실비실하는 걸 봐서 제련소 굴뚝에서 뿜어져 나오는 아황산가스에 오염된 거 같아."

류정진이 말했다.

"……허긴 콘베이어 벨트와 공장에서 흩어져 나오는 아연 분진으로 바위가 부식되어 심하게 갈라지고 있잖아. 바위가 부서지는데 대파가 견뎌내겠어……."

장 반장이 침울한 목소리로 말했다.

"역정만 내지 말고 군청에서 보상비나 받아 낼 궁리나 해."

류정진이 말을 끝내고 걸음을 빨리했다.

대치마을 뒷산 염화광업소 광미적치장과 폐갱도에서 흘러나오는 물은 청정천으로 흘러들었다. 아연광석 채굴을 중단된 지 오래되었지만 여전히 청정천 바닥이 산화된 구리로 인해 새파랗다.

갱구에서 500미터쯤 떨어진 지층골엔 미쓰비시광업회사 염화광업소와 일신 그룹 염화광업소가 아연광석에서 아연을 뽑아내고 버린 광미가 광미적치장에 쌓여 언덕을 이루고 있었다. 본래 금강송이 빽빽이 들어서 있던 곳에 나무를 베어 갱목으로 사용하고, 광미를 매립하였던 것이다. 광미적치장이 있던 자리에 흙과 자갈을 트럭으로 실어다 붓고 평탄 작업을 했다. 평탄 작업이 끝나는 날부터 내리기 시작한 비는 일주일이 지나도록 멈추지 않았다. 청정천으로 회색빛의 물이 흘러들었다.

먼동이 트는 시각이었다. 진 목사와 생명의 숲 회원들은 청계제련소 경비원들이 눈치를 채지 못하도록 야간 투시 카메라를 사용하여 현장에 접근했다. 빗물 배출구를 통해 오염물질이 섞여 나왔다. 제3공장 옆 옹벽 밑에서 오폐수가 낙동강으로 흘러들었다. 오폐수가 바위 위에 하얗게 말라붙어 있었다. 정체를 알 수 없는 결정체도 바위 위에 생겨나 있었다. 생명의 숲 회원이 안경을 고쳐 쓰고, 제련소에 흘러나오는 생활하수 배출구에서 흘러나오는 물을 채수해서 하얀 플라스틱통에 담았다. 진 목사는 제3공장 옹벽 밑에서 흘러나

온 오폐수를 채수해서 담은 플라스틱통과 청계제련소 옹벽 아래의 낙동강 강
물을 채수해서 담은 플라스틱통, 그리고 생활하수 배출구에서 흘러나오는 물
을 채수한 플라스틱통을 서울환경연구소에 보내 검사를 의뢰했다.

2주쯤 지났을 때 서울환경연구소에서 카드뮴과 구리가 기준치 이상 검
출되었다는 통보가 왔다.

이타이이타이병의 원인인 카드뮴이 기준치보다 높게 나왔다는 통보를
받았다는 소식을 전해 듣고, 문병일이 이장연합회 회원들과 여전도회 회
원들을 이끌고 겟세마네동산으로 갔다.

"목사님, 확실한 근거도 없으믄서 마을을 망칠려고 작정을 했능교? 우
짤라꼬 제3자들인 외지 사람들을 끌고 와서 자꾸 동네를 휘젓고 다니게
하능교?"

여전도회장이 진 목사를 향해 원망하는 듯한 목소리로 말했다.

"마을을 망치다니요? 그게 다, 마을을 살리자고 하는 일입니다."

진 목사가 사무적인 말투로 말했다.

"목사님, 우리 주민들을 모두 굶겨 죽일라꼬 외지 사람들을 자꾸만 끌
어들이니껴?"

대치리 이장이 쥐어짜는 듯한 목소리로 말했다.

"그게 다, 주민들을 살리자고 하는 일입니다."

진 목사가 담담하게 말했다.

"진 목사님, 다음부터는 이런 일은 마을 사람들과 의논해서 하시면 좋
겠습니다."

문병일의 목소리는 속이 텅 빈 대롱에서 울려 나오듯 공허했다.

"그리하도록 노력하겠습니다."

진 목사가 짧게 말했다.

진 목사와 생명의 숲 회원들이 대치마을을 다녀간 지 한 달쯤 지났을
때, 경희대학교 의과대학 환경보건연구소 연구원 팀이 심층 조사를 위해

청계로 내려왔다. 연구원들이 염화광업소 광미적치장과 폐갱도에서 흘러 나온 침출수가 흘러 들어간 대치천 물을 검사한 결과 구리가 기준치의 8배, 카드뮴이 기준치의 3배가 검출되었다. 이것은 대구지방환경청 조사와는 전혀 다른 결과였다. 대구지방환경청 조사에 따르면, 당시 대치마을에서 토양 오염 기준을 초과한 곳은 밭, 폐갱구, 광미적치장 등 측정 지역 30곳 가운데 18개 지점의 15곳에서 구리가, 3곳에서 비소가, 2곳에서 납 등이 검출됐다.

경희대학교 의과대학 환경보건연구소 연구원 팀이 심층 조사를 위해 청계를 다녀갔다는 소식을 뒤늦게 알게 된 문병일이 청계면이장연합회 회원들, 청계면 개발위원회 위원들, 새마을부녀회 회원들, 그리고 청계장로교회 여전도회 회원들을 이끌고 겟세마네동산으로 몰려갔다.

"왜 제3자들을 자꾸만 청계로 불러들이능교?"

문병일이 말끝을 높였다.

그는 황지의 건설회사에서 일하다가 그만두고, 황지를 떠나 청계에 둥지를 틀었다. 청계슈퍼를 운영해 돈을 모은 그는 청계제련소 협력 업체인 광염기업을 인수해 재력을 쌓았다.

"제3자들을 불러들여 자꾸만 청계 여기저기를 들쑤시고 다니게 하는 게 청계 사람들의 생존권을 위해 무슨 도움이 되능교?"

청계리 이장이 진 목사를 향해 고압적인 자세로 삿대질했다.

"청계 사람들의 생존권을 지키기 위해 전문가들을 모셔 와서 청계 일대의 토양과 수질 오염 상태를 측정한 겁니다."

진 목사가 말했다.

"목사님께서 전문가 전문가 하시면서 전문가를 자꾸 들먹이시는데 대구지방환경청에서 이미 다 검사해서 구리, 비소, 납이 소량 검출되었고, 카드뮴은 우려 기준을 살짝 넘었다지 않습니까?"

문병일이 목소리를 높였다.

"그래서 경희대 의대 환경보건연구소 연구원들이 주민들의 체내 카드뮴 농도 측정에 나섰던 겁니다. 마을 주민 7명을 경희대학교병원으로 모시고 가 소변과 혈액을 검사했지요. 그 결과 오줌의 카드뮴 농도가 1리터당 3.80~11.59마이크로그램에 달했어요. 이건 세계보건기구가 정한 일반인 소변 중 카드뮴 농도 상한인 1리터당 2마이크로그램을 훨씬 넘는 수치입니다."

진 목사가 말했다.

"리터란 말은 무슨 소린 줄 알겠는데 마이크로그램은 무슨 귀신 씻나락 까먹는 소리입니까?"

순녀가 입가에 언구럭스러운 웃음을 띠고 진 목사의 말에 대꾸했다.

"마이크로그램은 백만 분의 1그램이라는 말입니다."

진 목사가 말했다.

"그기 마을 사람들이 허리가 아프고 뼈가 쑤셔대는 병과 무신 관련이 있다캅니꺼?"

여전도 회장의 겻불내가 나는 목구멍에서 한 마디의 계정이 입버릇처럼 뽐어져 나왔다.

"그 연관성을 밝혀내기 위해 검사를 하는 겁니다."

진 목사가 짧게 말했다.

6

황 교수는 청량리역에서 열차에 오르자마자 의자 등받이에 머리를 얹었다.

"잡지사에 넘길 원고를 마무리하느라 새벽 4시까지 컴퓨터 앞에 앉아 자판을 두드렸더니…… 좀 잘게."

황 교수가 의자 등받이에 머리를 얹었다.

열차는 양평을 지나 제천역을 향해 달려가고 있었다. 종규는 청량리역 가판대에서 산 《주간 시사》를 펼쳤다. 청계제련소 제3공장 문제가 특집 기사로 실려 있었다. ……한국 땅에서 이게 가능해? 종규가 낮게 중얼거리며 《주간 시사》를 덮었다.

"뭘 혼잣소리로 중얼거려."

황 교수가 고개를 들며 말했다.

"이 기사 좀 봐."

종규가 《주간 시사》를 황 교수에게 건넸다.

"청계제련소가 무허가로 슬러지 재처리공장을 15개 동이나 짓는 동안 산곡군청은 무얼 하고 있었느냐는 거야?"

황 교수가 《주간 시사》를 종규에게 건네며 말했다.

"산곡군청이 몰랐을 리 없고, 내가 보기엔 산곡군청이 청계제련소와 짬짜미해서 벌인 짓일 거야."

종규가 말했다.

열차가 제천역에 도착했다. 등산복 차림에 배낭을 멘 사람들이 객실 안으로 들어왔다.

"일신 그룹이 운영하는 아연제련소가 우리나라에 두 군데가 있는 거, 알고 있지?"

"잘 알고 있지. 우리나라 최초로 이타이이타이병 발생 의혹을 불러왔던 데가 청계제련소의 자회사인 해명아연제련소잖아."

"해명아연제련소는 청계제련소에 비해 지금은 상대적으로 환경문제를 적게 일으키고 있지만, 공장 가동 초기에는 수많은 환경문제를 일으켰지. 서쪽으로 양산군, 북쪽으로 경주시, 동쪽으로는 동해와 인접해 있는 울평의 해명면이 1974년 비철금속 국가산업단지로 지정되면서 중금속에 의한 오염 피해가 우려되었는데 1978년 해명아연제련소가 가동되기 시작

한 후 10년도 되지 않아 심각한 피해가 발생하기 시작했지. 전신신경통
·전신마비 등의 증세를 보인 환자들의 통증에 대해 일반 병원에서는 뚜
렷한 치료 방법을 제시하지 못해 해명병(海鳴病)은 치료가 안 되는 괴질
(怪疾)이라는 인식이 생겼지. 그뒤로 비철금속 국가산업단지에 자리 잡은
해명아연제련소는 중앙정부와 지방정부의 관리 감독을 받게 되었고, 한
국 사회가 민주화가 된 이후에 신문방송사, 환경 단체와 시민 단체의 눈
치를 보게 되어 드러내 놓고, 대기 속으로 오염물질을 배출하고, 강과 바
다에 폐수를 흘려보내고, 슬러지 같은 걸 함부로 땅을 파고 묻지 못했지.
그러나 같은 일신 그룹이 경영하는 청계제련소는 50년 동안 대기 속으로
아황산가스 같은 오염물질을 배출하고, 낙동강에 카드뮴 같은 중금속 물
질을 폐수와 함께 흘려보내고. 중금속 덩어리인 슬러지를 공장 주변의 땅
을 파고 묻어버리는 짓을 서슴없이 해왔는데도. 청계제련소가 낙동강 최
상류 청계협곡이라는 오지 중의 오지에 자리를 잡고 있어서 상대적으로
중앙정부, 환경단체, 시민단체의 감시망에서 벗어나 있었던 거지……."

"……급기야 청계제련소는 낙동강 유역 최악의 공해공장이라는 오명을
얻게 된 거구."

"청계제련소의 환경문제 가운데 아연 정광을 외국으로부터 들여오는
과정에서 밀가루보다 더 미세한 정광 가루가 비산되는 문제가 있어. 아연
정광 가루가 청계역과 청계리, 그리고 낙동강 강변 위로 떨어지고 있어.
많은 사람들이 오가는 청계역도 이미 상당히 오염돼 있어. 청계역사 안팎
으로 식물이 제대로 생장하지 못하고 있어."

열차는 예미역 구내로 머리를 들이밀었다. 해발이 점점 높아졌다. 열차
가 자미원역을 느릿느릿 지나갔다. 열차는 브이(V) 자 형 계곡 한가운데로
달려가고 있었다. 열차가 속력을 올려 달리기 시작했다. 정암터널을 빠져
나온 열차가 추전역에 육중한 바퀴 소리를 흩트리며 멈췄다. 다음 정차할
역이 태백역임을 알리는 안내방송이 흘러나왔다.

태백역에서 내린 종규와 황 교수는 택시를 잡아타고 대치리로 향했다. '임꺽정바위 캠핑마을' 입간판 앞에서 내린 그들은 청정천을 따라 정상으로 이어진 산길을 계속 걸어갔다. 지층의 구분이 선명한 청계폭포가 나타났다. 물길을 따라 길이 2킬로미터, 높이 250미터에 이르는 깊은 골이 패 있다. 깊숙한 곳에 수줍은 듯이 숨어 있는 청계폭포는 20미터나 되는 흰 물줄기를 붉은 골짜기 사이로 쏟아져 내린다. 그 모습은 화장을 곱게 한 천사의 자태를 연상케 한다. 청계폭포 주위는 커다란 바윗덩어리가 겹겹이 쌓여 있는 산자락의 풍광이 아름다워 인근의 학교에서 소풍을 자주 가곤 했다. 종규와 황 교수는 돌너덜길을 내려섰다. 폭포수 쏟아지는 소리가 점차 가까워졌다. 문득 눈앞에 거대한 붉은 바위벽이 나타났다. 붉은 바위벽은 여러 개의 서로 다른 층으로 이루어져 있어 마치 시루떡을 얹어 놓은 것처럼 보였다.

그들은 청정천 골짜기 깊숙히 들어갔다. 작은 폭포가 나타났다. 폭포 아래쪽에 깊이를 알 수 없는 용소(龍沼)가 있었다. 물속에서 물고기들이 노닐고 있었다. 열목어였다. 장마철이 되면 열목어들이 청정천을 거슬러 올라갔다. 비가 오지 않아 바위 등줄기가 드러나면 열목어들이 마른 폭포를 튀어 올라갔다.

"청정천처럼 좁고 깊은 계곡에서 배가 볼록하게 생긴 올챙이 같은 열목어 새끼들이 태어나, 골짜기가 깊어 바위에 물이끼가 많이 붙어 있고, 산그늘이 음영을 드리운 곳에서 생장한대."

황 교수가 말했다.

"열목어 새끼는 뭘 먹고 살까?"

종규가 물었다.

"하루살이, 각다귀, 강도래, 날도래, 깔따구 같은 날벌레들의 유충을 먹고 살아. 계곡 바닥에 깔린 돌들을 들춰보면 날벌레 새끼들이 많이 있지. 그 날벌레 새끼들을 먹고 자란 열목어는 낙동강으로 내려가 성어가 돼."

"열목어가 날벌레 유충과 날벌레 새끼들을 먹고 자란다는 건 처음 알았네."

"낙동강 같은 큰 강에서 열목어들은 수십만 개의 알을 품을 수 있도록 몸을 넉넉하게 불리고 난 다음 계곡을 거슬러 올라갈 채비를 해."

"힘을 키운 열목어는 알을 낳을 때가 되면 자기가 태어났던 그 계곡으로 돌아간다며?"

"맞아. 열목어는 은어처럼 자기가 태어난 곳으로 돌아가는 회귀성 물고기야."

"열목어가 태어난 청정천 계곡물에 손을 집어넣으면 한여름에도 손이 시려워."

"우리나라가 스페인, 튀르키예와 같은 위도상에 있는 나라인데도 스페인과 튀르키예보다 겨울에 훨씬 추운 건 북쪽에 시베리아가 있기 때문이야."

"경상북도 산곡과 강원도 태백, 인제, 홍천은 지역 자체가 고도가 높아. 게다가 숲이 우거져서 그늘까지 가득하니 한여름 계곡물은 더 차가워."

종규가 말했다.

"산곡, 태백, 인제, 홍천의 환경은 열목어가 살기에 딱 좋은 환경이야. 물이 더 차가워도 안 되고, 미지근해도 안 되고, 물이 아주 깨끗해야 해. 열목어는 성격이 예민하고 까다롭고, 도도하지······."

황 교수가 말끝을 흐렸다.

앞이마가 훌렁 벗겨진 사내와 원기가 널따란 바위 위에 앉아 있다가 일어섰다.

"심규성 공동 대표님이시죠?"

종규가 말했다.

"네, 이원기 작가로부터 김 선생님 말씀은 많이 들었습니다."

훤칠한 키의 심규성이 부드러운 얼굴로 종규와 악수를 하며 말했다.

"어류생태학을 연구하면서, 수질오염에도 많은 연구를 하고 있는 황성민 교수입니다."

종규가 황 교수를 심규성에게 소개했다.

"황성민입니다."

황 교수가 고개를 숙이고 심규성과 악수를 하였다.

청계제련소 뒤편 언덕 광미적치장에 유독성 찌꺼기가 산처럼 쌓여 있었다. 아연광석 제련 과정에서 오폐수와 찌꺼기가 발생했다. 오폐수와 찌꺼기는 땅속으로 스며들어 지하수맥을 통해 낙동강으로 흘러들어 치명적인 재앙을 일으킬 수도 있다.

"제련소에서 나온 오폐수와 찌꺼기는 비만 내리면 그대로 낙동강으로 흘러들어요. 더구나 아연광석 제련 과정에서 나오는 폐수도 제대로 처리가 안 된 채 방류구를 통해 낙동강으로 흘러들어요. 제련소에서 오죽하면 폐수처리장 방류구를 안 보이도록 바윗돌로 막았겠어요."

심규성은 영주에서 고등학교를 마친 뒤 일본으로 건너가서 도쿄농공대학 농학부에서 생태계보전 분야를 공부하고 돌아와, 산곡에서 사과 농장을 경영하면서 천주교 안동교구 청계제련소 환경오염 대책위원회 위원장을 맡아 청계제련소 환경오염 문제를 세상에 알리는 일에 앞장서고 있었다.

"청계제련소 상류와 청계제련소 하류의 수생태계는 완전히 다르겠네요?"

황 교수가 물었다.

"네. 청계제련소 상류와 달리 하류에는 열목어는커녕 메기, 잉어, 미꾸라지, 피라미, 버들무지 같은 물고기가 사라졌어요. ……2016년 일본 도쿄농공대학 와타나베 이즈미 교수가 조사한 바에 의하면 청계제련소에서 남쪽으로 20킬로미터 떨어진 분천 지역의 낙동강에서 잡은 물고기를 조사한 결과 카드뮴 수치가 1. 37피피엠이 나왔다고 해요. 이건 세계보건기구가 정한 허용 기준치 0.005피피엠의 275배에 해당하는 수치라고 해요. 이러니 낙동강의 물고기들이 살 수가 없는 겁니다. 당시 국회의 국정감사에서 이 문제가 거론되었고 그해 가을 환경부 자체 조사에서도 유사한 수치가 나왔다고 발표한 바가 있어요. 이런 결과가 나오자 산곡군에서는 낙동강에서 물고기와 조개류를 잡아먹지 말 것을 권고하는 펼침막을 분천마을에 내걸기도 했어요. 당시 금강에서 잡은 물고기의 카드뮴 수치가 0.004피피엠으로 세계보건기구 허용치를 넘지 않았거든요."

심규성이 말을 끝내고 황 교수를 바라보았다.

"심 선생님은 기억력이 엄청 좋은가 봅니다. 수치를 정확하게 기억하시는군요."

황 교수가 말했다.

"하하, 신문방송사 기자나, 환경단체, 시민단체 사람들을 만나 청계제련소 환경오염 문제를 자주 이야기해 주다 보니, 웬만한 환경오염 수치를 꿰게 되었습니다."

심규성이 말했다.

"와타나베 이즈미 교수의 조사 보고서에 대해 청계제련소에서는 어떤 반응을 보였나요?"

종규가 물었다.

"산곡군 청계제련소 환경오염 주민 대책위원회에서 청계제련소 소장 앞으로 낙동강 상류 수질오염에 따른 물고기 폐사와 카드뮴 과다 검출에 대해 질의서를 보냈어요."

"아 그래요, 답변이 왔어요?"

"네. '낙동강 상류 수질오염과 관련된 여러 편의 논문이 나왔는데, 그 논문들에 따르면, 청계제련소와 물고기의 카드뮴 수치와 관련성이 없다고 한다. 그래서 청계제련소와 물고기의 떼죽음은 크게 관련성이 없다고 생각한다'는 답신이 왔어요."

"논문이 다 논문은 아니잖아요. 학계에서 검증된 학회지에 발표한 논문인가요?"

황 교수가 물었다.

"그건 저도 모르죠. 일신 그룹이 우리나라 정계. 관계, 언론계에 방대한 인적 네트워크를 갖고 있으니까, 학계라고 네트워크가 없겠어요."

심규성이 말했다.

"그래서 그 후에 어떻게 되었어요?"

종규가 물었다.

"낙동강 상류에 서식하는 물고기와 다슬기 같은 저서생물이 청계제련소 옆으로 흐르는 낙동강을 지나면 사라지는 현상을 어떻게 설명할 것이냐는 질의서를 청계제련소에 보냈더니 '다슬기가 사라지고 없다는 점에 대해서는 잘 모르겠다. 그건 좀 더 알아보고 대답을 해 주겠다'는 답신을 보내왔어요."

심규성이 말했다. '저서생물'은 바다, 강, 호수 또는 하천 등 수체의 바닥에 서식하는 생물들을 아우르는 말이었다.

"낙동강 최상류에서 벌어지고 있는 물고기 떼죽음 현상은 심상찮은 일이에요. 우리나라 토종 물고기들이 떼죽음을 당하고 있는 현상을 결코 가볍게 넘길 일이 아닙니다."

황 교수가 말했다.

"천주교 안동교구 청계제련소 환경오염 대책위원회에서 청계제련소에서 남쪽으로 20킬로미터 떨어져 있는 지점인 소천면 분천리를 관통하고 있는 낙동강과 그곳에서 또 남쪽으로 20킬로미터 떨어져 있는 청량산 자락을 휘감고 흘러가는 낙동강과 그곳에서 또 30킬로미터 떨어진 안동호까지 세 지점 주변을 조사한 결과 모두 100마리가 넘는 물고기 사체를 목격했어요. ……산곡군 군수와 경북 도지사, 환경부 장관 앞으로 증거 사진 30장을 첨부하여 진정서를 제출했지요. 증거 사진에는 꺽지, 자가사리, 퉁가리, 모래무지, 수수미꾸리, 참쫄개, 돌마자 등등의 우리 토종 물고기들의 사체가 들어있었어요. 지점별로 세 곳만 조사해서 이 정도면 전 구간으로 치면 엄청난 물고기가 죽은 거로 보여요."

심규성이 말했다.

"이 상태로 계속 가다간 낙동강 상류에서 물고기의 씨가 마르겠군요."

"큰 장마가 지고 나면 낙동강 상류 강변 곳곳에 물고기 사체가 널브러져 있어요. 낙동강 지류에서 많은 물고기들이 낙동강 본류로 들어오지만 살아남지 못하는 거 같아요."

"낙동강 최상류 강변에 자리 잡은 청계제련소 상부 지역 낙동강의 수생태계와 청계제련소 하부 지역 낙동강의 수생태계는 완전히 다르다고 볼 수 있어요. 청계제련소 상부 지역 낙동강과 달리 청계제련소 하부 지역 낙동강에서 물고기들을 구경할 수 없다는 거는 시사하는 바가 커요."

"청산가리의 수십 배 되는 극약과도 같은 독극물과 중금속들이 청계제련소에서 낙동강으로 유입되고 있는데 어떻게 물고기들이 살아갈 수 있겠어요?"

"물고기만 떼죽음을 당하는 게 아니라, 새와 벌들도 떼죽음을 당하고 있는 게 사실일 겁니다."

"청계협곡 곳곳에서 벌이 떼죽음을 당해 과수원에 벌이 보이지 않아요. 한창 수정을 해야 할 시기에 벌이 오지 않아 꽃이 지기 시작하면 수확하는데 어려움이 생기지요."

심규성을 따라 종규는 강물로 들어갔다.

청계제련소 폐수처리장 최종 처리수 방류구는 자갈과 돌로 가려놓고 있었다. 맑은 강물이 흐르고 있어야만 하는데, 강물이 희뿌옇게 변해있었다. 폐수처리장 최종 방류구로부터 나온 처리수 때문이었다. 이것은 분명히 완전히 정화되지 않은 처리수를 내보내고 있다는 증거였다.

바위를 들추어도 생명체라고는 올챙이 한 마리 없었다.

"아무것도 없어."

심규성이 낮게 중얼거렸다.

"어린 시절 여기서 수영도 하고, 물고기를 족대로 잡아 매운탕을 끓여 먹기도 했지요."

종규가 말했다.

"산곡에서 유년 시절을 보낸 사람들은 다 여름엔 낙동강에서 천렵도 하고, 수영도 하고, 가을엔 스케이트를 지치곤 했지요."

심규성이 말했다.

"수영을 하다 지치면 저 바위 위에 누워서 쉬기도 하곤 했지요."

종규가 물 위에 솟아올라 있는 평평한 바위를 손으로 가리켰다.

"청계제련소가 들어오기 전만 해도 낙동강이 이렇게까지 오염되지는 않았지요. ……청계협곡의 자연 생태계가 병들었어요. 자연 생태계를 이렇게 함부로 대하는 나라는 전 세계에서 우리나라밖에 없을 겁니다."

심규성이 침울한 목소리로 말했다.

은빛 파이프라인으로 뒤덮인 제1공장에서 하얀 수증기가 굴뚝에서 뿜어져 나왔다. 수증기가 날아가 말라비틀어진 금강송 나뭇가지에 달라붙었다. 제1공장 뒷산은 흙과 바위만 남아 있었고, 붉은 물감을 뒤집어 쓴 것처럼 붉은 솔잎을 머리에 인 금강송 몇 그루가 버티고 서 있었다. 제1공장에서 빠져나온, 동그랗고 기다란 파이프라인이 제2공장 위를 지나 낙동강 상공을 가로질러 제3공장으로 이어졌다. 알루미늄처럼 하얀 파이프라인은 햇빛을 받아 하얗게 번쩍거렸다. 그것은 마치 히드라가 대가리를 쳐들고 하늘을 향해 꿈틀거리고 있는 것만 같았다. 그때 ㈜일신 청계제련소 굴뚝과 지붕 위로 비가 내리기 시작했다.

"황 교수님, 저기 비가 내리는 거 보이시죠?"

원기가 손을 들어 제1공장 지붕을 가리켰다.

"그러네요. 비가 내리네요. 우리가 서 있는 낙동강 강물 위로 빗방울 한 점 안 떨어지는데 저긴 비가 내리고 있군요."

황 교수가 말했다.

"청계 사람들은 저 비를 '일신비'라고 부르지요."

원기가 말했다.

"맑은 날인데 제련소 지붕 위로 비가 내린다는 건 참으로 참담한 일이 네요."

황 교수가 말했다.

"청계협곡에서만 참담한 일이 벌어지고 있는 게 아닙니다. 퇴계 선생이 제자들을 가르치던 도산서원 코앞의 안동호는 여름철이 되면 마치 초록색 유화 물감을 풀어 놓은 듯 녹조로 뒤덮여요."

심규성이 말했다.

낙동강이 청계아연제련소가 자리 잡은 물돌이뜰을 휘감고 남쪽으로 흘러가 안동댐에 가로막혀 이루어진 안동호는 다목적댐인 안동댐이 건설되면서 생긴 호수였다. 한국 최초의 양수 겸용 발전소를 갖춘 안동댐의 주요한 목적은 용수 공급이었다. 낙동강 중·하류 지역 주민들은 민물매운탕도 마음 놓고 먹을 수 없었다. 낙동강에서 물고기를 먹은 새들도 한 마리, 두 마리 죽어 갔다. 중금속에 오염된 물이 물고기에 좋을 리가 없었다.

"안동호가 썩고 죽음의 호수로 변하게 된 가장 큰 원인은 낙동강 최상류에 있는 일신 그룹 청계제련소 때문이겠지요?"

황 교수가 말했다.

"2010년 한국광해광업공단이 1년여의 조사 끝에 환경부에 제출한 보고서에 의하면, 안동호 수중에 1만 5천 톤의 중금속 광미 퇴적물이 쌓여 있다고 밝히고 있어요."

심규성이 말했다.

"카드뮴 같은 중금속으로 오염된 안동호는 낙동강 하류 대구와 부산에 살고 있는 시민들의 젖줄로 그들에게 중금속으로 오염된 물을 식수로 공급하고 있는 겁니다."

황 교수가 말했다.

결국 안동시는 취수원을 안동호에서 안동시 도산면으로 옮겼다. 안동 시민들은 안동호에서 취수한 물 대신 도산면 댐에서 취수한 물을 마시고 있다. 그러나 대구, 상주, 밀양, 부산 주민들은 낙동강 강물을 마시고 있다.

"유생(儒生)들의 교육을 위해 지어진 강당인 전교당과 퇴계선생의 신주를 모신 사당인 상덕사 및 삼문 등의 문화재가 보존되어 있는 도선서원 코앞의 안동호가 오염되어 잉어, 청둥오리, 길고양이들이 떼로 죽어나가고 있다는 게 부끄러운 일이에요."

심규성이 말했다.

"일신 그룹을 이끌어 가는 사람들이 불쌍히 여기는 마음, 자기의 잘못을 부끄러워할 줄 아는 마음, 겸손하고 양보하는 마음, 옳고 그른 것을 분별하는 마음이 조금이라도 갖고 있었더라면 한국 정신문화의 본향이라고 해도 과언이 아닌 안동의 땅과 물을 오염시키는 행위를 하진 않았겠지요."

종규가 말했다.

"……일신문화재단 이사장 차를 모는 민 기사한테 들은 얘기인데요."

원기가 머뭇거리다 말문을 열었다.

"무슨 이야긴데 그렇게 뜸을 들여."

종규가 말했다.

"승용차는 한 대인데 5명이 서울에서 청계로 오게 되었대요, 이사장이 홍보실 오 과장더러 차를 몰게 하고, 민 기사는 트렁크에 들어가 누워서 가라고 말해, 민 기사가 서울에서 청계까지 트렁크에 누워서 내려왔대요."

원기가 말했다.

"저런 저런……."

종규가 말끝을 흐렸다.

"일신 그룹 사람들이 청계사람들과 청계협곡의 자연을 대하는 태도를 보면 조금도 이상한 행동이 아니에요."

심규성이 말했다.

해가 안개 속으로 모습을 감추고 있었다. 제련소 굴뚝에서 시커먼 연기가 폭포처럼 쏟아져 내렸다. 연기와 수증기가 안개와 뒤섞여 마을을 뒤덮기 시작했다.

7

골짜기에 들어서자 매캐한 냄새가 코를 찔렀다. 잠시 서 있는데도 바람에 실려 오는 냄새가 코를 마구 후벼팠다. 청계제련소 뒤쪽 골짜기의 산비탈을 따라 금강송들이 붉게 변해가고 있었다. 금강송은 솔방울이 달린 상태에서 껍질이 말라 떨어졌다. 나무의 휘추리가 말라 죽고, 이어 원줄기가 말라 죽었다.

청계제련소에서 2킬로미터 떨어진 곳에 원기가 사과나무를 키우는 과수원이 있었다. 그 과수원은 원래 그의 아버지가 황산을 실은 탱크로리를 몰고 분천을 지나다가 전복해 낙동강에 황산을 흘려보내 물고기 수천 마리를 죽게 한 사고를 낸 뒤 그만두고, 수수와 옥수수를 심어 먹던 밭이었다. 그의 아버지는 탱크로리 전복 사고 후유증으로 태백병원을 들락거리다가 세상을 떠났다. 원기가 소출이 시원찮은 수수 농사와 옥수수 농사를 그만두고, 밭에 사과나무 묘목을 사다 심어 사과 과수원을 하게 된 것은 10년 전 일이었다. 사과꽃이 피었다. 사과 과수원에 나비가 오지 않았다.

벌이 오지 않았다. 사과 열매가 맺히기 전에 꽃잎이 시들어 떨어졌다. 사과 나뭇잎이 시들시들 말라갔다. 사과나무가 죽어 가는 양상은 금강송이 죽어 가는 양상과 흡사했다.

원예 사전을 뒤져보다가 원기는 열두 시가 넘어 잠이 들었다. 그는 개 짖는 소리에 잠이 깼다. 일어서서 마당으로 나갔다. 잿빛 안개가 골짜기를 덮고 있었다. 시커먼 연기가 굴뚝에서 콸콸 쏟아져 나오고 있었다. 연기가 물밀어왔다. 앞이 안 보였다. 시커먼 연기가 동네를 콱 덮었다. 냄새가 더할 나위 없이 독했다.

제련소 북쪽 골짜기의 나무들은 멀쩡했다. 청계협곡의 끝에 자리 잡은 청정천 용소는 청계제련소의 취수원이었다. 제련소를 가동하려면 맑은 물이 필요했다. 청정천은 1급수 맑은 물을 사시사철 흘려보냈다. 런던비철금속 경매장에서 청계제련소에서 생산한 아연괴가 품질면에서 세계 제일로 꼽혔다. 그 비결은 청정천 용소에서 채수한 맑은 물에 있었다. 1급수를 채수하여 아연광석을 제련하는 과정에 사용하는 것이었다. 아연괴의 품질이 뛰어났다.

종규가 원기에게 전화를 걸어서 청계제련소 협력 업체에 송태가 취업할 수 있도록 도와달라고 부탁했던 것은 열흘 전 일이었다. 전화한 지 하루 만에 원기한테서 연락이 왔다. 영주기업에 면접이 잡혔으니 이력서를 지참하고 내려오라는 것이었다.

송태와 종규는 청계로 갔다. 청계역 광장을 출발해 노래연습장을 지나 편의점을 끼고 왼쪽으로 돌자 청계로가 나왔다. 그들은 그 길을 따라 쭉 앞으로 나아갔다. 마트, 식당, 카센터, 미용실, 주점이 길가에 납작납작 잇대어 있었다. 그들은 삼거리로 접어들었다. 오른편에 목욕탕, 교회당, 제련소 사원아파트 단지가 모습을 드러냈다.

행정복지센터 옆의 단층 건물 앞에서 종규와 헤어진 송태는 영주기업 사무실로 들어갔다.

"멀리서 왔네."

이력서를 들여다보던 박 사장이 천천히 고개를 들었다.

"네."

송태가 짧게 대답했다.

"일은 어렵지 않아. 일도 2시간 일하면 오후 3시에 마쳐. 나머지 시간
은 청소하고 시간만 때우면 돼. ……월급은 230만 원이야."

박 사장이 지나가는 말처럼 말했다.

그는 동원탄좌 사북광업소에서 선산부로 일하다가 사북에서 항쟁의 불
꽃이 피어올랐을 때, 사북광업소 객실에 모여 병가를 내고 휴직 중이던
정선경찰서장 대신 사북광업소장 등과 대책을 협의하고 있던 장성경찰서
장을 습격하는 데 가담했다가 정선경찰서 합동수사단 임시조사실에 끌려
가 천장에 거꾸로 매달린 채 고무호스로 구타를 당하고, 고춧가루를 푼
물이 가득한 물통에 머리를 쑤셔 박히는 고문을 당했다.

"네."

"직원들이 대부분 나이가 50이 넘어."

"그래요? 나이가 좀 많네요."

"60이 넘는 직원들도 있어."

"……."

눈자위에 시커먼 기미가 덮여 있는 사내가 사장실로 들어왔다.

"신 반장을 따라가서 작업 물품을 지급받아."

박 사장이 말했다.

송태는 신 반장을 따라 대기실로 갔다. 대기실에 퀴퀴한 냄새가 감돌았
다.

신 반장이 작업복과 장갑, 분리형 방독면을 송태에게 건네주었다.

"뜨거운 곳이니까 항상 보호구를 착용해야 돼."

신 반장이 말했다.

"네."

송태가 짧게 대답했다.

"나일론 옷을 입으면 안 돼."

"나일론 옷을요?"

"그래. 나일론 옷을 입으면 안 돼. 고로벽에 붙은 광석 찌꺼기를 떼어내는 작업을 해야 하는데, 용광로 상태가 안 좋으면 불붙은 광석 찌꺼기가 튀어나와."

"불붙은 광석 찌꺼기가 나일론 옷에 붙어 녹으면 살갗에 달라붙겠군요."

"이거 다 불붙은 광석 찌꺼기에 덴 상처가 난 데야."

신 반장이 소매를 걷어 올린 팔뚝을 승태 앞으로 내밀었다. 여기저기 흉터가 있었다.

"작업복을 다 입었으면 귀마개를 해."

"귀마개를요?"

"귀마개를 안 하면 귀가 작살나."

박 사장이 청색 제복 차림의 송병일과 함께 대기실로 들어왔다.

"안녕하십니까, 청계제련소 안전관리과 송병일입니다. 오늘 입사한 분들께 제품 제조 과정과 공정을 간략히 소개한 다음, 간략한 안전 교육을 실시하겠습니다."

키가 껑충한 송병일이 선이 또렷한 입술을 열어 말했다.

"……아연 제련 공정은 배소 공정, 조액 공정, 정액 공정, 전해 공정, 주조 공정의 과정을 차례로 거칩니다. 배소 공정에서는 아연을 함유한 황화물을 산화 배소하여 아연 배소광 및 황산을 제조하는 공정입니다. 배소는 황화아연에 포함된 황산물을 산화시켜 산화아연으로 만드는 과정을 말합니다. 조액 공정은 아연 배소광을 황산 용액으로 침출시켜 대부분의 불순물을 불용성인 철산화물 잔사와 함께 공침시켜 분리 및 제거하는 공정입니다. 정액 공정은 조액 공정을 통해 생산된 황산아연을 전해하기 전에 구리, 카드뮴 같은 불순물을 제거하는 공정입니다. 전해 공정은 전해액을 전기분해하여, 양극에 산소와 황산을 만들고 음극에 아연이온을 전착하여 회수하는 공정입니다. 주조 공정은 음극판에 전착하여 회수된 금속아연을 분리해 섭씨 470~500도로 유지되는 전기로에 투입하여 99. 995퍼센트 이상의 고순도 아연괴를 제조하는 공정으로 이 과정에서 생산된 이산화황을 이용해 황산을 만듭니다. 아연의 덩이인 아연괴는 푸른빛을 띤 은백색의 금속으로 자동차나 전기, 전자 산업 부문에서 도금 등의 용도로 사용되고 있습니다. ……아연 제련 공정은 위험이 따르는 공정입니다. 작업에 임하실 때 현장 반장님들의 지시를 잘 따르길 바랍니다."

송병일이 가라앉은 목소리로 말했다.

청계제련소는 신입사원 교육에서 인체 유독성에 대해 아무런 이야기를 하지 않았다. 그뿐만이 아니었다. 서울특별시 강남구에 자리 잡은 ㈜ 일신 청계제련소 본사는 중금속을 취급하는 작업장인 카드뮴 부서와 소음과 분진이 극심한 주조 부서 등 유해한 작업 공정을 하는 부서를 전부 협력 업체에 도급을 주고 있었다. 산업안전보건법에는 유해 작업 공정의 도급을 엄격하게 금지하는 규정을 두고 있었다.

2일째 되는 날. 송태는 철제 에어브러시로 고로에 붙은 광석 찌꺼기를 떼어냈다. 고로에서 황산가스가 새어 나왔다. 눈이 따가웠다. 빨리 공장 밖으로 나가고 싶다는 생각이 들었다. 공장 안의 공기가 너무 탁했다. 함께 같이 일하고 있는 노동자들도 힘겨워했다. 공기질 자체가 좋지 않았다. 환풍기가 제대로 작동되지 않았다. 환풍기가 노후화된 탓이었다. 현장 반장들이 환풍기를 새로 달아달라는 건의서를 청계제련소에 올렸다. 청계제련소는 현장 반장들이 올린 건의서를 청계제련소 본사에 올렸다. 그때마다 30억이나 되는 비용이 하늘에서 쏟아져 내리 나며 청계제련소 본사에서 건의를 묵살했다. 그뿐만이 아니었다. 마스크형 방독면을 회사에서 노

동자들에게 제공해 주면서 필터를 사주지 않아 노동자들은 마스크형 방독
면에 휴지를 끼워 넣어 사용했다.

"마스크형 방독면이 제 기능을 못 하고 있어."

얼굴이 검붉은 강 씨가 말했다.

마스크형 방독면을 착용하고 있는데도 틈새로 가스가 계속 스며들었다.
눈이 따갑다. 머리가 아팠다. 기침이 나왔다. 숨이 가빠지고 폐에 통증이
왔다.

"일체형 방독면을 쓰면 괜찮을 텐데……."

신 반장이 말끝을 흐렸다.

"그럼, 마스크형 방독면 대신 일체형 방독면을 쓰고 작업하면 되지 않
겠습니까?"

송태가 말했다.

"돈 아끼느라 회사에서 사 주지 않아."

강 씨가 말했다.

"일체형 방독면을 공장에서 사달라고 회사에 건의했는데 사 주지 않
아."

신 반장이 말했다.

"왜 안 사 줘요?"

송태가 말끝을 높였다.

"회사 관리자들이 지시하는 사항을 따르지 않고 있기 때문에 눈이 따갑
고, 머리가 아프고, 기침이 나고, 숨이 가빠지고 폐에 통증이 온다는 거야."

"그게 본사에서 펜대나 굴리고 있는 사람들이 할 소리입니까?"

"작업을 할 때 방독면 같은 보호구를 제대로 착용하고서 작업을 해야
하는데도 불구하고 작업을 할 때 보호구를 제대로 착용하지 않고 작업을
하는 노동자들이 회사에서 보호구를 주지 않는다고 불만을 제일 많이 토
로한다고 말하면서 방독면을 사 주지 않아."

"어이가 없네요."

"그건 다 핑계고, 비용이 많이 나가니 안 사 주는 거야."

"방독면 한 개에 얼마나 하는데요?"

"한 개에 13만 원 한다나……."

낡은 파이프에서 수증기가 계속 뿜어져 나왔다. 숨이 가빠지고, 폐에 통증이 왔다. 황산가스가 수증기에 섞여 흘러나오기 때문이었다.

3일째 되는 날. 송태는 아연광석을 녹이는 공정에 투입되었다. 공장 바닥 곳곳에 광석 찌꺼기가 하얗게 엉겨 있었다. 배출되지 못한 오폐수가 증발하고 남은 자국이었다.

"몸조심해."

신 반장이 말했다.

"내가 입사한 지 일 년이 지난 때였지. 집중해서 고로에 붙은 찌꺼기를 떼어내는데 뒤쪽에서 뭐가 쿵 하고 떨어지는 거야. 못 보고 올라간 거지. 맞았으면 즉사했지. 즉사."

강 씨가 말했다.

"몸 관리 잘해. 가스 많이 먹으면 암에 걸려. 아연광석은 밀폐 관리를 하거든. 고로에 붙은 찌꺼기를 털어버릴 때 아황산가스가 많이 나와. 찌꺼기를 털어내기 힘들어. 덩어리가 떨어지면 재빨리 뛰어내려야지 계속 서 있다간 죽는 거야."

신 반장이 말했다.

4일째 되는 날. 송태는 신 반장의 지시대로 오폐수 자국과 오폐수를 물로 씻어냈다. 수시로 파이프에서 물이 쏟아져 내렸다. 머리가 지끈거리며 아팠다. 폐가 아파 숨쉬기조차 힘들었다.

5일째 되는 날. 박 사장이 굳은 얼굴로 신 반장에게 지시 사항을 전달하고 대기실에서 나갔다.

"모래부터 4일간 노동부가 청계제련소에 대한 작업환경을 측정한다고 통보해 왔다. 오늘부터 내일까지 전체 작업장에 대해 대대적인 환경 정리를 실시한다."

신 반장이 말했다.

6일째 되는 날. 하루 종일 작업장을 쓸고, 닦고, 쓸고, 닦고, 쓸고, 닦고…… 환경 정리를 했다.

11일째 되는 날. 비가 추적추적 내렸다. 공장 천장에서 빗물이 흘러내렸다. 송태는 빗물을 피해 박스를 깔고 잠을 청했다. 유독물질이 빗물을 따라 낙동강으로 흘러갔다. 청색 제복들이 우산을 쓰고 지나갔다.

"청색 제복을 입은 직원들은 직영 직원들이야."

"직영요?"

"응 직영. 본사 정규직이라는 말이지."

"그래요?"

"여기 공장에서 일반 옷 입고 일하는 사람들은 다 협력 업체 노동자들이야."

강 씨가 말했다.

"여서 일하는 협력 업체 노동자들 대부분이 태백시의 탄광에서 일하다 온 사람들이야. 탄광에서 퇴직한 나이 먹은 광부는 이런 거밖에 할 게 없어. 나이 먹은 사람들이 어디 갈 데 있나."

신 반장이 말했다.

"이 청계제련소에 2, 30년 동안 탄광 막장에서 탄을 캐다가 남은 건 병든 몸뚱아리뿐인 퇴역 광부들이 입에 풀칠하려고 온 거야."

강씨가 말했다.

여인숙으로 돌아온 송태는 저녁을 먹고 나서 리모컨을 작동해 텔레비전을 켰다.

붉은 숲을 뒤로 하고 크고 작은 굴뚝들이 솟아 있는 제련소 정문에서 황산을 실은 탱크로리가 빠져 나오는 광경이 텔레비전 화면을 가득 채웠다. 이어서 카메라가 녹물이 흘러내린 흔적이 있는 전기분해 공정 작업장을 비추었다.

—전기분해 공정 작업장이라 하는 카는 데는 몬 들어가니더. 아연을 제련하는 과정에서 전기분해를 해 뜨거운 열이 발생하고 거기에 물을 쏘아 황산을 추출하니더. 그때 아황산가스가 발생하니더. 이빨이 다 내려앉아 베린다니깐요. 전기분해 공정 작업장이라는 카는 데는요, 전기분해 공정 작업 중에 아비산이라는 걸 노동자들이 맞닥뜨리게 되니더. 그게 독극물이니더.

종잇장처럼 창백한 얼굴빛의 노동자가 말했다. 그는 전기분해 공정 작업장에서 일한 지는 3년째 접어들고 있었다.

카메라가 덩치가 우람한 노동자를 향했다.

—제 동료가 카드뮴 공정에서 일하다가 사고를 당했었는데요……

처음에는 말입니다요, 발가락에 쇳물이 튀어서리 발가락이 다 썩어 가지고요, 왼쪽 다리부터 썩어서 다 자르고요, 휠체어만 타고 다녔는데요. 죽은 지 한 3년이 될 거예요.

카드뮴 공정 작업장에서 일한 지 5년 남짓 된 노동자가 말했다.

—카드뮴 공정이라는 게 그렇게 위험합니까?

하얀 얼굴에 살이 없어 말을 할 때마다 양쪽 볼이 볼록볼록 드러나는 피디가 물었다.

—밀폐된 카드뮴 공정 작업장은 제련 과정에서 발생하는 여러 가지 중금속이 뒤섞여 수증기 형태로 사방으로 퍼져서 흩어져요. 숨을 쉴 때마다 수증기가 열기와 함께 몸 안에 흡입되요.

—보호장구를 착용하고 있는데도 체내에 흡입됩니까?

—열기가 너무 뜨겁기 때문에 보호 장구를 단 1분도 착용할 수 없어요. 카드뮴 공정 작업장은 지옥이 따로 없어요.

카메라가 거무튀튀한 피부 위의 오뚝한 콧날이 도드라져 보이는 노동자를 향해 움직였다.

—열기가 100도 이상인데요. 아연물이 철철 흘러서 밑에 떨어지면 아연이 녹아나거든요. 그걸 녹일 때 폭발하는 거죠. 아연물이 피부에 딱 붙지 않았습니까. 붙으면 안 떨어져서…… 홀랑 벗겨져 버려. 뼈까지 나와버린다니깐요."

주조 공정 작업장에서 일한 지 2년째 접어드는 노동자가 말했다.

카메라가 청계제련소 공장 안을 비추었다. 뿌연 수증기로 가득 차 있었다.

청계제련소 굴뚝이 사라지고, 야트막한 야산이 화면을 채웠다.

—낙동강에서 상당한 거리에 떨어져 있는 명호면 풍호리 주민들도 식수는 물론 생활용수도 낙동강 물을 사용하지 않습니다. 청계제련소와 가까운 거리에서 살고 있는 주민들은 낙동강 강물을 식수는 물론 생활용수로도 사용하지 않습니다.

엠비에스 방송국 카메라가 돌아갔다.

—청계면의 취수원은 어디입니까?

무표정한 표정의 인창만 피디가 물었다.

—취수원은 반야골에 있습니다. 여기서 3킬로미터 상류 지점에서 취수해서 수질이 상당히 좋습니다.

문병일이 말했다. 그의 입귀와 콧잔등으로 길게 고랑진 주름이 꿈틀거렸다.

—그곳엔 공장이라든가 축사 같은 건 없습니까?

—네 취수원 위쪽 땅에서 농사는 짓지만, 축사라든가 공장은 없습니다.

—수질오염원이 없다는 말씀이군요.

—네. 물맛만 놓고 본다면 아주 전국적으루 뒤떨어지지 않을 정도루 물맛이 좋습니다.

—그렇군요. 청계면 주민들은 낙동강 강물을 식수로 사용하지 않는다는 말씀으로 정리해도 되겠습니까?

인창만 피디가 물었다.

—그럼요, 그럼요, 우리 청세년 주민들은 낙동강 강물을 마시지 않습니다.

문병일이 엉덩이를 달싹하며 말했다.

—낙동강 강물이 오염되어 뿌려 마실 수 없게 되었지요.

눈 두둑이 불룩하고 까무잡잡한 얼굴의 금진만이 말했다. 그는 청계제련소 협력 업체를 맡아 운영하다가 3년 전에 그만두고, 청계면 개발위원회 부위원장을 맡아 봉사하고 있었다.

—청계면 주민 1천800명 가운데 80퍼센트가 청계제련소와 관계를 맺으며 살아갑니다. 회사도 회사지만 청계면 주민들은 일신 그룹 청계제련소에 목숨줄을 걸고 있어요, 제련소를 살려달라고 하는 것은 청계면 주민의 생존권이 제련소 존폐 문제에 달려 있기 때문이에요. 제련소를 폐쇄하면 청계면 전체가 존폐의 위기에 놓이게 됩니다. 제련소가 청계면에 자리 잡고 있어 제련소에 의지해서 청계면 주민들이 살아가고 있어요. 만약에 청계면에서 제련소가 동해안 같은 곳으로 이전하거나, 없어지면 모두 여길 떠나야 될 입장입니다. 그렇게 되면 과연 우리 청계면 주민들의 생존권은 어떻게 할 겁니까?

문병일이 목청을 돋우어 말했다.

—청계 주민들은 환경오염의 가장 큰 피해자이기도 합니다. 청계면 주민들은 카드뮴 오염이 엄청나게 환경을 오염시키고, 건강을 해친다는 걸 알고 있어요. 청계면 주민 1천800명이 살아갈 수 있는 생계 대책을 세워야 합니다. 만만치 않은 문제라는 걸 모르는 바 아닙니다. 그러나 이 때문에 언제까지 청계제련소 환경문제를 방치할 수는 없습니다. 지금이라도 당장 남의 집 불구경하듯 뒷짐을 지고 보기만 하고 있는 중앙정부가 소매를 걷어붙이고 나서야 합니다. 중앙정부가 직접 나서서 비철금속 국가산업단지를 동해안 어딘가에 조성해 청계제련소를 이전하고, 청계면 주민

1천800명의 이주 대책과 생계 방안도 마련해야 합니다. 제련소가 이전할 때 이주를 희망하는 청계면 주민들을 이전하는 제련소 부근에 이주민 단지를 만들어 이주시키면 됩니다. 그것만이 1천300만 영남지방 주민들의 식수원의 안전을 도모해 주는 길이고, 청계면 주민들의 생명을 살리는 길이고, 청계협곡의 환경과 생태계를 살리는 길입니다.

금진만이 주머니에서 수첩을 꺼내 들여다보며 말했다. 그는 마을 회의가 있을 때마다 문병일과 의견이 갈려 자주 충돌했다.

—이주 대책요? 무슨 씻나락 까먹는 소릴 하고 있습니까? 우리가 지금 여기서 건강하게 잘 살고 있는데 이주 대책이 무슨 말입니까?

—건강하게 잘 살고 있다고요?

—청계면에서 살고 있는 어르신들 가운데 100세 된 어르신도 있어요. 90세 넘은 어르신들도 한 30여 분 됩니다. 청계면은 장수마을이에요.

—아연제련소가 가동되고 있는 청계면이 장수마을이라는 겁니까?

엠비에스 피디 안정민이 싸늘한 눈길을 문병일에게 던졌다.

—네 그렇습니다. 공해에 찌들고 환경문제가 많은 마을에 살고 있다고 한다면, 청계면 주민들이 다른 지역 주민들보다 단명해야 하잖아요.

—회장님, 아무리 이장협의회가 관변 단체라지만 너무 지나친 말씀 아닙니까?

금진만이 말소리를 높였다.

—뭐가 지나친 말입니까?

문병일이 얼굴을 붉히며 말끝을 높였다.

—청계제련소를 경영하는 정상봉 고문도 청계제련소를 더 이상 낙동강 최상류에서 가동할 수 없다는 걸 인식하고 있는 게 틀림없어요. 몇 해 전에 일신 그룹이 동해안 동명시 은계라는 곳에 비철금속산업단지를 조성해 청계아연제련소를 이전하려고 시도하다가 그곳 주민들의 반대에 부딪혀 좌절되었다는 걸 문병일 회장님이 모르고 계신 건 아니잖습니까?

—동명시 은계였던가? 동해안 어딘가에 일신 그룹에서 리조트인가, 연수원인가를 짓는다고 토지를 매입해 놓았다는 이야긴 들은 적이 있긴 해요.

　—식수만 놓고 봐도 그래요. 마을 사람들이 매일 마시는 물이 청계제련소 때문에 오염되어 식수로 사용할 수 없게 되니까, 여기서 3킬로 미터나 떨어진 미륵골까지 송수관로를 묻어 천연수를 끌어와 마을 사람들이 마시고 있는 건 사실이 아닙니까?

　—그건 그렇지요. 우리 마을을 휘감고 흘러가는 낙동강이 오염이 돼 뿌려서 그 흔하던 은어와 열목어도 사라져 버렸고, 다슬기도 씨가 말라 뿌렸지…….

　—회장님이 앞장서서 미륵골 물을 땡겨 와야 된다면서 백방으로 뛰고, 또 송수관로를 묻는데 거금을 내어 사업비에 보탰지 않았습니까? 난 회장님이 마을 일이라면 궂은일, 좋은 일 가리지 않고 앞장선다는 걸 잘 알고 있어요. …청계면이 장수마을이 아니라는 거……, 제련소가 뿜어대고 쏟아내는 오염물질로 청계리가 온통 오염되고 있다는 걸 ……회장님이 모를 리 없다고 생각합니다. 회장님이 1천800명 청계면 주민들의 생존권 사수를 위해 애쓰시고 있다는 거 잘 알고 있습니다…… 물론 1천800명의 생존권도 중요합니다. 그렇지만 청계제련소 환경오염 문제는 1천300만 영남 주민들의 목숨이 달린 일이기도 합니다. 60, 70년대에 후진국에서나 일어났을 법한 사태를 세계 10대 경제대국에 진입한 대한민국에서 사는 우리 청계면민들이 그대로 받아들이고 체념하고 있을 수는 없습니다. 더욱이 지난 50년 세월 동안 청계제련소가 어마어마한 양의 광미와 슬러지를 청계협곡에 불법으로 묻었잖아요. 아황산가스 같은 오염물질을 청계협곡의 대기 속으로 내 뿜고, 카드뮴 같은 중금속 물질을 낙동강에 흘려보내 환경문제를 야기했잖아요. 청계협곡의 생태계 파괴와 청계면 주민들의 건강 문제도 더 이상 간과할 수 없는 사태에 이른 겁니다.

화면이 바뀌고 청계초등학교 교정이 화면을 가득 채웠다. 청계제련소 굴뚝이 수증기와 연기를 대기 속으로 끊임없이 뿜어댔다. 옆구리에 청계유치원이라고 쓰여 있는 노란 버스가 청계초등학교 정문으로 들어서고 있었다.

제작진이 시료를 채취해 경희대학교 의과대학 환경보건연구소에 카드뮴 검사를 의뢰했습니다.

—청계초등학교 운동장에서 킬로그램당 1.98밀리그램의 카드뮴이 검출되었습니다. 우려 기준을 초과한 겁니다. 대책을 세워야 합니다. 카드뮴은 중금속 중에서 우리 몸에 들어오면 가장 오랫동안 남아 있는 물질입니다. 그래서 몸에 들어온 것이 몸 밖으로 배설되려면 25~26년 정도 걸립니까, 가장 오래 걸리는 거지요. 대부분 증상이 없어요. 그렇게 해서 콩밭이 손상되기까진 본인들이 대개 증상을 못 느껴요. 그래서 건강검진이 아주 중요합니다.

한덕기 교수가 짧게 심호흡을 하고 말했다.

청계초등학교는 이미 토양정화가 완료된 곳이었다. 그런데도 중금속 오염이 심각했다. 당장 대책을 세워야만 했다.

—중금속 오염이 심각하다는 검사 결과에 대해 어떻게 생각하십니까?

안정민 피디가 교감에게 물었다.

—지자체라든가 일신 그룹에서 어떤 대책이 나온다든지 아니면 산곡군이나 산곡교육청에서 토양정화에 대한 대책을 세워야지 저희가 임의로 대책을 마련하고 토양을 정화하는 건 곤란한 이야기인 것 같습니다.

아래로 쳐진 듯한 눈꼬리를 빳빳이 세운 교감이 망설이듯 잠시 머뭇거리다가 말했다.

—거기에 대해서 입장을 밝히시기는 곤란하다는 거죠?

—네. 입장이 굉장히 곤란해요. 저희 학교 학부형이 대부분 청계제련소에서 일하는 직원들이거나 협력 업체 직원들입니다.

—그전에는 토양 조사를 안 했던 겁니까?

―또 그런 건 저희도 잘 몰랐고 해본 적이 없는 것 같아요.

―토양 검사를 해본 적이 없다니 놀랍습니다.

안정민 피디가 목소리에 힘을 주어 말했다.

―그래서 만일 토양 검사를 실시해서 토양이 오염이 되었다는 게 사실로 드러나면 자라나는 세대를 위해 이장연합회를 비롯한 청계면 단체들이 무엇이든 행동을 해야지요 ……토양정화를 분명히 하도록 해야죠.

금진만이 독백하듯 말을 이어갔다.

8

'대구 · 경북 대학연합회 민속반 회원 거리굿 공연'이라고 쓰여 있는 깃발을 앞세우고 가면을 쓴 민속반 회원들이 도산서원 앞을 출발했다. 민속반 회원들이 징 · 북 · 꽹과리를 치며 분위기를 돋우기 시작했다. 북소리가 터지고, 징소리가 귀를 울렸다. 이어서 꽹과리 소리가 까강까강 울었다. 징소리가 귓청이 떨어질 듯이 요란하게 울어 대자, 꽹과리 소리가 도산서원을 뒤흔들었다. 징소리와 꽹과리 소리가 한데 어우러지자, 연두저고리에 다홍치마를 떨쳐입은 주무(主巫)가 한들한들 춤을 추었다.

청계협곡은 청계면 주민들이 살아가는 터전이고, 염화산 높은 지대에는 산신이 다스리고, 청계협곡을 흐르는 낙동강은 용신이 다스리고, 청계면은 도당(都堂)이 다스리고 있겠다.

경상북도 산곡군 청계면 낙동강 강변에 50년 묵은 공장이 하나 있는디, 일신 그룹 청계제련소라고, 아연광석을 제련해 아연괴를 만드는 공장이 있는디, 일신 그룹의 역사는 대한민국의 역사에도 길이길이 기록되고도 남을 것이었겠다.

신문과 방송에서 일신 그룹 청계제련소에서 대기오염 물질의 배출량 측정치를 조작했던 게 들통나서 임원이 구속되었다고 보도했겠다. 대기오염 물질 측정을 위탁한 업체와 짜고 배출량 측정치를 허용치 이내로 낮춰 조작해 오다 적발되었다 하는디, 하늘과 사람이 함께 노할 일이었겠다. 경북 땅의 하늘이 생기고 땅이 생긴 이래 세상천지에 이런 공장은 처음 봤는디, 2000년부터 2002년 상반기까지 3년간 노동부가 청계제련소에 대한 작업 환경을 측정한 결과 단 한 차례도 기준치를 초과한 사실이 없었겠다. 이에 청계제련소 노동자들은 청계제련소에 사전에 통보한 뒤에 실시하는 작업 환경 측정은 그 결과가 항상 기준치 이하로 나올 수밖에 없다고 말했는디, 노동부가 청계제련소 조업 현장을 불시에 들러 작업 환경을 측정해야 정확한 결과가 나올 거라고 청계제련소 노동자들은 말했겠다.

2014년 10월 22일부터 29일까지 대구지방고용노동청이 일신 그룹 청계제련소에 대한 산업안전보건 특별 감독을 실시했겠다. 대구지방고용노동청이 갑자기 특별 감독을 실시하게 된 것이 다 이유가 있었는디, 지난 5년간 일신 그룹 청계제련소 협력 업체에서 27건의 산업재해가 발생하고, 직업병 유소견자도 매년 20명 이상 발생하는 등 청계제련소가 사회적 물의를 일으켰기 때문이었겠다. 소음, 광물성 분진, 카드뮴 중독 등 직업병 유소견자가 청계제련소에서 2012년에 26명이 발생했고, 2013년에 25명이 발생했고, 2014년에 21명이 발생했는디, 대구지방고용노동청이 특별 감독을 실시한 결과, 용해로 주조 공정에서 카드뮴이 작업환경 노출 기준을 최고 146. 5퍼센트 초과하고, 아연 생산 중간 공정에서는 황산이 노출 기준을 252퍼센트나 초과하는 등 모두 327건의 노동관계법 위반 사항이 적발되었겠다.

이 모두가 일신 그룹 청계제련소가 원청으로서의 책임을 피하려고 다양한 화학 물질을 다량으로 취급하는 설비를 유지하고 관리하는 업무를 협력 업체에 도급을 주어 운영하고 있었기 때문에 발생한 일이었겠다.

안동 땅 유생 여러분들, 퇴계 선생의 마지막 귀향길을 따라 13박 14일 간 5개 시도를 지나오느라 지칠 대로 지쳐있겠지만 거리굿을 진행하는 동안 한 분도 빠지지 말고 참여해 주실 것을 당부하는디, 대구·경북 대학연합회 민속반 회원들은 일신 그룹 청계제련소의 수십 년째 계속되는 불법 행위를 규탄하는디, 조작에 관여한 제련소 임원 몇 사람의 수사에서 끝날 게 아니라 일신 그룹의 실질적 주인 정상봉 고문을 비롯한 일신 그룹 경영진과 청계제련소 전체에 대한 수사를 촉구했겄다.

주무가 부채를 좌우로 흔들며 걸음을 옮겼다.

팔도강산 살펴본다 팔도강산 살펴본다.

함경도라 백두산은 두만강이 둘러있고,

평안도라 묘향산은 대동강이 둘러있고,

황해도라 구월산은 임진강이 둘러있고,

강원도라 금강산은 해금강이 둘러있고,

충청도라 계룡산은 백마강이 둘러있고,

전라도라 지리산은 섬진강이 둘러있고,

경상도라, 태백산은 낙동강이 둘러있고.

제주도라 한라산은 사면바다 둘러있네,

어허 허~

요보소.

주무가 부채를 흔들며 소리를 시작했다.

예이.

두둥, 두둥, 두두둥, 반주자(伴奏者)가 북을 치며 대답했다.

이렇게 우리나라 팔도강산 맑고 경치 좋은 산천의 기운인 명기(明氣)가 내려와서 태백산이 생기었겄다. 태백산 명기를 주춤주춤 내리받아서 산곡 군이 생겨나고, 산곡군 명기가 떨어져 청계면이 생겨나고, 청계면 명기가 떨어져 물돌이뜰마을이 생기고, 굽둔재마을이 생기고, 염화촌이 생기고, 대치마을이 생긴 것이었겄다.

산곡군, 여기가 아주, 아주우~청렴한 곳이었겄다. 경상북도 산곡군수는 주민이 직접 투표해서 뽑은 민선 군수들일 텐디, 민선 군수들이 을마나 선정을 베풀었으면 민선 군수 모두가 아즉까지 단 한 사람도 감옥살이 하는 몸이 되지 않고, 거리를 활보하고 있었겄다.

일신 그룹 청계제련소 굴뚝에서 배출하는 오염물질의 배출량을 측정해야 하는 대기 1종 사업장인디, 그동안 일신 그룹 청계제련소가 제1공장, 제2공장, 제3공장을 가동해 금강송 숲이 죽어가고, 진달래가 죽어가고, 굴참나무가 죽어가고, 석이가 죽어가고, 송이가 죽어가고, 반딧불이 죽어가고, 벌이 죽어가고, 열목어가 죽어가고, 은어가 죽어가고, 버들치가 죽어가고, 꺽지가 죽어가고, 다슬기가 죽어가고, 양배추가 죽어가고, 대파가 죽어가고, 수수가 죽어가고, 옥수수가 죽어가고, 감자가 죽어가고, 사과나무가 죽어가고, 대추나무가 죽어가고, 복숭아나무가 죽어가고, 길고양이가 죽어가고, 물오리가 죽어가고, 까치가 죽어가고, 까마귀가 죽어가고, 노동자가 죽어가고, 농사꾼이 죽어가고…… 그렇게 청계협곡의 초목이, 동물이, 사람이 죽어 갔다.

경희대학교 의과대학 봉사대가 내려와 주민들의 피검사를 하였는디, 혈중 카드뮴 농도가 높게 나타났겄다. 허나 일신 그룹 청계제련소는 주민들 건강 이상 문제에 대해서 근본적인 해결보다는 책임이 없다는 식으로 변명을 해왔겄다.

환경부장관이 지난 3년 동안 청계제련소가 측정한 오염물질의 측정치 4천300건 가운데 40퍼센트인 1천800여 건이 허위로 드러났다고 말했겄다. 1천 건은 오염물질을 측정도 하지 않고 배출량을 거짓으로 지어내 기록했고, 나머지는 측정한 배출량을 낮게 바꾸어 기록했다고 했겄다. 이 정도 규모의 조작이라면 청계제련소 소장 한 사람이 형사 처벌을 받고 감옥

살이하는 데 그칠 게 아니라, 일신 그룹 차원의 조직적인 개입이 있었다고 추정하는 것이 합리적이다고 생각하는니, 구속과 수사의 초점은 일신 그룹 청계제련소 소장 한 사람이 대상이 되어야 할 게 아니라, 일신 그룹 청계제련소의 진짜 주인으로 서울에서 실질적으로 일신 그룹을 움직이고 있는 정상봉 고문을 비롯하야 일신 그룹 경영진 모두가 책임을 져야 하는 것이었겠다.

이 정도 불법을 저질러 왔다면 단지 일신 그룹 청계제련소만이 아니라 그들을 비호해왔던 비호 세력이 대한민국의 관계… 정계… 언론계… 학계 등에 광범위하게 존재해왔겠다. 이번에 통합환경조사를 통해서 일신 그룹이 저질러 왔던 모든 불법 행위를 낱낱이 밝히는 것과 함께 그동안 일신 그룹을 비호해왔던 비호 세력들의 실체를 밝히는 것도 정말 중요하다고 생각하는디. 일신 그룹은 환경부 고위 관리 출신을 임원으로 영입했겠다. 일신 그룹에 취업한 대표적인 환경부 출신 인사들 가운데 구영진 전 환경부장관은 청계제련소 사외이사가 되었는디, 전송달 전 경인지방환경청장은 일신 그룹 감사위원을 거쳐 일신 그룹 사외이사가 되었겠다. 일신 그룹의 관료 출신 사외이사 비율이 64. 3퍼센트인디, 이건 다른 대기업에 비해 월등이 높은 수치이었겠다. 대기업 평균 관료 출신 사외이사 비율이 37.4퍼센트가 되었겠다. 특히 손중상 전 대구지방환경청장은 청계제련소를 관리 감독하는 대구지방 환경청장을 역임했는디, 뒤에 청계제련소의 부사장으로 영입되어 갔겠다.

주무가 부채를 흔들며 소리를 시작했다.

내가 본디 살기를 어디 살았는고 하니, 저 우두두둥 우둥둥 하는 하늘 위에 살았는디, 나로 말할 거 같으면 벼락 지끈 대신을 모시고 있던 옥황상제의 맏제자이겠다.

주무가 부채를 접으며 걸음을 옮겼다.

케비엔 방송국 피디 박상정 등대하라.

두둥, 두둥, 두두둥, 반주자가 북을 치며 말했다.

케비엔 방송국 피디 박상정 등대요.

케비엔 방송국 피디 박상정이라고 쓰여 있는 표찰을 목에 건 민속반 회원이 갈지자걸음으로 앞으로 나왔다.

어서 여쭈어보거라.

두둥, 두둥, 두두둥, 반주자가 북을 치며 말했다.

박상정: 케비엔 방송국 박상정 피디입니다. 제3공장 건설과 관련하여 몇 가지 여쭈어볼 게 있는데요.

산곡군 군수를 지낸 염태만 등대하라.

두둥, 두둥, 두두둥, 반주자가 북을 치며 말했다.

전 산곡군 군수 염태만이라고 쓰여 있는 표찰을 목에 건 민속반 회원이 갈지자걸음으로 앞으로 나왔다.

어서 답변을 해보거라.

두둥, 두둥, 두두둥, 반주자가 북을 치며 말했다.

염태만: 케비엔 방송국에서 나왔다고요? 무슨 일로?

박상정: 일신 그룹 청계제련소 제3공장 건설이, 이게 군수님 재직 시절에 있었던 일이었잖아요.

염태만: 네. 그런데요?

박상정: 제3공장 인허가에 관련해서 여쭤볼 말이 있어서요.

염태만: 그거는 직원들 하고 상의하세요. 저는 이제 현직에서 물러났기 때문에…….

박상정: 어떻게 보면 이게 불법 건축물을 양성화해 준 거잖아요.

염태만: 글쎄 그게…… 현직에서 물러났기 때문에…….

박상정: 지방자치 단체인 산곡군청에서 아무런 관리 감독도 없었고요?

염태만: 내용은 정확하게 모르겠어요. 실무선에서 실무자들이 진행했기 때문에…….

주무가 부채를 펼치며 앞으로 나왔다.

일신 그룹 청계제련소는 제1공장, 제2공장과 연결되는 중간의 14만여 제곱미터 부지에 배터리극판 등을 생산하는 공장을 짓겠다고 2005년 허가를 받았는디, 2008년 배터리극판공장 건물 2개 동을 완공하고 나서 2010년부터 대규모 슬러지 재처리공장 15개 동으로 이루어진 제3공장을 허가도 받지 않고, 건설을 밀어부쳐 2013년에 완공했겠다. 제3공장 예정 부지에 영동선 철로 주변 부지하고 낙동강 최상류 하천부지하고 보전 산지 이런 것들이 있었겠다. 그런 뒤에도 일신 그룹은 관계 당국에 허가도 받지 않고 유해 물질 배출 1종 사업장으로 공장을 증축해 운영했겠다. 정상적인 절차를 밟았더라면 낙동강 최상류 상수원 보호 구역에 제3공장을 지을 수 없는 곳이었는디, 명백히 불법을 저지른 것이었겠다. 일신 그룹은 제4종 사업장 허가 신청서를 산곡군청에 제출했는디, 이게 바로 제3공장 허가신청을 낸 것이었겠다. 산곡군청은 유해 물질 배출 1종 사업장 건설 승인을 반려했는디, 청계제련소는 무허가 건물을 짓는 과정에 지구단위계획 변경 없이 금강송 군락지 등 산림도 훼손했겠다. 청계제련소가 1천 400억 원을 투자하여 아연을 제련할 때 부산물로 나오는 폐기물인 슬러지를 재처리하는 공장을 건설한 것은 국제 금값과 원자재 시세가 폭등한 탓이었는디, 아연 원광석에서 아연을 뽑아낸 뒤 나오는 슬러지 속에 남아 있는 금, 은, 구리 등을 추출하여 판매하고, 광미를 시멘트공장 등에 팔아 넘기는 것이 이익이 많이 남기 때문이었던 것이었겠다.

산곡군청은 청계제련소가 배터리극판공장 건물 2개 동뿐만 아니라 슬러지 재처리공장 15개 동과 부속 구조물을 지은 사실을 적발하고 시정 지시를 내렸는디, 청계제련소는 그 지시를 무시했겠다. 그런데 산곡군청이 청계제련소가 무허가로 슬러지 재처리공장 15개 동을 지었다는 것을 알게 된 것은 일신 그룹 청계제련소가 환경오염 물질을 연간 8톤 이하만 배출할 수 있는 소규모의 4종 사업장에서 환경오염 물질을 80톤 이상 배출하는 것이 가능한 1종 사업장으로 변경해 달라는 지구단위계획 변경을 산곡군청에 신청한 뒤였겠다. 이에 대해 환경단체와 시민사회단체는 일신 그룹 청계제련소와 산곡군청의 유착 의혹을 제기했는디, ㈜ 일신 청계제련소 제3공장 불법 건설 사건이 신문과 방송에 주요 뉴스로 연일 보도되었겠다. 청계제련소 문제가 여기저기서 불거져 나오기 시작했겠다.

산곡군청은 원상 회복 명령과 함께 일신 청계제련소를 지구단위계획 위반으로 고발했는디, 대구지방법원은 최근 공장 건립 책임자와 청계제련소에 대해 각각 1천500만 원씩의 벌금형을 선고했겠다. 산곡군청은 최근까지 청계제련소에 대해 건축법, 국토계획 및 이용에 관한 법률, 산림법 등의 위반 사항을 적발해 행정 및 법적 조치를 했다고 밝혔던 것이었겠다.

주무가 부채를 접으며 소리를 마쳤다.

청계제련소 전무 백성운 등대하라.

두둥, 두둥, 두두둥, 반주자가 북을 치며 말했다.

네이, 청계제련소 전무 백성운 등대요.

청계제련소 전무 백성운이라고 쓰여 있는 표찰을 목에 건 민속반 회원이 갈지자걸음으로 나왔다.

뉴스 앤 피플 방송국 피디 박상정 등대요.

두둥, 두둥, 두두둥, 반주자가 북을 치며 말했다.

뉴스 앤 피플 방송국 피디 박상정이라고 쓰여 있는 표찰을 목에 건 민속반 회원이 갈지자걸음으로 나왔다.

어서 물어보거라.

두둥, 두둥, 두두둥, 반주자가 북을 치며 말했다.

박상정: 어쨌든 불법인 거 맞지 않습니까?

백성운: 저희가 부정하는 건 아닙니다.

박상정: 불법적 사항을 시인하셨는데, 그러면 왜 불법을 저지르게 되었을까요?

백성운: 이 제3공장은 저희 회사 소장님이나 환경 담당 상무님이나 제가 지은 게 아닙니다.

박상정: 백 전무님은 전문 업체가 와서 지었다는 걸 아시고 있었잖아요?

백성운: 그런 과정에서 법적인 인허가의 수행 주체는 법적으로는 일신 그룹인 것처럼 되어 있지만 실제 각종 건축인허가 서류 업무 자체를 우리 일신 그룹에서 하는 게 아니고 전문가들과 건축공사 대행업체가 합니다. 건설비만 약 1천400억 원이 들어갔어요.

박상정: 2013년 당시 일신 그룹 회장이었던 정상봉은 현재 일신 그룹 고문으로 있는데 그분이 청계제련소가 엄청난 불법을 저지르고 있었던 걸 알고 있었을까요?

백성운: 모든 사안에 대해서 오너에게 일일이 그게 다 보고되는 게 아니기 때문에 저희가 일단 그 문제에 대해서 2013년 당시 정상봉 일신 그룹 회장에게 지금은 일신 그룹 고문이십니다만 책임을 전가하는 게 어떻게 보면 도리에 합당하다고 보지 않는 것이고요…….

박상정: 과태료를 내고 공장이 양성화가 되기 이전에도 공장 가동을 한건 사실이잖아요.

백성운: 그렇죠…… 저희 회사가 미숙하게 업무를 처리했다는 건 사실입니다.

다시 주무가 부채를 펼치며 앞으로 나왔다.

산곡군청의 대응은 더욱 황당했는디, 2014년 2월 21일 산곡군청은 일신 그룹 청계제련소가 제3공장을 건축함에 있어서 건축법을 위반했다고 통고하면서 건축법 제79조 제1항에 의거하야 이행 강제금 14억 6천488만 60원을 일신 그룹 청계제련소에 부과했겄다. 청계제련소는 기다렸다는 듯이 즉각 이행 강제금 14억 6천488만 60원을 산곡군청에 납부했겠다. 이어 청계제련소는 이미 다 지은 건물에 대해 착공 전에 해야 하는 건축허가와 지구 단위 계획 변경을 신청했는디, 청계면 이장협의회와 청계면 새마을부녀회가 앞장서서 제3공장을 양성화하는 것에 찬성하고 나섰는디, 이에 질세라 청계면 개발위원회도 찬성하고 나섰겄다.

그러나 산곡군 환경대책위원회와 천주교 안동교구 환경위원회, 그리고 안동환경운동연합은 청계제련소가 1천4백억 원이나 들어간 제3공장을 불법으로 지어 놓은 뒤 뒤늦게 행정 절차를 밟고 나선 것은 1종 사업장 건설에 따른 엄격한 환경영향평가를 피하기 위한 꼼수라고 지적하며 거세게 반발하고 나섰는디, 청계제련소 소장 안규범은 배터리극판 생산 공장만 지으려다 갑자기 슬러지 재처리 공장 건축으로 확대해 건설하다 보니 행정 처리에 소홀한 것 같다며 대기오염물질 발생량은 설비에서 배출되는 오염량이며, 굴뚝으로 나가는 것은 4종과 1종 모두 같은 기준치가 적용된다며 지구단위계획 변경에 문제가 없다고 주장했겄다.

주무가 부채를 접으며 소리를 마쳤다.

전 대구지방환경청장 손종선 등대요. 어서 여쭈어보거라.

두둥, 두둥, 두두둥, 반주자가 북을 치며 말했다.

전 대구지방환경청장 손종선이라고 쓰여 있는 표찰을 목에 건 민속반 회원이 갈지자걸음으로 나왔다.

박상정: 일신 그룹에서 근무하셨잖아요?

손종선: 네.

박상정: 대구지방환경청장 출신으로서 일신 그룹에서 근무하셨던 게 좀 이해가 안 되어서 여쭈어보려고 왔는데요?

손종선: 그게 뭐가 이해가 안 돼요? 제가 환경부 공무원 출신이니까, 일신 그룹은 환경에 투자를 해야 하니까, 거기에 대해서 자문도 받고, 충고도 받고 필요에 의해서 일신 그룹에서 나에게 접촉을 시도했던 겁니다.

박상정: 말씀대로 자문을 해주었다면 일신 그룹에서 자문료를 듬뿍 받으셨겠는데요?

손종선: 연 매출 1조 7천억 원을 올리는 청계제련소가 코로나로 사람들이 죽어 나갈 때…… 산곡군청에 5억 원을 기부한 사람들이 일신 그룹 경영진들이에요. ……자문료라 해 봐야 용돈밖에 안 돼요.

박상정: 용돈밖에 안 되는 돈을 받았다고요…… 그러니까, 전혀 영향력을 끼치지 않았다는 말씀이시지요?

손종선: 현직에서 물러난 내가 무슨 영향력을 끼쳐요, 끼치긴. 더구나 환경부에 제가 아는 사람은 몇 사람 안 돼요. 아……, 오래되었기에…… 지금은 대구지방환경청장 정도나 알지, 다른 사람은 알지를 못해요. 환경부장관과 환경부차관은 얼굴도 몰라요.

박상정: 대구지방환경청장을 알고 계시면 영향력을 더 끼칠 수 있잖아요.

손종선: 무슨 말씀을 그렇게 하는 겁니까. 요새는요 실무자가 왕이에요 왕. 예전에 을이 갑이 되었고, 예전에 갑이 을이 된 세상이에요.

주무가 부채를 흔들며 소리를 시작했다.

이번에 드러난 일신 그룹 청계제련소의 불법 행위는 빙산의 일각에 지나지 않는디, 2016년부터 2019년까지 40여 건에 이르는 불법 행위가 적발되었겄다. 한 달에 한 번꼴로 행정처분을 받은 셈인디, 2018년에는 중금속 폐수 70톤을 낙동강에 무단으로 방류한 것이 적발되어 조업정지 처분을 받았겄다. 그 후에도 배출 시설 및 처리 시설 부적정 운영, 무허가 관정 개발 및 이용 등 6가지의 법률 위반 사항이 드러나 두 번째 조업정지 처분을 받았겄다. 그럼에도 불구하고 일신 그룹 청계제련소는 행정심판을 1심을 거쳐 2심까지 걸거나 소송을 걸어 1심 지방법원, 2심 고등법원, 3심 대법원 판결까지 밀고 나가 처벌을 면하거나 지연시켜 제련소를 가동해 온 것이었겄다. 일신 그룹 청계제련소는 개선의 의지가 있다는 것을 어디에서도 찾기 어려운디, 얼마나 더 많은 불법 행위가 드러나야 일신 그룹 청계제련소 문제가 해결될 것인디, 언제까지 청계협곡 지역 주민의 건강과 1천300만 영남 사람들 먹는 물을 위협하는 걸 지켜봐야 되는디, 환경부에 객관적인 조사를 위한 방안을 세울 것을 제안하며, 조속히 일신 그룹 청계제련소 전체에 대한 특별 조사를 진행할 것을 촉구했겄다.

내가 죽어서 어디 갔는고 하니 저승 지부왕전에 들어갔네.

저승 지부왕전에 들어가니 누구 누가 앉았는고

경오 신미 임신 계유 갑술 을해생은 제일 진관 차지로 좌정하시고,

임오 계미 갑신 을유 병술 정해생은 제이 초관대왕을 좌정하시구야

어~ 이~갑자 을축 병인 정묘 무진 기사생까지는 제사 오관대왕 밑으루 좌정하시구야

팥고물 올리고, 떡 올리고, 한우 올리고, 올리고, 올리고, 올리고,

고관대작 넙죽넙죽 받아먹다 말고 아래 내려다보더니

야, 일신 그룹이 인사하는 꼴 보니, 짜기가 신안 염전 소금보다 더 짜네.

주무가 부채를 접으며 소리를 마쳤다.

어서 풍악을 울리거라.

두둥, 두둥, 두두둥, 반주자가 북을 치며 말했다.

징소리가 귀청에서 달려 나와 요란하게 울어 대자, 꽹과리 소리가 까강 까강 울어대며 안동호로 달려가자, 물결이 파도처럼 너울거렸다.

9

㈜ 일신 청계제련소 굴뚝은 아황산가스를 머금은 하얀 수증기를 대기 속으로 끊임없이 뿜어 올리고 있었다. 하얀 수증기는 비로 변해 지붕 위로 무수히 떨어지고 있었다. 낙동강 건너편엔 비가 내리지 않았다. 그곳의 하늘은 맑았다.

해가 기울면서 산그림자가 대치리로 가는 포장도로 위로 서서히 내려앉고 있었다. 영빈이 액셀러레이터를 밟았다. 칡넝쿨과 환삼덩굴이 아카시아를 휘감고 있는 곳을 지나갔다. 대치리 초입에 폐광한 염화광업소 사원 아파트 3개 동이 우두커니 서 있다가 뒤로 물러났다. 택시가 '임꺽정바위 캠핑마을'이라고 쓰여 있는 입간판을 스쳐 지나 지층골로 들어섰다. 옮겨 심은 지 10년이 채 안 된 금강송들이 푸른 빛을 발하며 뿌리를 내리고 있었다. 언덕을 오르자, 퀀셋 건물과 십자가 탑이 나타났다.

영빈이 택시를 제2주차장에 주차했다.

하늘에는 몇 조각의 구름이 둥둥 떠가고 있었고, 지지대를 의지해 서 있는 금강송의 솔잎들은 하나같이 시들시들했다. 십자가 탑 앞 마당에 청중들이 열을 지어 의자에 앉아 있었다. 겟세마네동산은 전국에서 달려온 생명의 숲 가꾸기 연합회 회원들과 태백기독청년연합회 회원들을 비롯한 청중들로 가득 차 있었다. 진 목사가 고별 강연을 한다는 소식을 듣고, 태백과 산곡에서뿐만 아니라, 영주와 삼척에서도 많은 사람들이 몰려왔다.

진 목사는 후지산이 분화하기 시작하면 어떻게 될 것인가 이야기한 다음 기후변화에 관해 이야기했다. 그리하고 나서 그는 동서양의 자연을 보는 태도에 대해 예화를 들어가면서 강연을 이끌어 갔다.

"자연을 어떻게 보느냐는 동양과 서양에 커다란 차이가 있습니다. 동양 사람들은 자연을 객체나 대상으로 여기지 않았으며, 상호의존적이고 보완적인 것으로 생각해 왔습니다. 그 반면에 서양 사람들은 인간을 자연의 한 부분으로 보는 게 아니라, 자연과 마주 대하는 전혀 이질적인 존재로 파악해 왔던 것입니다. 그러나 오늘날의 기독교는 예수 그리스도를 통한 하나님의 구원의 대상이 우리 인간 개인뿐만 아니라, 온 세계와 그가 지은 온 우주까지를 포함한다는 깨달음을 갖게 되었습니다. 이러한 깨달음은 『성경』을 다시 읽음으로써 얻게 된 것입니다. 그리하여 오늘날의 기독교는 모든 피조물이 하느님의 것임을 믿고, 다음과 같은 『성경』 구절을 재음미하게 됩니다."

진 목사가 『관주 성경전서』를 펼쳤다.

땅과 거기 충만한 것과 세계와 그중에 거하는 자가 다 여호와의 것이로다. 여호와께서 그 터를 바다 위에 세우심이여 강들 위에 건설하였도다.

진 목사가 「시편」 24편 1절~2절을 봉독하고 나서 고개를 들어 청중들을 천천히 휘둘러 보았다.

"이와 같은 『성경』 구절의 새로운 해석을 통해 모든 피조물이 하나님의 영광을 위해 창조되었으며 인간이 개인의 힘이나 집단의 힘으로 자기 목적을 위해 제멋대로 자연을 악용할 권리가 없음을 깨닫게 된 것입니다."

진 목사가 『관주 성경전서』를 덮고 잠시 말을 멈추었다. 이윽고 그가 다시 강연을 이어 나갔다.

"……이와 관련하여 영국의 과학 저술가이며 환경 저널리스트인 프레드 피어스가 쓴 『강의 죽음』을 소개하고자 합니다. 한 지역 공동체 또는 국가 공동체가 눈앞의 이익만 좇아 제멋대로 자연을 악용하다가 비극적인 결말을 맞게 된 잘못된 수자원 사용에 대한 수많은 사례를 이야기하고 있습니다. 수많은 사례 가운데 인도의 농촌 마을에서 벌어졌던 사례를 뽑아 봤습니다. 기술이 발전하여 전동 양수기 구입 가격이 싸지자, 인도의 농민들은 경쟁적으로 값이 싼 전동 양수기를 구입하여 땅속 깊이 관정을 뚫었습니다.

전통 우물에서 지하수를 퍼 올려 농사를 지었던 인도의 구자라트주 북부에서는 전동 양수기로 지하수를 마구잡이로 퍼 올린 결과, 관정의 깊이를 400미터에 이르게 파도 지하수를 넉넉하게 퍼 올릴 수 없게 되었습니다. 그리고, 인도 서부 전역에서 전통 우물의 절반과 관정 100만 개가 바닥을 드러내 더 이상 지하수를 퍼 올리기가 어렵게 되었습니다. 물이 귀해지자 일부 농민들은 관정을 파서 얻은 지하수로 농사를 짓는 것이 아니라 물탱크차 업주에게 지하수를 팔았습니다. 그 물탱크차 업주는 농민들로부터 산 지하수를 인근의 염색공장에 다시 팔았습니다. 염색공장은 이전에는 그 지역에서 생산된 목화를 사서 가공하였으나 이제는 다른 나라로부터 값싸게 목화를 수입하여 가공하였습니다. 염색공장은 나날이 가동률이 높아져 많은 가공품을 생산했습니다. 염색공장을 가동하면서 생기는 폐수는 말라 가는 강을 지나 저수지에 모였습니다. 이 염색공장 폐수는 바닥 방수 처리가 제대로 안 된 탓으로 저수지 밑 땅속으로 들어가 거대한 지하 암반 지하수 저장고인 함수층의 지하수를 오염시켰습니다. 함수층에 관정을 파고 전동 양수기로 지하수를 퍼 올리던 농민들은 더 이상 물을 마시거나, 물을 논밭에 대 농사를 지을 수 없게 되었습니다. 농민들은 물탱크차 업주를 통해 다른 사람들이 파는 물을 사서 마시게 되는 처지가 되었습니다. 더 이상 농사를 지을 수 없는 농민들의 절반 이상이 일자리를 찾아 농촌 마을을 떠났습니다. 열 사람이면 그 가운데 여덟이나 아홉 사람은 섬유공장에서 일하는 노동자가 되었습니다. 황폐해진 농촌 지역에서 스스로 목숨을 끊은 농민들이 수천 명에 이른다고 『강의 죽음』은 이야기하고 있습니다."

진 목사가 잠시 말을 멈추었다가 다시 입을 열었다.

"……눈앞의 이익에 눈이 멀어 관정을 파서 얻은 지하수를 염색공장에 팔아 자신들이 뿌리내리고 살고 있는 마을이 붕괴되는 사례는 인도 농촌 마을의 사례만이 아닐 것입니다. 지금 태백산 황지에서 발원한 낙동강 상류 지역에서 벌어지는 환경문제는 우리의 당면한 문제입니다. 청계면 주민 중 많은 분들이 청계제련소는 계속 가동되어야 한다고 목소리를 높이고 있습니다. 청계제련소에 자신들의 생존권이 달려 있다고 말합니다. 청계면에서 이름깨나 있고 방귀깨나 뀌는 사람들은 청계제련소의 협력 업체를 하나씩 맡아 운영하면서, 지역 유지 행세를 하면서 살아가고 있습니다. 청계제련소 협력 업체에서 일하는 노동자들은 탄광에서 석탄을 캐다가, 공장에서 기계를 돌리다가, 농촌에서 농사짓다가, 도시에서 장사를 하다가 청계로 밀려온 사람들입니다. 늙고, 병들고, 이렇다 할 학벌도 없고, 전문 자격증도 없는 그들은 정상봉 고문이 품어주고 최저생계비를 겨우 넘기는 월급이나마 매달 따박따박 받게 해준 것을 감사하게 여기면서 하루하루를 살아가고 있습니다. 일신 그룹은 청계제련소를 통해 청계협곡을 식민화하고, 청계면 주민들을 지배하고 있습니다.

……인도 농민들이 관정을 파서 지하수를 끌어올려 염색공장에 팔고 이득을 챙긴 것이 시간이 지나면서 어떤 부메랑으로 농민들에게 돌아갔는지를 살펴볼 필요가 있습니다. 어떤 청계면 유지 말마따나 청계면 주민들은 일신 그룹 청계제련소에 목숨줄을 걸고 있으니까, 청계면 주민의 생존권 문제가 걸려 있으니까, 이 문제는 풀기가 쉽지 않은 문제이긴 합니다."

진 목사가 잠시 말을 멈추고 청중들을 바라보았다.

"……고랭지 배추나 무를 재배하는 농민, 사과 과수원 농사를 짓는 농민 등 200가구가량을 제외하면 청계면 주민 모두가 청계제련소와 관계를 맺고 살아가고 있습니다. 청계제련소 정규직 직원들과 청계제련소와 종적 관계로 얽혀 있는 협력 업체 직원들, 그리고 이들을 보고 가게를 열어 생계를 이어가고 있는 상인들, 청계제련소가 들어서기 전부터 이곳에 터를 잡고 대대로 농사를 짓거나 임산물을 채취해 살아가던 원주민들 등으로 이루어진 청계면은 일신 그룹 청계제련소에 의한, 일신 그룹 청계제련소를 위한, 일신 그룹 청계제련소의 마을로 고립된 섬과 같은 '일신 왕국'이 되었습니다. 청계면 주민 80퍼센트는 청계제련소에서 일하며 생업을 영위한다고 보면 된다면서 청계제련소가 사라지거나 다른 곳으로 옮겨 간다면 주민도, 학교도 존재할 이유가 없으며. 뿔뿔이 흩어져 청계면은 더 이상 사람이 살 수 없는 폐촌이 될 거라고 말하고 있습니다.

이 이야기는 청계제련소가 청계면에 들어서기 전부터 농사를 짓고, 송이버섯과 두릅을 따고, 약초를 캐서 생계를 유지해 오던 원주민은 안중에도 없이 하는 말입니다. 엄격히 말하면 청계면 주민 80퍼센트는 객지에서 흘러들어 와 주인 행세를 하고 있다고 볼 수 있습니다. 마치 유럽 사람들이 아메리카 대륙으로 건너가 아메리카 원주민을 밀어내고 주인 행세를 한 것과 무엇이 다른 겁니까? 청계제련소 때문에 고향을 등지고 떠나가야만 했던 농민들의 장소 상실감과 아픔을 조금이라도 생각해 본 적이 있습니까?

일신 그룹의 성장사는 낙동강 상류 청계협곡이라는 장소 파괴와 청계협곡에서 삶을 영위해 왔던 원주민들에게 고향이라는 이름의 장소를 상실하게 된 아픔을 안겨준 역사입니다. 일제 강점기 때 전쟁범죄 기업인 미쓰비시광업회사가 개발을 시작한 염화광업소를 해방후 정부로부터 불하받아 염화광업소에서 캐낸 아연광석을 선광하여 토호아연에 수출하면서부터 시작한 일신 그룹 청계제련소에 의한 청계협곡의 식민화와 청계면 주민의 종속화는 청계제련소가 제1공장, 제2공장, 제3공장을 증설하는 동안 포섭과 배제, 강압과 주변화 등의 다각적인 전략을 통해 청계협곡을 황폐화시키고, 청계면 주민들을 일신 왕국의 충직한 신민으로 살아가게 만들었습니다. ……온갖 편법과 불법으로 지은 제3공장이 가동되어 매스컴의 주목을 집중적으로 받기 전까지 낙동강 최상류의 오지에 거대한 규모의 아연제련소가 있다는 걸 '일신 왕국' 사람들 이외에 아는 사람들은 거의 없었습니다.

청계제련소 문제에 대해 일신 왕국의 실질적인 오너인 정상봉 고문의 책임이 누구보다도 크다고 생각합니다. 오랫동안 일신 그룹을 지배해온 정상봉 고문이 청계제련소의 환경문제와 노동문제를 개선하지 않고 뒷짐을 져왔다는 건 청계제련소 문제에 조금이라도 관심이 있는 사람이면 다 아는 이야기입니다. 실제 정상봉 고문이 등기 임원인 일신 그룹 회장에서 퇴임한 때는 청계제련소 제3공장을 불법으로 건축한 것이 드러나자, 국회 국정감사에서 청계제련소 환경문제가 처음 제기된 2014년의 이듬해입니다. 환경단체에서는 '권한이 없는 서류상의 대표이사가 매를 대신 맞아주는 구조이다 보니 청계제련소의 환경문제와 노동문제가 개선되지 않는' 것이라고 지적하고 있습니다. 청계제련소에선 지난해 12월부터 올해 8월까지 노동자 3명이 목숨을 잃는 사고가 발생했습니다. 대구지방검찰청 안동지청이 작성한 공소장을 보면, 청계제련소 협력 업체 노동자가 지난해 12월 유독가스인 삼수소화비소가 기준치의 약 200배에 달하는 최대 1피피엠이 유출된 작업장에서 방독마스크가 아닌 일반 방진 마스크를 쓰고 모터 교체 작업을 하다가 가스 중독으로 사망한 것으로 되어 있습니다. 이 사건으로 일신 그룹 대표이사와 청계제련소 소장이 중대재해처벌법·산업안전보건법 등의 위반 혐의로 구속되었습니다."

진 목사가 말을 멈추고, 생수병을 당겨 입에 가져갔다.

"······이제 청계제련소 환경문제와 노동문제는 해마다 국회의 국정감사에 단골로 오르는 문제가 될 만큼 세상 사람들의 입에 오르내리게 되었습니다. 일신 그룹과 혼맥으로 이어진 강헌만 의원이 지난 정부 때 국무총리 자리에 올랐을 때 앞장서서 청계제련소 환경문제와 노동문제 해결에 나서주기를 기대했습니다. 그렇지만 강헌만 의원이 국무총리로 재임하는 동안에도 변함없이 일신 그룹은 관피아와 환피아를 방패막이로 삼아 청계제련소를 가동하며 온갖 불법을 저질렀습니다. 중앙정부는 더 이상 청계제련소가 낙동강과 청계협곡을 오염시키는 문제와 청계면 주민들의 생존권 문제를 지방자치단체와 민간사업체에만 맡겨놓고 손을 놓고 있어서는 안 된다고 생각합니다. 지금 해명아연제련소를 맡아 운영하고 있는 채씨 가문과 청계제련소를 맡아 운영하고 있는 정씨 가문이 서로 더 많은 지분을 챙기려고 낯 뜨거운 싸움을 하고 있는 뉴스가 연일 보도되고 있습니다. 이제는 중앙정부가 공장을 가동한 지 50년 이상이 되어 전반적인 설비가 낡은 청계제련소 문제에 대해 손 놓고 있지 말고, 적극 나서서 바닷가에 비철금속 국가산업단지를 만들어 청계제련소의 이전을 모색하는 등 근본적인 대책을 마련해야 한다고 생각합니다."

진 목사가 잠시 말을 멈추고 청중들을 휘둘러 보았다.

"……이제 저는 건강 문제로 더 이상 겟세마네동산을 이끌고 갈 수 없기 때문에 겟세마네동산을 생명의 숲 회원들에게 맡기고 이곳을 떠나려고 합니다. 생명의 숲 회원들이 겟세마네동산을 생명의 숲으로 만들기 위하여 애를 쓸 겁니다. 그분들이 겟세마네동산뿐만 아니라 염화산, 청계면, 산곡군, 그리고 한 걸음 더 나아가 폐광촌 태백시에 생명의 숲을 만들기 위해 노력할 겁니다. 무엇보다도 겟세마네동산 일대와 고수골 일대에 묻혀 있는 광미적치물을 다시 파내어 정화하도록 할 겁니다. ……저는 저의 아들이 하나님의 일꾼으로 사역하고 있는 미국으로 건너가서 아내와 아들 내외의 돌봄을 받으면서 일신 그룹이 청계제련소를 통해 청계의 자연과 주민들을 어떻게 식민화하여 일신 왕국을 세웠는지 낱낱이 기록한 책을 한국과 미국에서 동시에 출판하여 세상에 알리는 일을 하겠습니다. 그리고 청계면 주민들과 겟세마네 동산을 위해 기도하겠습니다. 말씀을 경청해주셔서 감사합니다."

강연을 끝낸 진 목사가 천천히 걸어 나왔다. 청중들이 자리에서 일어나 박수를 쳤다. 진 목사가 청중들을 향해 손을 흔들었다.

"목사님, 강연이 어느 때보다 가슴에 와닿았습니다. 일신 그룹이 청계제련소를 통해 청계의 자연을 식민화하고 주민들을 종속화하고 있다는 말씀은 놀라운 탁견이었습니다."

도원이 진 목사에게 손을 내밀며 말했다.

"제가 건강 문제 때문에 끝까지 함께 하지 못해 죄송합니다."

진 목사가 도원의 손을 꼭 쥐며 말했다.

"목사님께서 건강을 되찾아 겟세마네동산으로 돌아오시길 기도하겠습니다."

종규가 말했다.

때마침 택시 한 대가 원규 앞으로 다가왔다.

택시가 청계서당 앞에 바퀴를 멈췄다. 종규와 원규가 도원을 배웅하고 나서 다시 택시를 탔다. 택시가 청계제련소를 향해 갔다.

"메디아였나, 그리스 로마신화에 나오는 인물 이야기를 소설로 쓴다고 했잖아, 다 썼어?"

원기가 차창에서 눈길을 거두며 물었다.

"남편을 빼앗아 간 신부에게 노란색 독을 품은 드레스를 선물해 드레스를 입은 신부가 서서히 죽어 가게 만든 여자 이야기?"

"맞아."

"카드뮴으로 인해 죽어 간 여자 이야기인데…… 이제 초고가 끝났어……."

종규가 말끝을 흐렸다.

"카드뮴은 그리스 로마신화 시대에도 죽음을 불러온다는 걸 사람들이 알고 있었는데, 21세기에 한국에서 살아가는 청계면 주민들은 왜 모르고 있는 걸까. ……알고도 애써 모르는 체하고 있는 걸까."

원기가 혼잣소리처럼 중얼거렸다.

"근데 환경 에세이 사진집은 어떻게 진행되고 있어?"

종규가 물었다.

"서울서 청계까지 승용차 트렁크에 누워서 온 강 기사 이야기를 듣고, 일신 그룹 사람들한테 정나미가 떨어졌어."

"……."

"……고민하다가 계약금을 돌려주고, 계약을 해지했어. 돈 몇 푼 벌려고 예술가의 양심을 팔 순 없잖아."

"그랬구나."

"대신 청계제련소의 환경오염으로 숙어가는 자연과 사람들의 모습을 사진으로 담기로 했어. 일본의 사진작가 구와바라 시세이의 『미나마타의 고통』을 읽고 생각을 많이 했어. 구와바라 시세이가 미나마타병이라고 불렸던 일본의 상징적인 공해병인 미나마타 수은 중독 사건을 30년에 걸쳐 찍은 사진과 취재 수기가 담겨 있는 『미나마타의 고통』은 현재도 그 비극이 계속되고 있다고 말하고 있어."

"난 원기를 믿고 있었어. 언젠가 원기가 제자리로 돌아올 거라고."

"사실 난, 네가 고현대 입학시험에 합격하여 서울로 올라가 국문학을 전공하는 동안 청계협곡을 누비며 금강송만 찍은 게 아니라, 청계제련소의 환경오염으로 신음하는 청계협곡의 나무와 물고기, 노동자와 농민들을 사진으로 찍고 그때그때 단상 식으로 글도 썼었어. ……『청계협곡의 금강송』이라는 사진집을 내게 되었던 거지."

"결과적으로 금강송 사진만 뽑아 실어, '일신 그룹이 자연을 사랑하고, 환경보호에 힘쓰는 기업'이라는 이미지만 높여 준 셈이지……."

"……."

"진 목사님도 청계제련소의 환경문제를 다룬 에세이집을 한국과 미국에서 동시에 낸다 하니까, 원기도 청계제련소의 환경문제를 취재한 사진에세이집을 내봐."

"그럴 생각이야."

종규와 원기를 청계제련소 제1공장 정문 앞에 떨어뜨린 택시가 오른쪽으로 방향을 틀어 청계역 쪽으로 향해 갔다.

10

염화산 너덜겅에서 바위가 굴러내리기 시작했다. 연이어 바위가 흘러내리는 소리가 났다. 도원이 옷을 갈아입고, 청계서당으로 들어섰다. 길고 양이가 뛰어나와 문밖으로 재빨리 달아났다. 금강송 숲을 스쳐온 바람 소리가 창문을 흔들고 지나갔다. 그는 책상 앞에 앉아 『퇴계집』을 펼쳤다. 책장을 넘기다가 칠언절구에 눈길을 멈췄다.

누렇고 탁한 물이 도도할 적엔 문득 그 얼굴을 숨겼다가
물이 빠져 고요히 흐를 때면 비로소 나타나네.
어여쁘다 내달으고 들이받는 물결 속에서도
천고의 반타석은 구르거나 기울지도 않네.

黃濁滔滔便隱形(황탁도도편은형)
安流帖帖始分明(안류첩첩시분명).
可憐如許奔衝裏(가련여허분충리)
千古盤陀不轉傾(천고반타부전경).

반타석은 퇴계 선생의 「도산기」에 "반타석은 탁영담 가운데 있다. 그 모양이 편편하지는 않으나 배를 매어 두고 술잔을 돌릴 만하다. 항상 큰비가 내려 누런 탁한 물이 흘러내리면 소용돌이와 함께 그 형상을 물속에 숨겼다가, 물이 빠지고 물결이 잔잔해지면 비로소 그 형상을 드러낸다"라 기록되어 있다.

퇴계 선생이 탁영담 안의 반타석을 읊은 「반타석(盤陀石)」은 그 자신의 외적 처지로 볼 수 있다. 퇴계 선생이 그 당시 거듭 안동 도산에 물러 나와 있을 때 그의 현실 인식은 '누렇고 탁한 물이 도도할 적'과 같은 것이었다. 사림 정치가 훈구 세력을 극복하고 얼마 안 되어서 사림이 동서로 분열되었다. 퇴계 선생은 자기 이상, 즉 도산에서 후진을 양성하면서 국가와 사회를 밝혀 보겠다는 원대한 포부를 가지고 있었다. 「반타석」은 퇴계

선생의 자화상이라고 할 수 있다. 혼탁한 세상에 휩쓸려 쓰러지지 않겠다는 퇴계 선생, 자신의 의지가 표명되어 있다.

도원은 「반타석」을 조용히 음미하며, 그 자신의 처지를 생각해 보았다. 청계협곡에서 아버지의 뒤를 이어 청계서당을 맡아 후진을 양성해 온 그를 둘러싼 현실은 퇴계 선생이 거듭 안동 도산에 물러 나와 있을 때 그가 갖고 있던 현실 인식처럼 '누렇고 탁한 물이 도도할 적'과 같은 것이었다. 도산에서 퇴계 선생이 원대한 포부를 가지고 후진들을 지도해왔던 것처럼 도원도 청계협곡에서 거대한 자본의 힘에 휩쓸려 쓰러지지 않고, 퇴계 선생의 학문과 사상을 공부하는 데 힘을 쏟으며 후진들을 지도해 왔다. 그러나 그의 문하에서 공부한 제자들 가운데 퇴계 선생의 학문과 사상을 이어갈 사람이 없다는 것에 생각이 미치자, 온몸이 물먹은 솜처럼 무거워지면서 늘어졌다. 그래도 제자들이 사회 각계각층에서 나름대로 자신의 몫을 다하며 살아가고 있는 것을 보면, 그가 청계협곡을 떠나지 않고 청계서당을 지켜 온 보람이 있는 게 아닌가 하고 스스로에게 물어보았다. 퇴계 선생이 도산서원 일대의 아름다운 산천을 사랑하면서 평생을 보낸 것처럼 도원도 청계협곡의 아름다운 산천을 사랑하면서 평생을 보내온 것이다.

도원의 눈꺼풀이 자꾸만 무겁게 가라앉았다. 염화산이 우는 소리가 아슴푸레하게 들려왔다. 그때 탱크로리 운전기사가 곱둔재 커브 길에서 갑자기 오토바이가 달려드는 것을 보고 급히 핸들을 꺾었다. 황산을 실은 탱크로리가 옆으로 미끄러지면서 산비탈로 굴러떨어졌다. 탱크로리가 나무들과 부딪쳤다. 탱크에서 황산이 쏟아져 내렸다. 폭발 소리가 나면서 불꽃이 치솟았다. 불줄기가 금강송 숲으로 밀려갔다. 펑펑 소리와 함께 불줄기가 줄기차게 하늘로 솟구쳤다.

기세가 오른 불길은 금강송 숲을 뚫고 청계서당을 향해 시뻘건 혀를 날름거렸다. 삽시간에 금강송을 휘감은 불길은 청계서당으로 옮겨 붙었다. 시뻘건 불덩이가 청계서당의 기왓골로 몰려갔다. 불꽃이 푸른색 기와를 삼켰다. 기와 조각이 탁, 탁, 튀었다. 지붕에서 불똥이 계속 쏟아져 내렸다.

"불이야."

"불이야."

마을 사람들이 청계서당으로 달려왔다. 안동댁이 연당에서 고무대야에 물을 떠서 마당을 가로질러 왔다.

똬리를 틀고 있던 불길이 꼬리를 길게 내리뜨리며 벽을 타고 흘러내렸다. 도원은 깊이 잠들지도 깨지도 않은 어렴풋한 상태 속에서 헤매고 있었다. 마을 사람들의 목소리가 흐리멍덩하게 들렸다. 코를 파고드는 냄새가 여느 때와는 달랐다. 무겁게 감긴 눈꺼풀 속에서 눈동자를 굴렸다. 갑자기 시뻘건 불길이 내뿜는 열기가 도원의 얼굴을 후려쳤다. 벌떡 일어났다. 천장 대들보가 폭삭 무너져 내렸다.

"청계서당이 무너졌다!"

"서당이 무너졌다!"

안동댁이 가쁜 숨을 헉헉거리며 마당에 철퍼덕 주저앉아 버렸다. 순간, 불꽃의 소용돌이가 일었다. 시뻘건 불덩이가 도원의 머리와 어깨 위로 쏟아져 내렸다. 그가 비명을 지르며 쓰러졌다. 『퇴계집』을 삼킨 불꽃이 그의 온몸을 맹렬하게 휘감았다.

불꽃이 진주홍 화염으로 활활 타올랐다.

2. 온산향가: 온산공단 환경오염 - 정라헬

동해 남단, 온산면에 있는 이진리 해안은 마을로 깊이 들어와 있었다. 황새 주둥이처럼 뾰족해서 그랬다. 아래 주둥이에 해당하는 쪽 바닷가 황토색 바위에 남자가 있었다. 두 팔을 뒤로 뻗어 폐부에서 나오는 숨을 후, 하고 뱉었다. 곁에 있는 수경을 쳤을 때도 떼배 살대에 미역 나부랭이가 붙어 있는 줄 몰랐다. 투박한 살대 아래, 구유 같은 통에서 생물이 아우성치는 것을 알기 전에는 말이다. 채취한 성게를 미역 속에 감추는 남자 얼굴은 괴이했다. 옆으로 늘어난 떡살 모양의 살갗이 입술을 넘쳤다. 작은 얼굴 군데군데가 그랬고 눈만 성했다. 남자는 황토색의 거대한 바위군을 걸어나갔다. 사람들은 여기를 채일방이라고 불렀다. 차일처럼 쫙 펼쳐져 있다고 해서 차일암이라고도 했다. 인근 마을에서도 여기로 나들이오곤 했다. 봄이 되면 사람들은 앞산에 핀 빛깔 고운 진달래를 따서 화전을 부쳤다. 곳바리를 잡은 우봉 사람들은 호사를 부리러 부러 여기로 왔다. 그 껍질을 벗겨 혈합육이 선명한 살을 회쳐서 묵은지에 싸 먹으며 흐뭇해했다. 일부를 하사받은 선부들도 막걸리 한 사발을 들이켜 카, 트림했다. 그때만큼은 어로로 인한 거친 노동을 잊었다.

그때 휘, 찬바람이 쇳소리를 냈다. 남자는 긴장된 얼굴로 사방을 두리번거렸다. '갸가 어떠켔노! 내 간이 요래 쪼그라드는데.' 하고 중얼거렸다. 저멀리 근해에 타워 크레인이 교차되어 있었다. 머리를 맞대고 무언가를 의논하는 모습과 닮았다. 남자는 누구를 찾는 듯 또 두리번거렸다. 벌집처럼 구멍이 뚫려 있는, 황토색 선돌이 있는 곳을 이진리 사람들은 범월갑이라고 했다. 거기서 마을 쪽으로 이어졌던 보두막산은 진작 허물어졌다. 이진 마을 사이로 Z자 형으로 길이 나면서였다. 여기서는 안 보였지만 그 너머로 굿동제련 비철금속 기업이 들어와 있었다. 정부가 온산면에 비철금속공단을 조성하기로 지정하면서 기업이 하나, 둘 들어왔다. 여기와 대

정리에 비철금속 기업이, 방도리와 목도에는 석유화학 기업이 들어왔다. 아랫마을, 우봉에는 제지 공장이 더 일찍 들어왔었다.

길 왼편으로 있는 보두막산은 묵묵히 버티고 있었다. 그 앞으로 들어왔던 오지 아연의 거대한 몸집이 남자 눈에는 네모 모양으로 단순하게 왜곡되어 보였다. 실제는 무수한 파이프라인이 정글짐을 상하좌우로 용접해서 붙인 듯이 연결되었다. 공장이 처음으로 가동되었을 때, 마을 사람들은 호기심으로 두리번거렸으나 결코 눈요기 호사가 될 수 없었다. 평소 남자가 공장 사이로 난 길을 걸어가면 역겨운 냄새가 나서 코를 꽉 잡았다. 어떤 기업은 컨베이어 벨트를, 바다를 향해 구름다리처럼 놓아서 사용했다. 거기에 광석을 실어서 공장으로 운반하면서 유해 물질과 분진이 날려서 하늘이 부옜다. 한 마을 사람은 땅 위에 컨베이어 벨트가 돌고 있고 근처 초지에 소를 방목했다. 큰 눈을 끔뻑이며 풀을 되새김질하는 덩치 큰 짐승이 오염된 공기와 먼지를 마시는 줄 알 리 없었다. 공장 앞으로 슬레이트 지붕의, 많은 민가의 생활 공간으로 날아들었다. 허구한 날 아랫마을 공장 굴뚝에서 시커먼 연기가 시냇물처럼 흘러가자 주민은 하늘을 꼬나보면서 원망했다. 폐수가 모래사장을, 말이 철퍼덕 똥을 싸서 덩어리가 연속적으로 붙어 있는 것처럼, 만들어 놓았다. 주민들은 도저히 살 수가 없다고 저주를 퍼부으며 항의했다. 오래전, 굿동제련이 들어와서 시험 가동했을 때였다. 온산만의 샛강인 대정천에 기름막이 떠내려가는 것을 보고 주민들은 얼굴을 찡그려서 따라갔다. 카메라로 그 모습을 찍었던 사람이 말했다.

"순정 가루를 양잿물맨치로 독한 물에 담근다는구먼."

그러자 사람들은 침을 퉤, 퉤 뱉어 댔다.

다시 북풍이 남자의 몸을 때렸다. 그는 누구를 찾는지 또 두리번거렸다. 파도 소리를 듣지 않으려고 그랬을까. 양 손바닥으로 귀를 두드려 댔다. 그때 파도가, 청각색의 띠를 펼쳐 놓은 듯한 바위 끝으로 밀려와서 물길을 만들었다. 남자는 좀 전에 떼배를 끌고 오면서 일으켰던 미역 거스러미를 밟고 털꽃게를 던졌다. '숨비 소리, 테왁…' 하고 혼잣말하면서 저멀리 바다를 두리번거렸다. 별이 총총한 밤, 하늘과 닿을 이진리 앞바다였다. 여태껏 물질하고 있을 집사람, 애월댁이 온데간데없어졌다. 여기와 붙어 있는 언덕에 남자가 올랐는데 사람들은 잴방낫끝이라고 불렀다. 여기와 이어지는 해안선 너머 당월의 연자도 쪽을 휘둘러봤다. 주위로 키 작은 소나무가 찰싹찰싹 해풍을 맞을 뿐 하얀 테왁은 보이지 않았다.

"뒤불럼에 어제 갔었네!"

메아리가 오기를 기대하듯 두 손으로 입을 감싸고 소리쳤다. 얼굴이 해괴하게 변한 남자가 언덕을 내려왔다. 턱이 있는 바위에 갇혀 널브러져 있었던 미역은 카랑한 날씨에도 팍 시들었다. 아무렇게 안아서 물가로 던졌다.

남자는 떼배 선수를 동쪽으로 돌렸다. 노를 천천히 저으며 나아갔다. 이진리 바다로 합류되는 대정천이 늘 문제였다. 거기에서 곧장 나온 곳에 통나무배들이 얼굴을 맞대고 있었다. 두 사람씩 짝을 맞춰 거기에 탔다. 남자도 그들 곁으로 지나가야 했다. 일명 피마자라고 불리는 어촌계장은 카메라로 화면을 맞추느라고 뒷걸음질쳤다가 옆으로 갔다 했다. 그와 같은 배에 탄, 우비 입은 사람이 미역 줄을 걷어 올려서 포즈를 취했다. 어촌계장의 머리 가르마가 한쪽으로 많이 기울어져 있을 것이다. 오늘은 피마자든 어떤 기름이든지 간에 바르지 않은 것 같았다. 그것 말고 딴 별명도 있었는데 카메라맨이었다. 그것은 이진리 포자 이장과 공동으로 붙여졌다. 남자는 미간을 찡그려서 미역을 봤다. 양식 중인 그것은 한창때였는데 길이가 짧아도 한참 짧았다. 남자가 알고 있는 이 시기 미역은 똬리를 틀 듯이 팔에 감을 수 있어야 했다. 한 번 수확했다 쳐도 작은 성인 여자의 키만큼 자라 있어야 했다.

"그날 알지!"

누군가 소리쳤으나 딴 일이 있다는 남자의 대답은 파도에 묻혔다. 들쭉날쭉한 암석들 사이에서 누군가 낚시 즐기는 것을 무시하며 나아갔다. 그이는 떼배를 타지 않아도 바위에 서서 낚시할 수 있었다. 여기서만큼 욕심 부리지 말라는 말은 어촌 사람들이 한결같이 지키는 수칙이었다. 그때 참나무가 심겨 있는 보두막산 모퉁이를 막 돌았다. 시내에서 들어오는 쪽에서 이진 마을로 들어가는 입구도 지났다. 거기로 들어가는 길목에 가스통을 연결해 물이 못 들어오도록 막아 두었다.

"애월댁!"

남자의 소리는 덩치에 비해 크고 또렷했다. 달포와 이어져서 소나무로 빽빽한 솔개산을 지나고 있었다. 여태껏 물질하고 있을 애월댁과 사전에 약속해 둔 곳이었고 다음은 목도리 해안이었다. 남자는 더 괴이해진 얼굴로 뱃머리를 돌렸다. 앗, 테왁과 숨 쉬러 나온 해녀가 기쁨을 주었다. 남자는 천천히, 하고 소리치면서 애월댁이 이상하다는 것을 직감적으로 알아챘다. 미련 곰탱아, 하고 아무렇게나 내뱉으면서 거칠게 떼배를 몰았다. 눈을 감고 있는 애월댁을 끌어 올리자 떼배에 넘쳤다. 남자는 극도로 불안했지만 배를 정확하게 뭍에 댔다. 그의 작은 체격을 능가하는 애월댁을 부축했다. 우둘투둘한 바위들 곁, 파도가 막 모래를 훑고 간 곳에 그녀를 눕혔다. 당황한 표정이 역력한 남자는 애월댁 입에 숨을 불어 넣었다. "눈 떠!" 하고 울부짖고 다시 숨을 불어 넣었다. 침이 아무렇게나 흘렀다. 울다가 제풀에 지친 아이처럼 남자는 끄윽, 흐느꼈다. 애월댁이 게슴츠레 눈 뜬 것을 몰랐다. 눈두덩이 눈알까지 덮어 눈이 작고 밋밋했다. 그녀가 가까스로 머리로 바다를 가리켰는데 남자가 놓쳤다. 테왁이 둥둥 떠내려갔다. 다시 눈을 감고 있는 애월댁의 그것을 까집고 뺨을 치는 것이 계속됐다. 그녀가 게슴츠레 눈을 떴다가 감았다 반복했다. 애월댁, 하고 울부짖던 남자가 이제 왜 그랬느냐고 하면서 그녀를 크게 나무랐다.

"붕, 붕장어…"

"여편네가 죽을 줄 모르고!"

남자는 나무라면서 웃느라고 이상한 얼굴이 됐다.

"갸한테 지는 잃어예… 메, 메이 쥐, 쥐노래미…."

"임자가 하나도 안 용해!"

"가시나는… 인생 고를 풀어줘야 한다 안 케예."

남자는 대답 대신에 후, 하고 한숨을 쉬었다. 그때 애월댁이 손가락을 억지로 펴서 바다를 가리켰다. 용왕이 그때는 남자에게 입김을 불어 넣었던 것일까. 거친 풍랑에서 잔뼈가 굵었던 남자는 다부지게 테왁을 따라잡았다. 어음에 묶여 있는, 여벌 끈을 잡아서 떼배 살대를 지지하는 대에 묶었다. 애월댁은 남자가 오자 가까스로 눈을 떴으나 다시 감겼다. 남자는 테왁 망사리가 바닷물에 잠기게 두었다. 남자가 다시 숨을 불어 넣으려고 하자 그녀가 게슴츠레 눈을 떴다. 몸피와 달리 얼굴은 파리했다. 남자는 그녀의 손을 물에 담갔다. 곁에 있는 망사리를 보고 남자 얼굴이 일그러졌다. 바보 천치, 하고 또 폭발하고 말았다. 애월댁을 째려보던 남자가 도망가다시피 뭍으로 걸어갔다. 몸이 저만치 가서야 약을 구하러 간다고 조금만 기다리라고 했다.

애월댁에게 긴 시간이었다. 고향 제주 애월의, 정작은 까만 돌담이 흐릿하게 보였다. 담 사이로 난 구멍으로 누런 군복을 입은 군인이 보였다. 총부리가 이웃집 아재를 겨냥했다. 무명 저고리와 통치마를 입은, 까무잡잡한 소녀의 소견으로도 기척을 내서 안 된다는 것을 알고 바짝 긴장했다. 총소리에 애월댁이 신음했을 때, 남자가 총알같이 와 있었다. 박 바가지에 물을 담아서였다. 남자의 몸을 지지대로 삼아 애월댁의 상체를 기대게 했다. 작은 환알을 회오리처럼 싸고 있는 껍질을 벗기는데 남자 손이 수전증이 있는 사람처럼 떨렸다. "우황청심환!"이라는 말에 애월댁은 가물거리는 눈을 겨우 떴으나 도로 감겼다. 남자는 다시는 그러지 말라고 또 고함쳤다. 퉁퉁한 그녀를 다시 눕히면서 테왁을 쳤던지 붕장어가 세차게 파닥거렸다. "악바리!"라면서 되레 그것을 쏘아봤다. "니는 통발을 갖고 다니나?"라면서 테왁 안에 있는 놈을 뚫어지게 쳐다봤다. 들고 있었던 까꾸리를 곁에 내려놓으면서 그랬다.

"꼽추야!"

남자의, 떡살 모양의 살갗으로 덮인 입술이 벌어졌다.

그들이 탄 떼배는 시내에서 들어오는 입구를 지나쳐 마을로 가는 다른 쪽에 닿았다. 바윗돌이 삐죽삐죽, 들쭉날쭉 아무렇게나 바다에 흩어져 있는, 리아스식 해안가였다. 조금 전에야 바윗돌을 지나쳤지만 평소에 남자는 애월댁에게 이렇게 말했다.

"쇠똥 찌꺼길 철철 뿌린 거 같당게."

그것은 고로에서 토철을 제련하고 남은 슬래그를 말했다. 그러면 애월댁은 꼭 후, 한숨을 쉬며 말했다.

"본이 어디 가겠어예. 머리까지 갈 거 없이 얼굴에 백혔는데예."

이진 마을 사이로 난 Z자 형의 길, 오른쪽으로 있는 절벽 위에 상록수가 심겨 있었다. 바로 뒤로 집들이 있어 언덕 위에 서 있는 모습이 외국 해양의 절벽 풍광을 찍은 모습과 닮았다. 양택의 풍수지리에 관한 바람은 무의식에서 나왔던 것일까. 풍랑은 걸러져서 대문을 넘나들어야 했다. 상록수를 누가 심었는지, 자생했는지 사람들의 기억에 가물가물했다. 절벽 옆으로 낮은 곳에 슬레이트 지붕의 집들이 있었다. 지붕에 돌이 얹혀 있는 집은 바윗돌 사이에 있는 철탑 등대를 마주보았다. 사람들이 바다로 낸 시멘트 길과 삐죽삐죽 솟은 암석이 징검다리처럼 놓여서 동무했다. 부부의 집도 황토색 석회암이 있는 범월갑 쪽, 기슭에 있었다. 집들의 대문과 방문은 한결같이 남향이었다. 부부는 힘겹게 길 안쪽으로 걸어갔다. 문짝이 없는 대문 사이로 보이는 앞집 여자를 지나치려고 할 때였다. 마지막 집에서 승복 색 바지를 입은 남자가 나왔다.

"마섭이 니가 왜 거서 나와!"

"월애가 아프다고 찾아왔길래 데려다줬어예."

얼굴이 넓적한 마섭의 시선은 그들을 비켜 있었다. 이목구비가 굵직해서 드세어 보였다. 다 큰 계집애가 거기를 왜 갔냐고 남자가 소리쳤다. 마섭은 아실 건 데예, 라고 답하고 부리나케 가 버렸다. 그들의 인기척에 앞집 여자가 굼뜨게 뒤돌아봤다. 초로의 그녀는 택호가 처용댁이었다. 몸을 운신하는 것이 힘들어 보였는데 비쩍 마른 몸에 혈색이 노랬다. 처용댁이 왜 그러냐고 힘겹게 물었다. 남자는 이 미련퉁이가…, 라고 하며 얼굴이 더 괴이해졌다.

"내 맨치로 아프다아프다병이 도졌나?"

처용댁이 말한 것은 이타이이타이병을 말했다. 요즘 허리 신경통이 더 심해져서 문지방을 넘을 때도 기어서 넘나들었다. 그녀는 기회만 있으면 공장이 생기고 나서 생긴 고질병이라고 넋두리했다. 해녀 과부로 한창 일할 오십 초반에 물질을 못 하니 생계가 막막했다. 그때도 낮은 마루에 오르지 못해 엉거주춤한 자세로 기둥을 잡았다. 쌕쌕거리며 숨을 골랐다. 남자는 애월댁 때문에 고역을 치르느라 그때만큼은 처용댁 아픈 것이 남 일이었다.

그들이 들어갔던 집은 지붕이 낮아서 사람으로 치면 엎드려 있는가, 하는 인상을 주었다. 집 구조는 정면 두 칸으로 방 앞에 마루를 두어 까맣게 칠해 두었다. 그 가운데가 분지처럼 꺼져서 유난히 반들거렸다. 같이 칠해진 못대가리가 도드라져서 탁한 느낌을 더했다. 애월댁이 마루에 닿는 순간 뻗어 버렸을 때 작은 방문이 벌컥 열렸다.

"월애야, 엄마 부축해라."

남자의 말에 단발머리의, 앳돼 보이는 딸은 가뜩이나 양미간이 꺼졌는데 인상을 찌푸렸다. 콧방울이 하필 두둑한 볼살과 나란해서 더 뭉툭해 보였다. 많이 아프냐고 물어보면서도 여전히 그랬다. 애월댁을 방에 눕히면서도 마찬가지였다. 방에 세간이라고는 사과 궤짝 같은 네모난 가재가 전부였다. 한쪽은 둥글고 다른 쪽은 납작한 모양 그대로 살대로 삼앉는지 투박하기 그지없었다. 안에 있는 옷가지가 고스란히 보였다. 그 위로 합판을 얹어서 이불을 두었다. 딸이 베개를 들어와서 놓았다. 애월 댁이 누워서 눈을 감자 곁에서 딸도 눈을 감았다. 추운 듯 어깨를 움츠려서 인상을 썼다. 애월댁은 눈을 감은 채로 딸을 내쳤다. 딸도 그러기를 기다렸다는 듯이 두말하지 않고 나왔다. 악바리, 하면서 테왁을 우물가로 옮기는 남자를 딸은 신경쓰지 않고 옆방으로 들어갔다. 망사리 안에 있는 붕장어는 꼽추였어도 생명력이 왕성했다. 등이 군데군데 굽은채로 날뛰었다. 남자는 붉그죽죽한 문어를 들어올려서 시멘트와 돌이 섞여 있는 바닥에 놓았다.

"끝에다 빠마한 거맨치로 꼬부랑혀."

"빠, 빠마라꼬예?"

애월댁이 돌아누우면서 몸을 모로 세우는 데 한참 걸렸다. 놈은 팔과 다리가 굽어서도 잘 기었다. 소아마비로 다리를 저는 사람과 닮아 보였다. 남자는 별난 놈 구경에 저도 모르게 빠져들었다. 꼽추춤을 추듯 기이한 모습이었다. 남자는 아, 하면서 놈을 잡으려고 허둥댔다. 그때 있는가, 하면서 월계수 잎이 수놓아진, 초록색 모자를 쓴 포자 이장이 들어왔다. 남자는 얼굴이 상기되어서 오셨느냐고 인사했다. 이장은 팔자 주름 근처에 세로로 더 있었는데 보조개로 보이지 않았다. 이장을 그렇게 부르는 이유는 온산면에 기업들이 들어오기 전에 미역 양식장을 불하받아 성공했기 때문이었다. 또 다른 별명이 있었는데 카메라맨이었다. 그것은 피마자 어촌계장과 공동으로 지녔다. 온산만의 공해 문제에 관심을 두고 서울에서 내려왔던 두 여자가 지어 주었다. 그녀들은 민간인 모임으로 '반공해 클럽'을 꾸렸는데 후희와 미오라는 이름의 젊은이였다. 온산병이 국가를 떠들썩하게 했을 때 여기에 내려왔다. 그때 포자 이장과 피마자 어촌계장이 폐수를 시료로 쓰려고 채취해서 비커에 보관했다. 기름막이 떠내려갔던 대정천을 카메라로 찍어서 현장도 보존했다. 또 머구리를 시켜 심해에서 기형의 물고기와 해산물을 채취하게 했다. 그랬던 두 사람의 활약상을 높이 사서 그녀들이 그 별명을 지었나.

그때 포자 이장의 얼굴이 청동처럼 붉어지면서 "왕재수!" 하고 우렁차게 말했다. 문어에 눈을 붙박아서 그랬다. 모자까지 들썩이는, 무의미한 행동을 했던 탓에 머리가 벗겨진 정수리가 드러났다. 쌍꺼풀진 눈까지 합세해 휑뎅한 느낌이 났다. 놈은 테왁 안에서 기지개를 켜듯 팔다리를 뻗고 있었다. 남자가 놈을 움켜잡자 발버둥쳐 댔지만 기어코 바닥에 놓았다. 검붉은 낯빛의 포자 이장 눈초리가 매서워졌다. 어깨에 걸고 왔던 작은 가방에서 카메라를 꺼냈다. 팔과 다리가 굽어서도 잘 기어가는 놈이 혹시? 눈요깃거리였을까. 눈을 반짝이며 어디서 잡았는지 물었다. 남자는 애월댁을 눈짓했으나 그녀는 눈을 감고 있었다. 애월댁이 오늘 한 물질은 채일방에서 시작해 온산으로 들어오는 입구 쪽으로 갔다. 아래까지 합치면 처용리를 뺀 온산만을 거의 훑었던 셈이다. 고개를 끄덕였던 포자 이장은 애월댁이 어디가 아픈지 물었다. 혹시 처용댁처럼 같은 병을 앓는지 물었다. 남자는 그런 것 같다고 한 후에 조금 전에 사달이 나서 놀랐다고 했다.

"소리 없이 저승 아, 아니네…."

이장이 저승까지 들먹였던 잠수병은 해녀나 머구리가 감내해야 하는 생존 병이었다. 물질하면서 참았던 숨을 물 밖으로 나오면서 급하게 쉬다가 사달이 났다. 되레 호흡 곤란으로 반송장이 되었다. 같은 사유로 의원을 갔다가 나왔던, 어느 보호자는 의사가 했던 말을 전해주었다.

"피가 지나는 길을 물방울이 막는다 안 카나. 기, 기포라 카더라."

남자는 포자 이장에게 "진찰권이라도 환자에게 만들어 줘야 해요."라는 말을 옮겼다. 작년 가을에 왔던 반공해 클럽의 이인방이 주민들에게 했던 말이었다.

작년 정월, 〈온산데이〉 신문 사회 면에 온산만에 관한 기사가 실렸다. '온산만 공업 단지 주민 5백여 명 이타이이타이병 증세'라는 타이틀로 실렸다. 포자 이장과 청년회 임원들이 방도의 다방에서 대책을 의논했다. 눈 위로 눈썹이 산 모양과 닮았고 짙은 피마드 어촌계장이 신문을 내밀었다.

"이 사진 못 보겠어예. 허리부터 몸이 딱 반으로 굽었습니더."

계란형 얼굴의 청년회 회장, 차랑이 인상을 찌푸려서 말했다.

"딱 봐도 엉덩이 복판이 꺼졌어."

포자 이장 말에 뒤질세라 부회장, 만평이 들창코를 벌렁대며 말했다.

"허벅지 뼈를 잘라내고 인조뼈를 넣었다 안 캅니꺼."

그들은 차는 뒷전이고 신문에 실린 사진을 보고 흥분했다. 돈 계산과 서기를 맡았던 총무, 마섭이 참석을 못 해 부회장, 만평이 공책에 정리해야 했다. 세 사람이 신문 기사를 읽으면서 맞장구를 쳐댔다. 그랬어도 만평은 신문 기사가 훨씬 이해하기 쉽게 써졌다는 것을 알고 원 기사를 필사하는 쪽을 택했다. 온산병으로 인한 피해보상을 받으려면 말발이 세어야 했고 자료도 정리가 되어 있어야 한다는 데 대해 모두 입을 모았다.

이타이이타이병은 일본 중부 지방 도마야현 진즈강 상류에 있는 미쓰이 금속광업 가미오카 광산에서 흘려보냈던 폐수에 기인한다. 아연을 제련한 후, 카드뮴이 남아 있었던 폐수를 흘려보냈던 것이다. 폐수는 진즈강 하류의 농토와 하천을 오염시켰다. 주민들은 오염된 농작물과 카드뮴이 체내에 농축된 물고기와 해산물을 먹었다.

인체가 카드뮴에 중독되어 신장에 이상이 생기면 몸속의 노폐물을 걸러 주는 데 장애가 생긴다. 내분비계에 문제가 생기면 호르몬 분비가 원활하지 않아 임신할 수 없다. 또 칼슘이 부족해서 뼈가 물러지면 조금만 움직여도 골절된다.

환자는 주로 갱년기를 넘기고 거주 기간이 30년이 넘은 사람에게 많이 나타났다. 뼈의 변형으로 기형인 사람이 여럿이 나왔다. 일본은 제2차 세계대전 이후에 아연 생산량을 늘렸다. 전쟁으로 식량이 부족해서 증상을 악화시켰던 것으로 본다.

그때 포자 이장이 눈에서 광채를 내뿜으면서 테왁을 유심히 살폈다. 문어를 자신에게 팔냐고 했다. 남자의 괴이한 입술이 벌어졌다. 이어 자신에게 조금 전에 찍었던 문어 사진을 한 장 줄 수 있는지 물었다. 대신에 문어값을 싸게 주겠다고 했다. 이장은 신문 기자가 또 왔었는지 물었다. 남자는 고개를 저었다. 이장은 미간을 찌푸려서 뭔가를 생각하더니 그러겠다고 했다. 그는 바지 주머니를 뒤적거려서 지폐 한 장을 건넸다. 머쓱해진 남자는 고개를 숙여서 그것을 받았다. 둘은 문어를 단순히 직거래했는데 담 아래에서 마섭이 지켜봤다. 밤이었다면 도둑인가 하는 오해를 샀을 것이다. 마섭이 감쪽같이 도망쳐 버려 더 그럴 수 있었다. 남자는 포자 이장의 요구에 몸을 빠르게 놀리면서 부산해졌다. 이장에게 토막 난 붕장어를 가리켰다. 그가 고개를 끄덕였다. 남자는 꼬챙이로 꿰어 짚으로 묶어 주었다. 이장은 됐네, 하고 흡족한 얼굴로 말했다. 회심의 미소를 짓던 이장이 가방에서 공책을 꺼내서 남자에게 주었다. 혹시 남자의 딸이 공책에 적어둔 병과 비슷한 데가 있는지 보라고 했다. 공책을 거꾸로 해서 보던 남자가 딸을 불렀다. 딸은 문을 열었으나 무슨 일인지 몸을 떨었다. 눈도 감고 있었다. 그것을 예사롭게 보지 않았던 이장이 공책을 가리켰다. 남자는 그 병이 아닐까 싶다고 했다. 이장은 손으로 딸에게 공책을 가리켰다. 딸은 몸을 떨면서 그것을 펼쳐서 읽었다. 이타이이타이병에 관해 정리해둔 것이었는데 그쳐서는 휴지가 길어졌다. 포자 이장은 읽어 준 내용과 그녀의 증상이 비슷한 데가 있는지 물었다. 남자가 그렇다고 하자 "몸이 아픈가, 아니면 헤까닥 쪽인가?" 하고 물었다. 남자는 둘 다에 해당된다고 했다. 이어 온산병과 관련된 보상이 끝났는데예, 하면서 한숨을 쉬었다. 또 "애먼 소리만 들었어예. 헛게 씌었다는데…."라고 했다. 이장이 상을 찌푸리고 있는 딸을 쳐다보면서 겉으로 보기에도 많이 아파 보인다고 했다. 남자는 눈을 또 감고 있던 딸에게 들어가라고 윽박질렀다. 그때 이장이 누런 종이를 꺼내서 마루를 가리켰다. 남자는 종이에 눈을 붙박았다.

이장은 누가 이랬는가, 하면서 미심쩍다는 듯 미간을 찌푸렸다. 이장은 여기, 라면서 손가락으로 종이 중간쯤을 가리켰다.

"좀상날이 확실하네."

남자는 조부가 별자리를 보면서 흘렸던 말이 자신의 이름으로 지어졌다고 했다.

"달이 황소, 쌍둥이자리 지나 게자리를 향하기 전이구먼."

남자의 아버지가 면 서기에게 별이 얼마나 밝던지, 라고 했다. 면 서기가 "좀상날에 그렇니이더."라고 맞장구치면서 그렇게 적어 버렸다고 했다. 남자는 성장하면서 상대에게 면 서기가 그렇게 적어버렸구만요, 이라고 무수히 말해 주어야 했다고 씁쓸한 표정을 지었다.

"하늘에 별이 얼마나 총총했길래?"

남자의 호적에 엄연히 올려져 있는 그의 이름은 좀상날이었다. 그는 표정이 굳어서 더 괴이해진 얼굴로 바다를 바라봤다. 하다못해 조상날이면 좀 나은 편에 속했을려나. 여기 살면서 그의 이름이 공적으로 쓰일 일이 많지 않아서 다행이라고 여겨야 했을까. 이장이 가지고 왔던 누런 종이에도 거주자 이름으로 그렇게 적혔다.

"이주할 덴 정했는가?"

이장은 이주 보상비와 관련해서 현 주거지에 살고 있는 사람을 대조하러 왔던 것이다. 정부가 온산면민을 집단 이주시킬 계획을 발표했던 것이 작년 가을이었다. 포자 이장은 집의 소유주와 그때까지 살고 있는 실제인 조사를 나왔다. 남자, 좀상날의 집칸에는 두 개로 나뉘어져 있었다. 조사를 마쳤던 포자 이장이 간 뒤, 좀상날은 태왁의 망사리를 비워서 부엌 앞에 걸었다. '만선 두레박은 옛날이야기야.' 하고 혼잣말하며 혀를 찼다. 성게와 멍게, 소라 몇 개를 양동이에 담았다.

다음 날, 좀상날은 포자 이장이 데모에 참석하라고 한 것을 미뤘다. 부산에 있는 그의 아들, 행만에게 가고 있었다. 행만은 고등학교 때부터 그의 남동생 집 근처에 살았다. 그를 떠나 남동생 집을 맴돌면서 살았다고 해야 할 것이다. 그의 남동생이 메이플라워호를 탔던 청교도처럼 광안리에 일찍 뿌리를 내려서 웬만큼 살았던 터였다. 아들에게는 삼촌인 남동생이 누리는 것을 삶의 모델로 삼고 자신의 빈곤한 삶을 그럭저럭 견디면서 공부했던 모양이었다. 다행히 전신이 무기를 만들었던 기업에 행만이 공채로 들어갔다. 관리직이어서 웅변을 배운다는 것을 동생을 통해서 들었다. 행만이 늦어도 45살쯤에 사장이 되겠다는 포부도 마찬가지였다. 그런 사실을 한 다리를 건너서 들었을 때 허탈했던 것도 사실이었다. 아들의 행보가 분에 넘치는 것으로 숨을 죽여야 해 내색할 수 없었다.

동생 내외가 행만을 찾아갔을 때 문을 열어 주지 않아서 애를 먹었다고 했다. 좀상날이 행만에게 도착했을 때 주인 여자도 같은 말을 했다. 행만이 볼일을 보러 나왔다가 문을 쾅, 닫는 바람에 빛줄기만큼 열려서 좀상날이 겨우 들어갔다. 이불을 뒤집어쓰고 있었던 행만이 갑자기 젖혀서 좀상날더러 들어오라고 했다. 맥이라고 없는 얼굴과 초점이 없는 눈을 그는 의문스럽게 쳐다보았다. 다시 이불을 뒤집어써 좀상날은 밖으로 나왔다. 행만의 방 창문에서 꺾어져서 주인집의 출입문으로 가는 계단에 앉아서 좀상날은 꽤 오래 기다렸다. 행만이 어느 순간에 방에서 나왔다. 대문 한 편으로 있는 화단에 동백나무가 심겨 있었다. 행만은 팔짱을 끼고 그것만큼 왔다갔다했다. 짙은 눈썹 위로 가르마가 져 있는 이맛머리를 손으로 쓸어 올렸다. 반복해서 그러는 것을 좀상날은 낯설게 쳐다봤다. 버릇 같았다.

"본적이 신불산이었던 좀상날의 아버지이자 나의 조부, 조무싱의 행적에 대해 말하십시오!"

그는 행만이 왜 그러는지 알 수 없었다. 사무적이고 딱딱한 말투에 어이가 없기까지 했다. 무슨 말을 어떻게 해야 할지 난감했다.

"생물학적인 부에게 다시 묻겠습니다. 조무싱에 대해 말하라, 오버."

말을 마친 행만은 무슨 이유였는지 열이 잔뜩 나 있었다. 느그, 할배는…. 신불산 간이 철장에서 판장쇠를 밤새도록 지켜야 했었던 창고지기였다는 사실에 행만이 절망했다는 것을 그는 몰랐다. 가마로에서 불씨를 안고 잤던 좀상날이 괴이한 얼굴로 변해 버렸던 것에 그랬다는 것도 마찬가지였다. 이맛머리를 다시 쓸어 올렸던 행만의 시선이 화단 곁, 수돗가에 있는 보자기로 갔다. 갑자기 표독스러운 얼굴로 변해서 "온산 산물 고우홈!"이라고 고함쳤다. 팔과 손가락을 일직선으로 뻗어 대문을 뻣뻣이 가리켰다. 애월댁이 여러 날 동안에 잡은 것이라고 했다. 행만이 굳은 얼굴로 돌변해서 박살을 냈다. 좀상날은 행만이 어린 시절에 애월댁이 제주년이라서 놀림당했던 것을 간과했다. 더군다나 팥쥐 엄마, 라고 놀렸던 것도 마찬가지였다. "좀상날 부친께선 도요타 자동차 사장이 걸어간 길을 아십니까?" 하고 또 사무적으로 물었다. 좀상날은 행만을 심각하게 바라봤다. 행만이 "후손 누가 범접하겠습니까!"라면서 털썩 바닥에 주저앉았다. 넋나간 듯한 얼굴로 뭐라고 주절거렸다.

　그로부터 6개월여 만에 행만은 터덜터덜 온산으로 돌아왔다. 며칠 후부터 말없이 나가 채일방에 앉아 있곤 했다. 바다를 하염없이, 문득 신기한 듯이 바라보았다. 무엇을 골똘히 생각하면서 그랬다. 어느 날에는 더위를 식히러 왔던 반공해 클럽 이인방과 마주쳤다. 그리고 두 달쯤 지나가고 있었던, 어느 날이었다. 청년회와 반공해 클럽 이인방이 목선을 타고 목도를 향해 갔다. 총무인 마섭은 기실 박수였다. 그동안에 월애에게 내림굿을 해 주었다는 소문이 온 마을에 좍 퍼졌다. 때마침 음력 초하룻날이어서 마섭이 목도에 기도하러 가 있었다. 청년회 임원은 이인방에게 목도를 구경시켜 줄 요량도 있었다. 그들이 도착한 섬은 물고기 눈 모양을 닮아서 목도라고 불렀다. 상록수가 우거진 섬 가를, 키라기보다 턱이 들쭉날쭉한 반석이 에워싸고 있었다. 바른쪽 끝으로 까까머리 아이들이 웃통을 벗어던지고 물놀이를 했다. 옆으로 나무 그늘에 옷매무새가 유난히 단정한 데

이트족이 앉아 있었다. 차랑이 숲길 입구에서 재빨리 앞장섰다. 얼마 전에 이주대책위원회에 새로 발족된 청년회 감투를 쓴 탓이었다. 두 손을 포개어 가야 할 방향을 가리키며 숙녀들을 에스코트했다. 그들은 후박나무 밑에 도착해 빙 둘러앉았다. 나뭇가지들이 손을 뻗어 잡았고 서로 끌어안고도 있었다.

"이주보상비에 관한 정부 시안과 다른 모델을 찾느라고 저희가 시간이 좀 걸렸어요."

"성우님께서 저번에 이주 보상비를 회야댐 수몰지를 따라 했다 하셔서 지들도 조사해봤심더."

성우는 후희를 말했다. 여기로 오는 목선에서 후희가 낙랑공주와 호동왕자 이야기를 해 주어 만평이 정했다. 그녀가 야학에서 동화구연을 한다고 미오가 알려주었다. 차랑은 미오에게는 스파이라고 지었다.

"칼만 안 들었지 살인적인 철거 계획이라예."

마섭은 턱 때문에 얼굴이 더 사각형으로 보였다. 온산면 전 이주 대상 가구들은 해당 군청으로부터 이주 보상비 감정서를 통보받고 억장이 무너진다면서 가슴을 쳐댔다. 주민들이 요구했던 가격의 2할로 책정되었기 때문이었다. 제일 먼저 이주가 계획된 대안 마을 사람들이 군청에 쳐들어가는 것으로 항거가 시작되었다. 이주 순서는 공해에 노출이 많이 된 마을부터였다. 그 와중에 오지 아연과 구한 화학이 폐수를 누출하여 전 주민들의 항거에 불을 붙였다. 좀상날이 굳은 얼굴로 나서자 처용댁도 아픈 몸을 이끌고 따라나섰다. 좀상날이 "내 아들 원래대로 돌려놔라!" 하면서 돌진했다. 전경들 방패에 몸을 들이받았다. 전경들은 방어 태세를 취하면서 좀상날을 원으로 둘러쌌다. 부창부수였던지 애월댁은 "이주할 데 없다! 천초, 돌미역, 멍게 따면 살지만 이제 굶어 죽는다!" 하면서 원으로 들어가려고 전경의 오금을 찼다. 그때 처용댁이 양미간을 찌푸려서 "내 몸 돌리도고!" 하고 외치면서 나섰다. 역시 전경과 경찰이 포진해 왔다. 더 나아가던 처용댁이 넘어졌다. 전경 몇이 다가와서 부축하려고 했다. "나 죽는다! 경찰이 사람 친다!" 하고 외쳤다. 곁에 좀상날은 전경들에게 양팔을 붙잡혔다. 좀상날 부부와 처용댁이 항거에 앞장섰다는 소문은 멀리 퍼져 나갔다. 이주 대상 전 주민들이 공업탑 로터리를 점거하기로 결의했다. 경찰의 방해로 주민 일부밖에 입성하지 못했다. 다음 날, 주민들은 처용암이 보이는 거리에서 가두행진을 했다. 머리와 수염을 도사처럼 길렀던 노인이 처용가를 읊조렸다. 끝까지 잘해 모두가 환호했다. 주민들은 첫 소절만 반복해서 따라 했다. 그로부터 한 달 뒤에 이주 대상 전 주민이 공단협회 사거리에서 궐기하기로 모의했다.

"주민보상협의회에서 문제점을 항의한다고 하니 저희는 온산병 관련해서 진찰권에 중점을 둘게요."

이목구비가 낮았으나 조화로워 곱상한 인상을 풍기는 후희였다. 그녀는 굽실하게 파마한 머리를 뒤로 질끈 묶었다. 하관이 빨았고 커트 머리를 한 미오는 고개를 크게 끄덕여서 맞장구쳤다. 온산병으로 고통을 받았던 주민들이 진찰다운 것을 받아보지 못하고 죽어 버렸다는 것을 그녀들은 알았다. 주민들 스스로도 보상 몇 푼 받고 폐수도, 공해도, 이타이이타이병을 지금의 이주 문제에 파묻어 버렸다. 그녀들의 일정이 있어 거주지로 올라갔다가 와야 했기 때문에 지금은 청년회와 전체 궐기에 관해서 의논해야 했다. 온 주민이 궐기하는 날에 마을별로 전략, 내지 전술을 한 가지씩 준비하기로 했다. 여기 임원 삼인방과 각 마을 청년 대표가 세부적인 의논을 할 때 오늘 결정된 사항을 전달하기로 했다. 이진 마을이 고무통에 똥을 준비하기로 했다. 산남은 밀가루를 준비한다고 했다. 달포에서는 쥐를 잡아서 재어 대령하기로 했다. 그녀들은 다른 마을이 물리적인 충격을 가하니까 청년회 본부에서는 그것과 다른 것을 준비하자고 했다. 분명히 기업 임원들이 얼굴을 내밀 것으로 내다보았다. 그들의 정신을 개조시키는 것까지는 무리겠고 충격을 주자는 의도였다.

"아까 그 낙랑공주가 찢은 자명고 괜찮던데예."

오늘따라 차랑의 얼굴은 더욱 계란이 선 모양으로 되었는데 웃느라고 눈이 일자로 되었다. 반면에 곱상한 후희의 얼굴은 자못 진지해졌다.

한 달 뒤, 이주 대상 주민 대다수가 공단협회 사거리를 장악했다. 그 정문 밑으로 쇠창살로 창문이 차단되어 있는 전경차 다섯 대가 대기했다. 짙은 보호복과 방석모를 쓴 전경들이 방패를 무릎 앞에 세웠고 다른 손으로 진압봉을 짚고 있었다. 마을에서 가까운 곳에 천막이 처졌고 유지들이 앉았다. 맞은편에 호박엿 장사가 미숫가루에 얼음을 넣어서 팔았다. 뽕짝을 틀어 놓고 가위로 묘기를 부렸다. 그때 납색 점퍼 차림의 공단협회 회장이 이리저리 쳐다보면서 상황을 주시했다. 무전기로 누군가와 연락을 주고받았다. 곁으로 기업과 이름이 적힌 명찰을 단 책임자 몇이 왔다갔다 하면서 상황을 살폈다. 서로 귓속말을 주고받기도 했다. 공단협회 회장이 확성기를 들었다. 좀상날과 체격은 비슷했으나 얼굴에 딴딴한 기류가 흘렀다.

"온산면 주민 여러분 안녕하십니까?"

안녕 못하다는 야유가 여기저기서 튀어나왔다. 어떤 중년 남자가 유독 크게 튀어나왔다. 곁에서 그렇고 말고, 하는 동조가 이어졌다.

"납품 차량이 위쪽에서 왔는데 못 들어오고 있답니다. 주민 여러분의 많은 양해와 협조를 부탁드립니다."

"거기는 하루 납품 못 할란가 몰라도 나는 십 년이나 지옥이다!"

엿장사 뒤에서 얼굴이 쪼글쪼글한 여자가 소리쳤다. 옆에서 누군가 "아이고 허리야, 어깨야!" 하고 입을 양손으로 모아 소리쳤다. 그때 유일하게 처져 있는 천막 아래에서 포자 이장이 어깨에 메고 있던 사각형 가방에서 사진을 꺼냈다. 피마자 어촌계장이 "절름발이가 맞네." 하면서 눈을 번쩍였다. 뒤에 사진을 위로 올리면서 "희한해, 붕장어가 요렇게 생겼다는 게." 하면서 회심의 미소를 지었다.

"어획량 산출할 때 최근 3년을 기준으로 하면 안 된다는 물증으로 딱이네!"

"지난 십 년 전부터 어획량이 줄어들기 시작했는데 말이 안 됩니다!"

"그동안 인플레율 계산도 빠졌어."

"앞엣것은 그것대로 쓰고 요즘 것도 필요했던 참에 잘 됐어. 나는 며칠 전에 폐수 사진을 찍어뒀지."

피마자 어촌계장이 오늘은 기름을 발라 윤기가 흐르는 머리를 쓰다듬었다.

"헌데 청년회에서 새로운 어업전진기지와 생계 대책을 물고 늘어지는데 시간을 더 잡아먹겠어."

"금호도와 같은 대책을 마련해 달라고 떼거지를 쓴다니까요."

청년회 회장, 차랑이 금호도를 답사하고 왔다는 것을 유지들도 알았다. 그때까지는 유지들도 같은 당이 되어 이주 대책을 논의했을 때였다. 거기 주민 대부분이 어로로 생계를 유지했던 까닭에 섬을 떠나면 당장 생계가 막막했다. 어려운 사람들이 입을 타격을 고려했다는 사실을 차랑이 알아왔었다. 점포나 월세로 생계를 꾸릴 수 있도록 배후 도시의 중앙상가로 이주시켰다고 했다.

그때 사거리 중앙에 황색 한복을 입고 종이 가면을 쓴 사람이 어슬렁거리며 나타났다. 팥죽색 피부에 입술이 두껍고 이빨이 하얀 처용탈과 닮았다. 이어 청색, 붉은색, 흰색, 검은색 한복을 입은 사람들이 똑같은 가면을 쓰고 나타나서 일렬로 섰다. 모두 처용춤을 느린 동작으로 추었다. 그때 황색 옷을 입은 사람이 장구와 꽹과리를 동시에 쳤다. 그가 종이 가면을 벗었는데 사각형 턱의 마섭이었다. 확성기로 인사를 한 후에 차례로 가면을 벗어 인사했다. 청년회 임원들이었고 월애는 붉은 한복을 입었다.

시내에서 들어오는 입구 쪽에 반공해 클럽 이인방이 어쩐 일인지 행만과 같이 있었다. 좀상날 부부도 함께 있었다. 미오가 행만에게 어떤 내용이 써져 있는 종이를 내밀었다.

"저희는 오늘 프로그램을 슬라이드 작업할 거예요."

"그러니 행만씨의 생생한 증언이 절대적으로 필요해요."

그녀들이 어쩐 일인지 행만을 부각시키려고 했다. 그녀들이 행만과 채일방에서 마주쳤을 때 그가 했던 말이 사실 의미심장했던 까닭이었다. 그때 그녀들은 공해에 관한 증거를 수집하고 있었다. 미오가 분위기를 부드럽게 하려고 행만에게 볼펜을 주었다. 공해 관련해서 몇 가지 질문을 하기 위해서였다. 별로 반응하지 않아서 다시 빨간 색 볼펜을 주었다. 그가 바다를 보고 살짝 웃어서 혹시 등이 굽은 물고기를 최근에 본 적이 있는지, 하고 물었다. 행만은 넋이 나간 듯한 얼굴로 온산만에 들어와 있었던, 어느 기업의 타도시 공장에서 일했다고 어렵사리 말을 꺼냈다. 그놈, 이라면서 벌떡 일어나서 수평선을 슬픈 눈으로 바라봤다. 뭐라고 알아들을 수 없는 말만 주절거렸다. 그녀들은 행만을 환경문제로 유도했지만 정광, 카드뮴 따위로 툭 던지면서 피식 웃었다. 또 행만이 폭로성 고발이라도 할까 싶어 그녀들은 잔뜩 긴장해서 쳐다봤다.

원래는 후희가 내민 종이에 있는 내용을 판소리하는 이진 사람이 낭독하기로 되어 있었다. 처용가를 부르고 난 후에 그것을 이어 하기로 했다. 갑자기 그녀들이 바꾸려는 것이다. 좀상날은 걱정스러운 얼굴로 시키지 말라고 했다. 미오는 행만이 적임자라고 좀상날을 설득했다. 그때 행만이 말없이 손을 내밀었다. 놀라는 후희에게 다시 그러는 것이다. 이인방은 내심 놀라면서도 기뻐서 미소가 번졌다. 행만이 그 내용을 보다가 중간부터 중얼거렸다. 그녀들은 어떻게 할지 즉시 조언했다. 행만은 굳은 얼굴로 걸어나갔다. 그때까지 추고 있었던 처용무는 얼추 마무리되었다. 마섭이 처용가를 부를 차례라고 소개했다. 예정되었던 사람이 확성기를 건네받았다. 그때 미오가 뛰어와서 마섭에게 뭐라고 말했다. 어

쩐 일인지 도사 같은 분위기를 풍기는 노인이 처용가만 부르고 확성기
를 행만에게 주었다. 행만은 아, 아 하고 작동이 되는지 확인했다. 행만
이 굳은 얼굴로 '온산향가', 하고 사이를 두었다. 이것은 실향민이 될 온
산 면민들이 외치고 싶은 사설 내지 넋두리라고 했다. 사실 이것은 행만
자신의 소견이었다.

> 온산 깜깜한 밤에
> 늦어야 방류하겠구나
> 로스터에 광석분진 남았지
> 아황산가스 알라딘 요술램프 흉내낸 건가
> 정광 만들려고 배소했는데
> 침출 원해 황산용액에 넣었다
> 폐수 소석회로 중화시켜
> 침강시설에 보내야 했다
> 응집제 투여해
> 여과시키면 석고되지
> 위로 뜬 맑은 물
> 역중화시설로 보내야 했어
> 황산 투입
> 집합수조해야지 최종
> 하수종말처리장에 보낼 청사진 계획

사방에서 박장대소가 터져 나왔다. 금세 옆으로 전염됐다.
"내 맘속에 들어갔다가 나온 거맨치로 훤하다냐!"
한 번 더 읽어 달라는 앙코르 요청이 쇄도했다. 평소에 행만과 달리 작
은 눈으로 웃는 여유를 보였다. 아, 아, 하고 확성기로 소리 냈던 행만이

사설을 다시 읽던 중이었다. 사람들이 하나, 둘 코를 킁킁거리며 얼굴을 찡그려댔다. 근원지를 찾느라고 서로를 쳐다봤고 사방을 두리번거리는 사람이 많아졌다. 똥 냄새가 진동했던 것이다. 그때 좀상날이 똥통에서 대야에 그것을 덜어와서 공단협회 담에 낙서하듯 발라댔다. 애월댁은 거기까지 갈 것 없이 사거리 바닥에 그림을 그려댔다. 좀상날이 전경들에게 투척하자 따라 하는 사람이 늘었다. 상을 찡그린 전경들은 방패로 막으면서 전진했다.

"늬들만 잘 먹고 잘살면 다가! 나는 쫄쫄 굶게 생겼다!"

애월댁도 다시 똥을 퍼와서 전경차에 발랐다. 그때 마섭이 꽹과리를 쳐댔다. 주위는 똥 범벅이 되었는데 엿장수가 가위질을 해댔다. 그 사이에 공단협회 회장과 기업 책임자들이 정문 안으로 부리나케 들어갔다. 산남 주민들은 밀가루를 펌프질해서 날려댔다. 하늘로 그것을 뿌려대는 사람이 점점 많아졌다. 같은 마을 주민이 뒤집어쓰고 눈을 비비면서 눈물을 흘렸다. 죽은 쥐까지 나뒹굴어서 사람들은 헉 놀라서 뒤로 잠시 물러섰다. 공단협회 사거리는 엉망진창이 되었다.

그날 저녁, 행만이 집에 누워 있었다. 평소 그 시간에 행만은 어딘가를 배회해야 했다. 낮에 있었던 똥 투척 때문에 집에서도 냄새가 계속 났다. 좀상날과 애월댁은 코를 킁킁거리며 우물 주변을 연신 물로 씻어 내렸다. 행만이 팔을 들어서 코를 킁킁거렸다. 그때 검정 양복을 입고 선글라스를 쓴 사내가 들어왔다. 힘깨나 쓸 것 같아 보이는 건달들을 대동하고서였다. 인상이 험악한 건달들은 양옆에 차렷해서 섰다.

"나와, 조행만!"

선글라스가 손가락을 까딱이며 다시 소리쳤다. 행만은 여름인데 이불을 뒤집어썼다. 건달 둘이 신발을 신은 채 방으로 들어갔다. 이불을 확 뒤로 젖혀서 행만의 팔을 양쪽에서 붙잡았다. 행만이 놔라고 하면서 거칠게 뿌리쳤다.

"니들도 고졸 내 상사 놈이랑 똑같지!"

"연행해! 국책 사업 기밀 누설죄로!"

좀상날의 얼굴은 억울한 피에로가 됐다. 애월댁의 작은 눈에 공포가 깃들어서 뭐라꼬예, 하고 울부짖었다. 좀상날은 그 여자가 시키는 대로 읽었다고 하면서 선글라스의 팔에 매달렸다. 그때 월애가, 누르스름한 돌덩이가 삐죽 튀어나온 두 돌담 사이로 들어섰다. 선글라스와 건달을 쳐다보던 그녀의 표정이 굳어졌다. 체머리를 흔들며 "신에 벌전이 두렵지 않느냐!" 하고 소리쳤다. 한 건달이 월애의 가슴을 밀쳤다. 뒤로 나자빠진 그녀는 "풍파가 곧이야!"라면서 진노했다. 그때 인근에서 마섭이 이것을 엿보았다. 모자를 푹 내려쓰고 그들을 따라갔다. 청년회 간부 차랑과 만평의 집을 차례로 고자질했다. 차랑은 배가 아프다며 변소에 들렀다 가게 해 달라고 했다. 뒷간으로 가서 그길로 도망쳤다. 힐끔거리면서 차랑을 기다렸던 만평만 건달에게 팔이 붙잡혀 끌려갔다. 행만과 서로 얼굴을 멀뚱히 쳐다봤다. 그때 바다에 서 있는 철탑 등대에서 빨간빛이 점멸했다.

3. 둥지 잃은 새: 천수만 간척사업 - 김세인

엘리베이터에서 내린 그녀가 방화문의 손잡이에 손을 대자, 거기 내려와 앉아 있던 햇살 한 줌이 손등에 얹혔다. 마음에 등불이 켜지는 기분이 들었다. 아파트 복도에는 깊은 어둠이 고여 있었고 그곳에 발을 디딜 때마다 검은 우물에 빠지는 느낌이었다. 가만히 햇살을 응시하던 그녀는 등을 곧게 펴서 허리를 곧추세우고 손잡이를 돌렸다.

현관 앞에 하얀 스티로폼 택배 상자가 다소곳이 놓여 있는 게 눈에 들어왔다. 엄마가 돌아오기를 기다리는 소녀처럼 측은해 보이는 상자로 다가가 살폈다. 보낸 사람은 양충섭이고 내용물은 어리굴젓이었다.

양충섭? 생판 모르는 이름이었다. 잘못 배송되었나 싶어서 재차 확인해 보았다. 그녀 앞으로 온 택배가 분명했다.

누구지? 왜 하필이면 어리굴젓을……. 그녀는 한숨을 쉬며 상자를 들고 집 안으로 들어갔다.

어리굴젓과 굴이 한 통씩 들어있고 맨 위에 간단한 메모가 한 장 붙어 있었다.

선생님 안녕하십니까!

저는 선생님의 책, 《잃어버린 새》를 우연히 알게 되어 인사드립니다. 택배를 받고 놀라셨지요. 그렇지만 꼭 연락하고 싶은 제 마음을 헤아려 주시기 바랍니다.

다음에 다시 소식 전하겠습니다. 좋은 글 많이 쓰시고 평안 하십시오.

미음과 이응이 균일하고, 세로획은 반듯하다. 이 사람은 성실하긴 하지만, 고지식한 일면이 있을 것 같다고 판단했다.

컴퓨터가 보급되기 전, 그녀는 문창과에서 오 년간 소설 창작 실습 과목을 가르쳤다. 학생들이 원고지에 써낸 글을 평가하면서, 글씨체는 개인의 성품과 어느 정도는 연관이 있다고 생각해 왔다.

초면에 이런 걸 보내다니 부담스러웠다. 이미 개봉했는데 반송할 수도 없고…… 이걸 언제 다 먹나…….

통들을 김치냉장고에 갈무리해 두고 나자, 손에서 굴 비린내가 났다. 손을 씻고, 내친김에 쌀을 씻어 밥솥에 안쳤다. 어리굴젓을 종지에 담고 김도 구웠다. 주걱을 쥐고 밥을 푸다 말고 그녀는 깊은 한숨을 쉬었다. 윤슬이 좋아하는 음식을 마주하면 한숨이 나오고 그 끝에는 언제나 눈물이 따라붙었다. 눈물을 흘리고 나면, 윤슬에게 밥 대신 자신의 눈물을 바친다는 일종의 고수레 의식을 치른 기분이었다. 밥을 한술 뜨고 그 위에 어리굴젓을 얹어서 먹었다. 미각이 깨어났다. 어리굴젓 국물을 밥 위에 뿌려서 김으로 싸 먹었다. 어리굴젓이 자꾸만 밥을 불러서, 배가 부풀어 올랐다. 태동이 느껴졌다. 태중의 아이가 어리굴젓을 더 달라며 임부의 옆구리를 발로 걷어찼다. 축구선수가 될 모양이라며 남편은 어리굴젓을 자꾸 사 오고, 임부의 배는 터질 듯이 부풀어 올랐다. 젓국 같은 양수가 터지고, 그 길을 타고 아이가 세상 밖으로 미끄러져 나왔다. 딸이었다. 장한 그 아이에게 윤슬이라는 이름을 지어 주었다. 윤슬의 어미는 미역국에 밥을 말아 어리굴젓을 얹어 먹었다. 젖을 떼자마자 어리굴젓을 입에 댄 윤슬은 어리굴젓 없이는 밥을 먹지 않았다. 그러던 애가 어느 한날 코를 감싸 쥐었다. 어리굴젓에서 이상한 냄새가 난다고, 상한 조개가 들어갔나 보다고 오만상을 찌푸렸다. 윤슬의 어미는, 웬 반찬 타박이냐고 등을 한 대 갈겼다. 그때부터였던 것 같다, 윤슬이 세상을 타박하기 시작한 것은. 말끝마다 불만을 품어내던 윤슬은 끝내 세상과 타협점을 찾지 못한 채 스스로 떠나버렸고 윤슬의 어미는 등을 갈겨서 그랬나, 어리굴젓을 먹어서 그랬나, 자책하면서 통한의 나날을 이어 나갔다. 물만 먹어도 체해서 몸이 점점 망가져갔다. 그런데 어리굴젓을 배불리 먹고 나자 묵은 체증이 쑥 내려가고 기운이 났다.

양충섭 씨에게서 또 택배가 왔다.

그녀가 책을 한 권 사인해서 보내주었는데 그에 대한 답례로 보내온 것이었다.

이번엔 생굴 두통과 편지봉투가 들어있었다. 봉투 안에는 A4용지 두 장이 각각 접혀있었다.

그녀는 그중 한 장을 펼쳐 들었다.

선생님, 잘 지내셨는지요.

보내주신 책 잘 받았습니다. 무례를 용서받은 것만도 고마운 일인데 저자 사인본을 받다니, 감개무량해서 한동안 멍하니 창밖을 보았습니다. 푸른 하늘을 배경으로 날아다니는 갈매기 떼와 흰 포말을 일으키며 요동치는 파도 소리가 귓가에 들렸습니다, 깊이를 알 수 없는 해저에 가라앉은 녹슨 선박의 시간을 헤아려 보았습니다. 우리 인생도 심해에 가라앉아 영원을 유예한 채 잃어버린 시간의 흔적을 더듬는 그런 날들이 아닐까 하는 의문이 듭니다.

책은 아껴가며 천천히 읽기로 하고, 오늘은 그냥 바람에게 전하듯, 선생님께 저의 이야기를 하고 싶습니다.

저는 홀아비입니다.

아내가 저를 남겨두고 다른 세상으로 날아가 버린 지 올해로 삼 년째입니다.

사인은 위암이었습니다. 그 암이 발병하게 된 원인은 제게 있는 것이나 마찬가지였습니다. 아내는 원래 체질이 약한 데다 소식해서 그런가 보다하고 대수롭지 않게 여겼습니다. 아내가 세상을 버렸을 때야 비로소 저의 무심함과 무식함을 후회했습니다. 그 회한 때문일까요, 세상이 온통 검은 바다로 변한 기분이었습니다. 부끄러워서 술을 먹고 주정을 했어요. 동네 사람들이 뒤에서 수군거렸고 어떤 이는 노골적으로 저를 비난하기도 했지요.

노엽거나 억울하지 않았습니다. 저는 비난받아 마땅하니까요.

저는 상식을 올리듯이 아침저녁으로 아내의 영정 앞에서 미안하다고 말했었어요. 그 꼴을 보고 딸애가 말했어요.

"아빠, 그만 좀 하세요."

저는 냅다 소리를 질렀어요. 그러자 딸애의 옆에 있던 이슬이가 송곳니를 드러내며 맹렬하게 짖어 댔어요. 저는 강아지 옆구리를 걷어차면서 더 크게 소리 질렀어요.

"마누라가 없으니까 이젠 별것이 다 지랄들이네……."

"엄마, 엄마!"

없는 엄마를 찾으며 우는 딸애를 보자, 제 가슴이 저미는 듯 아팠어요. 저는 아내의 영정을 치웠지요. 그렇지만 치운다고 아내 생각이 없어지나요, 어디. 날이 가고 달이 갈수록 아내 생각은 더욱 간절해졌어요. 취하면 잊을까 하면서 술을 마셨지요. 마시고 또 마셨지요. 저는 점점 미쳐가고 있었습니다.

"정신 좀 차리세요!"

딸애가 매달렸지만 귀담아듣지 않았어요.

"계속 이러면 집 나갈 거예요!"

딸애가 경고했지요. 그런데도 저는 술독에서 헤어 나오지 못했습니다. 딸애가 저를 노려보면서 씹어 뱉듯이 지껄였어요.

"그럴 거면 차라리 아빠도 죽어버려!"

저는 딸애의 뺨을 갈겨버렸습니다. 딸애는 더 이상 대꾸하지 않고 울면서 집을 뛰쳐나갔어요. 딸애에게 손을 대다니…….

"술을 또 입에 대면 너는 개 아들놈이다!"

이렇게 말하고, 집에 남아 있는 술을 몽땅 쏟아버렸습니다.

딸은 돌아오지 않고 술도 없는 빈집은 침묵이 주인인 양 자리를 차지하고 있었습니다. 밤에도 현관문을 열어두었지요. 적막하고 고요한 밤, 딸은 소식이 없고 파도 소리가 집안까지 밀려들었습니다. 푸르스름한 달빛이 내려앉은 마당을 바라보면서 파도 소리에 귀를 맡기고 있노라면 눈앞의 마당이 바다처럼 보였습니다. 그 바다에 풍덩 빠지는 상상을 하다가 정신이 들었고 그럴 때면 열없이 눈물이 흘러내렸습니다. 누구도 찾아오지 않는 숱한 밤을 술도 없이 지내던 어느 날, 딸아이가 꿈결처럼 돌아왔습니다. 반갑기 그지없으면서도 덜컥 겁이 났어요. 그 애가 변했어요. 그때 삼 년째 재수하고 있었고 고등학교 때와 별반 다르지 않았었거든요. 그런데 머리를 짧게 잘라 노랑 물을 들이고 손톱엔 매니큐어를 칠하고 나타났지 뭐예요. 그뿐이 아니랍니다. 그 애의 눈빛에서는 이상한 광기가 흘렀어요. 상처 입은 야생 고양이처럼 뭔가 경계를 하고 긴장감을 풀지 않은 눈빛을 하고 있었다고요. 공부도 인생도 다 작파해 버린 꼴이었어요.

이게 아닌데, 이게……. 저는 유구무언인 채 눈을 감아버렸습니다.

딸애가 얘기 좀 하자며 거실 바닥에 앉았어요.

저는 꾸중 듣는 아이처럼 저자세로 다소곳하게 딸애의 앞에 앉았어요.

"이제부터 서로 간섭하지 말고 각자 알아서 살기로 해요. 그리고 이거 제 통장 맞지요?"

그 애가 태어났을 때 제 부친이 축하금을 보내줘서 만든 통장이지요. 생일은 물론 입학과 졸업 때마다 송금했고 돌아가시면서도 그 애의 대학 입학금을 챙겨주셨지요. 이름만 그 애의 것으로 되어 있을 뿐, 그동안엔 우리 부부가 관리했었어요.

그런 통장을 들고 딸애가 권리를 주장하며 저를 압박했고, 저는 네 통장이 맞다고 고개를 끄덕여주었습니다.

"가져갈게요."

가져간다고? 돌아온 게 아니고 나갈 준비를 하려고 들른 모양이네, 이것이?

내가 버벅거리는 사이, 그 애는 배낭을 꾸리더니 이슬이를 케이지에 넣어 들고 집을 빠져나갔어요.

한동안 소식 없이 지내다가 얼마 전에 SNS라는 걸 하게 되었고, 딸애의 근황을 간접적으로나마 알게 되었어요. 이슬이와 산책하는 이야기가 주를 이루는 가운데 이런저런 자신의 이야기도 올렸더군요.

K 대학 지방 캠퍼스가 있는 도시에 원룸을 얻었다.

글쓰기 공부를 시작했다.

이런 글과 함께 몇 권의 책이 올려 있었는데《잃어버린 새》도 거기 있었습니다. 책의 제목을 보는 순간 저는 '이 선생님도 잃어버린 새가 있구나' 싶었습니다. 그래서 저도 그 책을 구매했습니다.

그녀는 양충섭 씨의 두 번째 글을 펼쳤다.

이곳 천수만에 바람이 붑니다. 열어놓은 창문으로 달그락달그락 자갈들이 운율을 타고 몸을 굴리는 소리가 들리더니만 지금은 아무 소리도 나지 않았습니다. 반쪽 달이 떠오를 때까지 저는 이러고 있습니다. 바람이 다시 기척을 내고, 모래 알갱이를 빗자루로 쓸어내는 듯한 소리가 들려옵니다. 저 소리가 제 신경 줄을 잡아챕니다. 마치 상처 부위에 거친 빗줄기가 쏟아지듯 쓰라립니다. 분명히 날은 맑은데 제 마음에 빗줄기가 쏟아져 내리는 까닭은 무엇일까요. 바람의 농간일까요? 아니면 제 안에 아물지 않은 상처 탓일까요.

저는 창문을 열어둔 채 검은 허공을 바라봅니다. 검은 새가 소리도 없이 깃을 펄럭이며 날아갑니다. 처음 보는 낯선 새입니다. 뚫어져라, 새가 날아간 곳을 쳐다봅니다만 어두운 허공엔 아무런 움직임도 없습니다. 환영을 보았는지도 모르겠습니다. 제 귓가에 밤새 울음이 들려옵니다.

"후우 후우~ 호올 오오올!"

그 옛날, 이곳 천수만이 개척되기 이전에 들던 밤새 소리. 그 참모습은 한 번도 본 적이 없지만 이슥한 밤이면 저 홀로 밤 지켜 울음 울던 새. 제 가슴이 젖어 듭니다. 사춘기 시절부터 지금까지 저는 딱히 무엇을 좋아하거나 빠져 본 적이 없습니다. 그런데 지금 문득 생각해 보니 저는 밤새를, 다시 말해 밤새 울음을 좋아했던 것 같습니다. 낮 동안에는 바빠서 그랬는지, 무수히 많은 갈매기나 바닷새를 보면서 어떤 감흥도 일어나지 않았는데 이슥한 밤에 멀리서 아련하게 들려오던 밤새 소리는 제 마음을 흔들어 놓곤 했습니다.

방금 날아간 그 새가 정탐꾼은 아닌지 의심되는군요. 낯선 새가 몇 마리 왔다 가고 나면 그 이듬해에 무리 지어 새들이 출몰합니다. 계절이 바뀌면 그 새들은 날아가고 다시 다른 새들이 몰려옵니다. 너무 많은 새가 와서 그럴까요, 이곳의 자연이 예전 같지 않습니다. 숲과 나무와 사막의 모래가 뒤섞이고, 온대와 열대가 뒤섞인 것 같습니다. 바닷바람도 예전 같지 않습니다. 공기도 달라졌습니다. 온전한 원시의 바다 냄새가 사라지고 불순물이 섞인 그런 냄새가 납니다.

저는 자조의 한숨을 쉽니다. 이렇게 변질된 땅에 내 심중에 남아 있는 그 밤새가 어떻게 돌아올 수 있겠어, 하고 말입니다.

가창오리 얼굴에 태극무늬가 있다고요? 이번에 선생님의 책을 읽고 알았습니다. 자세히 보아야 예쁘다는 어느 시인의 말이 생각나더군요. 저는 그동안 가창오리를 수없이 많이 보았지만, 그 새가 그 새 같았습니다.

천수만 하면 이제 세계적인 철새도래지라는 수식어가 따라붙습니다만 그 이전에 이 고장은 사람들이 살기에 축복받은 땅이었습니다. 낙지, 농어, 민어, 도미 등의 고급 어종도 많이 잡혀서 어민들의 삶은 풍요로웠습니다.

저의 부모님은 대대로 천수만 부근에 터를 잡고 살았습니다.

저는 아주 꼬맹이 때부터 갯벌에 나가 조개를 줍고 씨름하며 놀았습니다. 누나와 형들을 따라 양식이 될 수 있는 갯것들을 채취했고, 부모님을 도왔습니다. 갯벌은 저의 놀이터였고 배움의 터전이었고 일터였었습니다.

그 현장에서 평생을 함께할 여자 친구도 만나 사랑을 키우며 행복한 미래를 꿈꾸었습니다.

저는 군에 입대했고 향수병에 걸리고 말았습니다. 그 그리운 대상은 천수만이었습니다. 석양이 물든 저녁 바다와 해조음 그리고 짭조름한 바다 냄새가 그리웠으며 끼니때에 멀건 된장국 또는 콩나물국을 앞에 놓고 갯것이 먹고 싶어서 몸살을 앓았습니다. 제대하면 된장국과 콩나물국은 쳐다보지도 말고 삼시 세끼니 갯것만 먹어야지 하며 버텼습니다. 군대 배식이 점점 견딜 만해졌고 언제 내가 향수병을 앓았던가 싶게 천수만 생각이 나지 않았습니다. 인간은 본시 간사한 동물인가 봅니다.

말년 휴가를 나갔을 때였습니다.

주변 사람들에게서 장차 무슨 직업을 가질 거냐는 질문을 받았습니다. 그때까지 저는 직업에 대해 구체적으로 생각해 보지 않았습니다. 부모님처럼 바다에 나가 일을 하든지, 아니면 취직해야지, 라고 막연하게 생각했던 것 같습니다. 그러나 직업에 관한 질문을 받게 되자, 생각이 달라졌습니다. 이제 어엿한 어른으로서 그에 값하는 직업관을 가져야 하지 않을까 싶었습니다. 그래서 저는 중장비 기술자가 될 생각이라고 말해 버렸습니다.

그 당시, 친척분이 사우디아라비아에 노무자로 가서 목돈을 송금한다는 이야기를 아버지한테 들은 터라서 무의식중에 그런 말이 튀어나왔지 싶시도 합니다. 막상 말을 뱉고 나니, 앞으로 중장비 기술자가 되지 않으면 안 될 것 같았습니다.

제대하고 곧바로 중장비 학원에 다녀서 자격증을 땄고 결혼도 했습니다.

중장비 자격증만 땄을 뿐 저는 아버지를 따라 바다에 나가 일을 하고 가끔 취미 삼아 해루질하며 지냈습니다.

괴 소문이 돈 것은 아내가 첫아이를 임신할 무렵이었습니다.

"천수만을 메운다."

"천수만이 무슨 동네 또랑이여, 막게? 익은 밥 먹고 헛소리 작작 덜 햐."

"헛소리기 이녀. 징주엉이 청와대에 들어가 박정희하구 담판을 지었다는구먼."

"아무리 정주영이라도 그렇지 으떻게 박정희와 담판을 짓는 대여?"

"나라에서 못하는 일을 정주영이 해내겠다, 그러니 허락해 달라 그랬다드만 뭘 그랴."

바다를 막다니, 이것이 가능한 일인가? 많은 바다 중에 왜 천수만일까? 저는 이런 의구심이 일었습니다.

그런데 아홉 시 뉴스에서도 천수만 간척사업에 대해 보도했습니다.

천수만은 수심이 얕아 대형 선박의 출입은 불가능하며, 굴곡 많은 리아스식 해안으로 조석 간만의 차가 커서 저조 시에는 좁은 수로를 제외한 내만의 대부분이 육지화되어 광대한 간석지를 이룬다. 따라서 지형적인 요인으로서의 천수만은 간척지 사업을 하기에 무리가 없다고 했습니다.

저는 이 일에 대해 좀 더 알아보았습니다.

그 당시는 사우디아라비아에 진출했던 현대건설의 인력과 장비가 국내로 들어오는 시점이었는데, 현대건설은 그 자산을 운용할 수가 있게 되고, 정부로서는 국토가 확장되어 이득을 얻게 되는 사업이었습니다.

저는 현대건설에 노무자로 취직하게 되었습니다.

1984년에 충남 서산·홍성·태안 방조제를 쌓는 작업을 시작했습니다. 바다를 막기 위해 근처의 산을 뭉개고 바위를 깨서 옮겼습니다. 방조제의 양쪽 끝을 연결하는 끝막이 공사를 남겨두고 고비가 닥쳤습니다. 철사로 엮은 돌망태기와 커다란 바위를 초속 8m의 거센 조류가 흔적도 없이 쓸어가 버렸습니다. 현대건설에서 고철 더미로 쓰려고 스웨덴에서 사들인 폐유조선을 서산만으로 옮겼습니다. 그 유조선을 방조제 구간에 가라앉히고, 구멍 낸 암석을 두세 개씩 철사로 연결해 바다로 투입하고, 토사와 암석 부스러기인 버럭으로 끝막이 공사를 완성했습니다. 총 154.08㎢ 바다를 메워서, 여의도 면적 33배인 1만 5천8백ha의 농지가 새로 만들어진 것이었습니다.

농지가 적은 우리나라에 벼를 생산할 수 있는 땅을 만드는 데 일조했다는 데에 저는 자부심을 느꼈습니다.

그러나 그것은 제 생각일 뿐 어민들의 원성을 샀습니다.

쌀이 많이 생산되는 것하고 어민들하고 대체 무슨 상관이냐고, 눈 뻔히 뜨고 바다를 도둑맞았다고 분통을 터트렸습니다. 바다는 노다지가 나오는 보물창고이니 원래대로 해 놓으라고 난리였습니다. 그들은 간척사업을 진행한 현대건설과 그것을 허락한 정부를 싸잡아 저주했고, 제 주변 사람들은 그 유감을 고스란히 저에게 쏟아부었습니다. 농사가 시작되면 어민들의 마음도 풀리겠지, 또한 그 넓은 땅을 경작하려면 많은 인력이 필요할 테고 어민들은 일자리를 얻겠지, 했습니다. 그러나 그건 제 착각이었습니다. 땅이 워낙 넓어서 대형 기계로 농사를 지었습니다. 일터를 잃은 어민들이 하나, 둘 고향을 떠나갔습니다.

이렇게 되자, 제 부모님은 얼굴을 들고 나다니기 부끄럽다고 했고, 처가에서도 저를 범죄자 취급했습니다. 급기야, 친구 간이었던 저의 부모님과 장인어른의 관계도 회복할 수 없을 정도로 망가졌고 우리 부부의 사이도 금이 가기 시작했습니다.

속을 끓이던 아내는 자주 소화불량을 호소했고 위장약을 달고 살더니 결국 위암으로 자기 부모보다도 먼저 세상을 등지고 말았습니다.

천수만 바다를 놓고 볼 때도 간척사업 후 잃은 게 더 많습니다. 갯벌의 면적이 50% 줄어들어서 어류의 생산량은 약 60%가, 어종은 반 이하로 감소했습니다. 해수의 유동량도 거의 반이나 줄어들어서 세립 퇴적물이 쌓여서 정치망 어업에 종사할 수 없게 되었으며 김 양식업을 할 수 없게 되었습니다.

한편 천수만 간척지가 생성된 후 나아진 점도 있긴 합니다. 우리나라 쌀 생산의 1%를 담당하게 됐고 광활한 농지에 천연기념물을 비롯한 각종 철새와 야생생물 서식지의 역할을 하게 되었습니다.

그런데 언제부턴가 태양광발전소가 하나, 둘 생겨나고 있습니다. 태양광의 복사열 및 전자파에서 생기는 피해, 농업용수 오염 등의 피해 등이 염려됩니다. 그 범위가 점점 커지고 있고 제가 사는 천수만 간척지(A 지구)에도 태양광발전소가 추진되고 있다고 합니다. 간척사업을 하지 않았더라면 이런 일이 왜 생기느냐, 간척사업이 원흉이다, 라고 들 합니다.

그들의 말이 맞는 것 같습니다. 그때는 농경지가 생긴다는 것만 알았지. 그만큼의 바다가 없어진다는 것은 미처 생각하지 못했으니까요. 할 수만 있다면 간척사업 이전으로 되돌려놓고 싶습니다. 부모님과 함께 바다에 나가고 건강한 아내가 된장찌개를 끓여놓고 기다리던 그때로 말입니다. 하나마나 한 넋두리를 늘어놓다 보니 글이 너무 길어졌네요. 죄송합니다.

그녀는 깊은 한숨을 쉬며 창문을 열었다. 목련 나무에서 새 한 마리가 날아올라 더 큰 목련 나무 위로 자리를 옮겼다. 그 새가 다시 움직이는 걸 보고 싶어서 꼼짝도 하지 않고 지켜보았지만 새는 사라지고 목련 나무 대신 삼나무가 키 자랑을 하며 버티고 있었다. 왜 자꾸 헛것이 보일까……. 그녀는 윤슬과 드라이브를 갔던 일이 생각났다.

봄볕이 유난히 해사한 날이었다.

수령이 오래된 벗나무들이 옥수수 강냉이 같은 꽃망울을 매단 채 즐비하게 늘어서 있는 길을 지나자, 호수인가 싶게 넓은 저수지가 나왔다. 한껏 감상에 젖은 그녀는 볼륨을 올렸고 임희숙을 따라 노래를 불렀다. "산동네 작은 불빛 하나둘 꺼져 가면 먼 옛날 저편에서…… 혼자서 근심하며…… 밤새가 운다" 그때 난데없이 검은 새가 저수지 위를 날아올랐고 윤슬이 그걸 가리키며 말했다.

"저기. 엄마, 저기……."

그녀는 못 본척하며 밤새를 불렀다. 윤슬은 어깃장을 놓듯이 친구에게 전화를 걸었다.

"엄마랑 저수지로 드라이브 나왔어. 저수지가 되게 넓어. 호수 같아. 근데…… 여기 까마귀가 사는 거 같아."

"가마우지야. 까마귀가 아니고."

그녀가 일침을 놓듯 말해 주자, 윤슬이 그녀를 빤히 쳐다보다가 물었다.

"엄마, 새 좋아하지?"

"새 싫어하는 사람도 있니?"

"나."

'새도 싫고, 넌 도대체 좋아하는 게 있긴 있니?'

이렇게 묻지 못했다.

"물이 많네. 그런데 저 물이 다 빠져나가고 나면…… 빈 둥지 같을 것 같아. 황갈색의 흙바닥만 남은 커다란 빈 둥지."

이 아이는 왜 늘 이런 식인가. 생동적이고 충만한 것을 제쳐두고 그 이면에 관심을 둘까, 걱정되었다.

윤슬이 주차하기 좋은 공간을 가리켜서 그녀는 그곳에 차를 대고 저수지 둘레 길을 걸었다.

저수지 가장자리 위에는 나무 덱이 설치되어 있었다. 나무, 나무 위에 앉은 새 그런 것들이 그대로 물밑에 데칼코마니 형태로 재현되고 있는 저수지 주변의 풍광이 이채로웠다.

"아, 좋다!"

그녀의 입에서 감탄사가 나왔다. 자연풍광도 좋지만 윤슬과 함께여서 더욱 좋았다.

"여기서 계속 살아도 되겠어?"

기습적인 윤슬의 질문에 역공당한 기분이어서 그녀는 대답하지 않았다.

"엄만 여기 살라고."

"넌?"

"난 졸업하면 서울로 가야지."

그것이 이별을 통보하는 예고문이라는 걸, 인생은 소설과 많은 부분이 닮은꼴인 것을 그녀는 그땐 알지 못했다.

윤슬과의 추억은 이끼가 끼고 녹이 슨 배처럼 어두운 심해에 갇히고 말았다.

삶은 연습을 할 수 없이 날것 그대로 진행되는데, 고비가 닥칠 때는, 넘길 수 있다고 스스로 격려하며 밀고 나가야 하는데, 그때마다 시비 걸면 올가미를 덮어쓰거나 더 큰 복병을 만나게 되는데, 조류의 흐름을 이해하고 그 흐름에 몸을 의탁해야 인생이 순조롭게 목적지까지 도달할 수 있는데, 그것을 미처 가르쳐 줄 새도 없이 윤슬의 인생은 파투가 나버린 것이었다.

그때 그 검은 새가 가마우지였을까 아니면 까마귀였을까?

그녀는 문득 그런 생각이 들었다. 솔직히 가마우지도 까마귀도 가까이에서 자세히 본 적은 없었다. 소리도 없이 날아가는 새를 잠깐 봤을 뿐이었다. 그렇지만 까마귀가 갖고 있는 그 미신적인 느낌이 싫어서 가마우지라고 말했던 것이었다.

그녀에게 그 저수지는 금지구역이나 마찬가지였다. 어쩌다 약속 장소로 그쪽이 잡히면 핑계를 대면서까지 피해 오곤 했다. 그걸 안 지인이, 한번 부딪치고 나면 내성이 생기지 않겠냐며 유도했지만, 그녀는 고개를 설레설레 저었다. 괜히 갔다가 울음이 폭발해 민폐를 끼칠지도 모르고, 간신히 눌러놓았던 윤슬에 대한 미안함이 도져서 앓아누울까, 지레 염려되었었다.

그런데 그날 그녀는 마음이 자꾸 저수지 쪽으로 기울어갔다.

그녀는 자신에게 마음의 준비도 시키고 용기도 줄 겸해서 소리 내어 말했다.

"가 보자!"

그래, 그러자 하는 식으로 고개를 끄덕이며 채비를 차렸다. 가슴이 뛰고 뭔가 좀 불안했다. 커피를 내려서 텀블러에 담고, 괜찮아, 괜찮아 진정시키며 집을 나섰다.

안전띠를 맬 때, 저절로 조수석으로 눈길이 갔다. 저수지에 갔던 그 날의 윤슬 모습이 거기 있었다. 등받이를 쓰다듬자, 눈물이 흘렀다. 눈물을 꾹 짜내고 시동을 걸었다. 벚꽃 봉오리를 매단 가로수의 표정이 그날과 닮아서 그녀는 긴장한 채 차를 몰아야 했다. 차가 멎은 곳은 바로 윤슬이 지목해 줬던, 세상에서 유일무이한 포인트가 된 그 자리였다. 다른 차가 주차되어 있었다. 그녀는 깜빡이를 켠 채 묵념하듯 윤슬을 생각했다. 차들이 경망스럽게 경적을 울리며 그녀의 차를 비켜 갔고 그녀도 차를 몰았다.

저수지 둘레에는 카페가 두 군데나 있었으며 인파가 많 주차장은 물론 길가도 차들이 점령했다. 그녀는 한참을 배회한 끝에 어떤 밭머리에 간신히 주차했다.

선글라스와 마스크 그리고 모자까지 쓰고 인파 속으로 들어갔다.

저수지 위의 덱에 올라섰을 때, 시구가 떠올랐다.

나 혼자 온 것 같지 않게…… 푸른 설움이 어우러진 사이로…… 다리를 절며 하루를 걷고…….

시의 제목이 떠오르지 않았고 뭔가 좀 불안했다. 자가 발전기를 돌리듯 다리에 힘을 주며 걸음을 떼어 놓았다. 저수지 물은 예전보다 더 맑았으며 수량도 풍부했다. 그 시의 제목이 뭐였는지 자꾸 그게 신경이 쓰였다. 새뜻한 잎을 매단 버드나무 가지가 그녀의 시선을 잡아챘다. 버드나무의 몸통은 저수지 속에 잠겨 있었다. 걸음을 옮기자 더 많은 버드나무 군락이 나왔고 버드나무 사이에 난 수초 덤불에서 수상한 소리가 났다. "철벅 철벅!" 암수가 어울려 일을 벌이는 소리. 그것은 물고기가 아니라, 네발 달린 짐승 같은 활력이었다. 그녀는 눈길을 저수지 쪽에 두고 발걸음을 떼어 놓았다. 살랑살랑 꼬리를 흔들며 수초 사이를 헤엄치다가 짝짓기를 하는 물고기들 천지였다.

도로 쪽에서 이어지는 길로 아이들이 몰려왔다.

"붕어다!"

"아니야, 잉어야!"

"베쓰거든!"

아이들이 서로 우겨댔다.

"얘들아, 저건 붕어란다."

소리 나는 쪽으로 돌아보던 그녀는 아연했다. 그 애는 윤슬이었다.

"붕어가 저렇게 커요?"

한 아이가 물었고 윤슬은 가만히 고개를 끄덕였다. 그러자 그 아이가 따지듯이 또 물었다.

"그런데 왜 낚시꾼들이 안 잡아가요?"

그러게? 그녀도 그게 궁금해졌다.

"여긴 낚시 금지 구역이래."

"그랬구나. 아까 그 붕어 말이야. 붕언가 잉언가, 나도 헷갈렸어. 그렇게 큰 붕어 처음 봤거든, 관상용도 아닌 것 같고……."

혼잣말처럼 중얼거리는 그녀의 머릿속에 영화 같은 필름이 재생되었다.

그녀의 외가가 있는 동네에는 저수지가 있었다. 그림 같이 펼쳐져 있는 아름다운 그 저수지를 보았을 때 그녀는 단박에 마음을 빼앗겨버렸다. 그녀는 방학 때마다 그 저수지를 보러 외가에 가곤 했었다. 시간이 많이 흘러 성인이 된 어느 날 그녀는 저수지에 관한 이야기를 써서 투고했고 그게 당선이 되어 작가가 되었다. 저수지에 빚진 그녀는 저수지의 현재를 소개도 할 겸해서 취재차 저수지에 가 보기로 했다. 몇 십 년 만에 해후할 생각을 하니 가슴이 뛰었다. 그런데 막상 당도하고 보니 저수지는 엉망진창이 되어버렸다. 유료 낚시터가 된 저수지에는 자연의 모습은 사라지고 인간의 욕심만이 기름과 함께 고여 있었다.

그녀는 상념을 털어내듯 고개를 털며 주변을 보았다. 현기증이 났다. 배를 뒤집고 여기저기 떠 있는 물고기 사체가 눈에 들어왔다. 윤슬도 아이들도 보이지 않았다. 조금 전까지 씨알 굵은 떡붕어가 짝짓기하고 있었는데…… 윤슬의 목소리가 아직도 생생한데…….

그녀는 정신을 차리려고 한숨을 깊게 내뱉었다. 기억하려 애쓰던 그 시의 제목이 떠올랐다. '빼앗긴 들에도 봄은 오는가'였다.

그녀는 저수지에서 도로로 나 있는 길로 빠져나왔다.

봄은 왔지만 봄을 빼앗겨 버린 그녀는 상춘객들 틈에 섞일 자격을 잃었다는 자괴감에 더 이상 그 대열에 끼고 싶지 않았다.

차를 몰고 예전에 윤슬이 세우라고 지정해 두었던 그 자리로 갔다. 이번에는 용케도 그 자리가 비어 있었다.

텀블러를 꺼내어 커피를 마시니까 기분이 좀 나아졌다.

차창을 내리고 저수지 쪽 하늘을 올려다보았지만 검은 새는 보이지 않았다. 가마우지든, 까마귀든 이제 와서 그게 뭔 상관이람 싶어졌다. 커피를 또 한 모금 마셨다. 저수지를 바라보며 혼자 마시는 커피도 나쁘지 않은 듯했다. 텀블러를 닫고 의자를 뒤로 젖히고 누웠다. 저수지는 보이지 않았고 벚나무가, 그리고 그 사이로 물빛 하늘이 펼쳐져 있었다. 바람이 부는지 나뭇잎이 팔랑, 운전석 쪽 유리창으로 떨어졌다. 그녀의 입매가 느슨하게 옆으로 늘어나며 문창과 시절 소설 창작 실습 때의 일화가 떠올랐다.

강의실에 들어온 교수님은 데면데면하게 학생들을 쓱 훑었다. 출결 상황을 체크하는 게 아니고 글제를 뭐로 할까 하면서 시간을 끈다는 걸 모르는 학생은 없었다. 교수님은 분필을 들고 자기 팔꿈치를 긁다가 〈소나기〉라고 글제를 적어 놓고 강의실을 나갔다. 그녀의 동기들이 하나둘 엎드려서 글을 써나가기 시작했다. 사각사각 누에가 뽕잎 갉아먹는 소리, 쥐새끼가 종이 갉작대는 소리, 원고지 넘기는 소리. 어떻게 하든지 원고지 다섯 장을 채워야 학점을 받을 텐데, 그녀의 머릿속에는 소나기를 피해 수숫단으로 들어간 윤 초시네 손녀딸의 파리한 입술만 떠올라서 헤매고 있는데, 그녀의 발등 위로 뭐가 지나갔다. "끼악!" 소리를 지르자, 여기저기서 "쥐!" "쥐다!" 하는 소리가 났고 강의실은 아수라장이 되어버렸다. 교수님이 들어와 창문을 열었지만, 쥐새끼는 오히려 구석으로 도망쳤다. 그런데 그 순간, 웬 새 한 마리가 포르릉 강의실로 들어왔다. "새다!" "와, 우와!" 강의실은 또 난리가 났다. 그녀는 그날, 이 소동을 '쥐가 나가고, 새가 날아든다' 라는 부제를 달아서 신문으로 써냈다. 삶은 그렇게 소나기처럼 기습적으로 왔다가 전화위복이 되어 의외의 결말을 짓기도 한다는 것을 그녀는 그때 경험했다.

양충섭 씨에게서 세 번째 편지가 왔다.

선생님, 또 이렇게 편지를 씁니다. 태풍이 오려는지 방파제 앞 나무들이 심하게 몸을 흔들어 댑니다. 파도 소리도 심상찮고요.
새벽에 새 떼가 한꺼번에 날아가는 것을 보았습니다. 새들은 어디로 갔을까요. 가끔 새들의 행적이 궁금해서 인터넷 검색을 해봅니다. 수천 킬로를 날아와 낯선 곳에 잠시 머물렀다가 길을 떠나는 새는 지구의 영원한 이방인이자 유목인이 아닐까 그런 생각을 합니다. 저 역시 유목인이고요. 어쩌면 우리 모두 다 지구의 사막을 유영하는 유목인일지도 모릅니다. 바다가 다시 으르렁댑니다. 저 바다는 겉으로는 화가 난 듯 큰소리를 쳐도 해저 깊은 곳에 부드럽고 따뜻한 심성을 갖고 있습니다. 사람과 동물들에게 그리고 새들에게 터를 내주고 먹을 것을 주면서도 내색하지 않으니 말입니다. 상처 입어 고통스러운 시간을 끌어안고 스스로 치유하며 고요히 삶을 지탱하는 것이 바다의 본성이 아닐까, 하고 생각해 봅니다.

선생님, 딸애에게서 잘 있다는 연락이 왔습니다. 저도 달라진 바다를 바라보며 제 인생을 조율하여야겠습니다. 선생님은 속내를 보여주시지 않았지만, 갯내가 솔솔 풍겨오듯 생의 생채기를 담고 있는 듯 보였습니다. 살아가면서 편안히 한 생을 사는 이가 어디 있겠습니까만 그래도 작품을 통해 심해의 울음을 토해내십시오. 그렇게 독자에게 다가가십시오. 그리고 그동안 제 얘기를 들어주셔서 감사합니다.

내내 강녕하시기를 빌며, 바닷가 마을에서 촌부 올림.

그녀는 깊은 한숨이 나왔다. 윤슬과 함께 탐조 여행을 갔던 곳이 바로 천수만이었기 때문이었다. 그녀가 저녁상을 차릴 때 윤슬이 거실로 나와 티브이를 켰다. 천수만에 진객이 찾아왔다는 소개말과 함께 화면에는 새 떼가 나는 광경이 보였다. 윤슬이 "엄마, 저기 구경 갈까?"라고 제안했고 그녀는 "그래, 그러자."라고 대답했다. 그곳이 어디가 되었든, 무엇을 보러 가든 상관할 바가 아니고 오로지 윤슬과 동행한다는 것이 그녀는 좋았다.

하늘이 유난히도 높던 그날, 너른 들판에는 황금물결이 출렁거렸고 새들은 걸림 없이 그 위를 날았다. 마치 영화의 한 장면 같은 그 분위기에서 그녀는 까닭 모를 막막함을 느꼈다. 그 느낌이 앞으로 닥쳐올 어떤 예시가 아니기를 속으로 빌고 있을 때, 낯선 기류가 공기를 감쌌다. 새 떼가 한꺼번에 비상했고 아주 위협적인 소리가 지축을 흔들었다.

"자연과 생명이 빚어내는 스펙트럼이 가히 경이롭도다!"

연극 대사를 외우듯이 두 팔을 벌리고 있는 윤슬의 모습이 돈키호테처럼 보였다.

살기 위해서 일사불란하게 조직적으로 행동하는 새들의 개체는 너무나 작고 가볍지 않은가. 그녀는 어미 새가 들쥐를 잡아서 발로 밟고 먹을 부리로 콕콕 쪼아 숨통을 끊은 다음, 발기발기 찢어서 제 새끼들의 입에 넣어주는 장면을 목격한 적이 있었다. 또한, 어떤 종류의 어미 새는 어린 새끼들이 둥지를 떠나 이동하게 될 때, 비실거리고 날지 못하는 무녀리는 놔두고 성한 새끼만 데리고 이동한다. 동복의 형제끼리도 서로 먹겠다고 입에 물고 있는 것까지 빼앗아 먹는다. 윤슬이 새를 별로 좋아하지 않는다고 여겼던 이유가 바로 새들의 그런 잔혹성 때문이려니 생각해 왔던 그녀는 그날 윤슬의 행동에 이해가 가지 않았다. 낱낱의 새는 별로다. 그렇지만 떼를 짓는 새들의 모습은 보기에도 좋고 배울 점도 있다는 건지 말이다.

새 떼가 연기처럼 사라지고 난 후 그녀와 윤슬은 새들이 날았던 그 밑까지 가 보았다. 도처에 희끗희끗한 게 보였다. 어떤 것은 자갈이, 어떤 것은 조개가 햇빛을 받아 반짝이는 것 같았다. 가까이 가자 낯설고 불결한 냄새와 함께 주변은 온통 새똥 천지였다. 새는 위에서 날고 인간은 그 밑에 있다는 게 불합리하다고 그녀는 생각했다. 그렇지만 윤슬이 제안한 여행이었으므로 그녀는 입을 꾹 다물었다. 그게 윤슬과의 마지막 여행이 될 줄은 그녀는 미처 알지 못했다.

천수만은 좋기도 하고 나쁘기도 한 채 그녀의 가슴에 남아 있었다.

열어놓은 창문으로 바람이 기웃대더니 커튼을 거칠게 흔들었다. 지나간 시간의 파편이 가슴을 찔러댔다. 그때까지 양충섭 씨의 편지를 들고 있던 그녀는 그걸 내려놓고 창밖으로 시선을 돌렸다. 하늘이 바다 빛으로 물들었다. 파도가 흰 거품을 게워 내며 울부짖었다. 목까지 차올라 있던 그녀의 슬픔도 그예 터져버렸다. 난파선에 올라탄 그녀의 인생이 파도에 묻혀 흔들렸다. 머리 위에서 맴돌던 검은 새 한 마리가 그녀를 버리고 수평선을 향해 날아가고 있었다.

4. 곡지 씨의 개나리: 원자력 발전소 방사능 오염 - 박숙희

바다를 좋아하는 곡지 씨는 오늘도 해변에 나가 시간을 보내고 있었다. 9월 중순의 바닷가는 벌써 차지만 십 개월 여 전부터 기억을 잃어가고 있는 곡지 씨는 추위에 대해서도 둔감해졌는지 한 시간이 다 되도록 꼼짝하지 않고 그 자리에 앉아 있었다. 여름도 아니고 가을도 아닌 어정쩡한 계절에 걸맞게 곡지 씨가 걸치고 있는 겉옷 역시 얇지도, 두껍지도 않았으나 왠지 모르게 허술해 보였다. 선랑해수욕장이라는 이름을 가진 해수욕장이지만 인근에 있는 해수대해수욕장과는 다르게 일반인들에게 잘 알려져 있질 않아 한여름에도 인적이 뜸한 곳이라 곡지 씨가 앉아 있는 동안에도 얼쩡거리는 사람이 없었다.

하얀 백사장에 박힌 점처럼 미동도 하지 않은 채 앉아 있는 곡지 씨의 시선이 머무는 곳은 매 순간 역동적으로 꿈틀대는 눈앞의 파도가 아니라 아득히 멀리 펼쳐진 수평선이었다. 가로로 길게 펼쳐져 있는 수평선을 바라보며 곡지 씨가 무슨 생각을 하고 있는지는 아무도 알 수 없었다. 그때 불현듯 동쪽에서 불어온 바람이 곡지 씨의 오른쪽 뺨을 스쳤고 그 때문인지 곡지 씨의 안면 근육이 살짝 경련을 일으키며 꿈틀거렸다. 동시에 곡지 씨의 두 눈에 물기가 고였다. 그리고 뭔지 모를 중요한 느낌이 곡지 씨의 가슴을 쓱 훑고 지나갔다. 그러나 곡지 씨는 오늘이 오래전 세상 빛도 못 보고 죽은 딸의 스물네 번째 기일이라는 사실을 기억하지는 못했다. 치매가 시작되면서부터 곡지 씨의 기억은 파도가 물살에 부딪혀 부서지듯 어디론가 흩어지며 사라져 버렸기 때문이었다. 다만 무슨 영문인지 알 수 없는 눈물이 뺨으로 흘러내렸고 곡지 씨는 왼손에 꼭 쥐고 있던 낡은 헝겊으로 그 눈물을 닦았다. 낡은 헝겊에 수놓아져 있는 노란 개나리도 낡은 헝겊만큼 해질 대로 해져 있었는데 눈물을 닦다가 눈에 띈 노란 개나리를 곡지 씨는 망연히 쳐다보았다. 하지만 그 개나리가 1989년 봄, 자신의 임신 사실을 확인하자마자 태어날 아기의 배냇저고리를 만들면서 거기에 자기가 직접 수놓은 것이라는 사실은 기억할 수가 없었다. 대부분의 기억이 지워지고 없는 곡지 씨의 머릿속은 백지처럼 하얬지만 정체를 알 수 없는 어떤 느낌, 몹시 중요하고 아픈 그것은 곡지지 씨가 세상과 이별하고 나서도 쉽사리 사라지지 않을 것 같았다. 그러나 그것을 붙들 수도, 놓을 수도 없는 곡지 씨는 뺨으로 흘러내린 눈물이 다 마르고 나서도 낡은 헝겊에 새겨진 노란 개나리에서 오랫동안 눈을 떼지 않았다.

2023년, 나이 일흔에 치매 환자가 된 곡지 씨는 히로시마 원폭 피해자의 딸이었다.

곡지 씨의 어머니는 일제 강점기 때 한국에서 먹고 살기가 어려워 일본으로 건너가 히로시마의 한 목욕탕에서 잡부 일을 하면서 살았던 조선인 부부의 딸이었다. 1945년 8월 6일. 당시 열아홉 살이었던 곡지 씨 어머니는 오전 8시 15분 히로시마에 원자폭탄이 떨어질 때 자기 집 이층 방에서 잠을 자고 있었다. 그녀의 집은 원자폭탄이 떨어진 곳으로부터 1.5km 부근에 있었다. 쾅 하는 소리에 이어 그녀가 있던 이층방이 무너져 내렸다. 그 바람에 그녀는 이층 방과 함께 땅에 파묻히고 말았다. 다행히 마당에서 꽃나무에 물을 주고 있던 곡지 씨 외할머니가 딸의 비명을 듣고 무너진 건물 잔해에 깔린 딸을 꺼내주었는데 딸의 왼쪽 다리가 이상했다. 그 일로 곡지 씨 어머니는 다리 한쪽을 못 쓰는 장애인이 되고 말았다. 뿐만 아니었다. 온몸이 화상이라도 입은 듯 얼룩덜룩했다. 원자폭탄이 떨어지기 직전 출근하기 위해 집을 나섰던 곡지 씨 외할아버지도 얼굴과 가슴 피부가 화상을 입어 벗겨진 모습으로 집에 돌아왔는데 그 와중에도 죽지 않고 살아 있는 아내와 딸의 머리를 계속 쓰다듬으며 눈물을 흘렸다. 곡지 씨 외할아버지는 한쪽 다리를 저는 데다가 온몸에 붉은 반점이 있는 어린 딸과, 무슨 병인지도 모른 채 시름시름 앓는 아내를 데리고 해방된 한국으로 돌아왔다. 1945년 8월 15일에 있었던 히로시마 원자폭탄 투하를 계기로 일왕은 제2차세계대전 연합국에게 항복을 선언했고 그 와중에 한국은 광복을 맞이하게 되었던 것이다. 그들 가족이 한국으로 돌아와 정착한 곳은 미장군에 있는 선랑리 해변마을이었다. 곡지 씨 외할아버지의 고향이기도 한 그곳에서 그들을 처음 맞이한 것은 환대가 아닌 손가락질이었다. 히로시마에 원자폭탄이 투하되었다는 사실을 소문으로 들어 알고 있었던 고향 사람들은 그들 가족이 모두 원자병에 걸려 돌아온 것이라 수군대며 그들을 멀리했다. 그 때문에 그들 가족은 동네 사람들을 피해 다니며 죄인처럼 살아갈 수밖에 없었다. 그러다가 곡지 씨 외할머니와 외할아버지는 한국으로 들어온 지 얼마 되지 않아 모두 세상을 떠났고 혼자 남겨진 곡지 씨 어머니는 다행히 마음씨 착한 곡지 씨의 아버지를 만나 결혼하게 되었다. 하지만 세상 사람들은 곡지 씨 어머니에게 여전히 냉담했고 때문에 그녀는 동네 사람들 눈을 늘 의식하며 전전긍긍 살아가고 있었다. 선랑리 해변마을을 떠나고 싶은 마음이 굴뚝 같았지만 고향인 그곳에서도 먹고 살기 어려웠던 그들이 낯선 타지에서 터를 잡고 살아가기 위해서는 큰 용기가 필요했다. 그래서 이러지도 저러지도 못하고 지내다가 어렵게 딸 하나를 낳았는데 그렇게 태어난 딸인 곡지 씨의 다리와 팔에도 곡지 씨 어머니의 몸에 있는 반점과 똑같은 붉은 반점이 여기저기 있었다.

곡지 씨 다리와 팔의 붉은 반점이 자신이 앓고 있는 원자병과 무관하지 않다는 사실을 직감한 곡지 씨 어머니는 딸의 다리와 팔을 아무에게도 보여주지 않았다. 곡지 씨 또한 자신의 다리와 팔을 물들이고 있는 붉은 반점을 다른 사람들에게 보여주면 안 된다는 것을 자라면서 본능적으로 알게 되었다. 그래서 곡지 씨의 몸에 있는 붉은 반점은 동네 사람들이 전혀 모르고 있었다. 뿐만이 아니었다. 곡지 씨의 어머니는 히로시마 원폭 이후 이유 없이 골골거리며 겨우 살아가고 있었는데 자신의 몸을 빌려 태어난 곡지 씨도 체중 미달로 태어나 자라는 내내 몸이 허약

했고 감기도 달고 살았다. 그래서 한여름에도 두꺼운 옷을 입었고, 얼룩진 다리와 팔을 가리기 위해서는 항상 긴 옷을 입어야만 했다. 그런 곡지 씨가 같은 동네에 사는 젊은 청년들과 교제하기란 하늘의 별 따기만큼이나 어려웠다. 딸이 다른 큰 병을 앓지 않고 사는 것만도 다행이라 여기며 살던 곡지 씨 어머니도 곡지 씨가 나이 서른을 넘기도록 결혼은커녕 연애 한 번 하지 못하고 있는 걸 보면서는 속이 아렸다. 그러다가 곡지 씨가 서른을 훌쩍 넘긴 나이에 지금 남편인 원술 씨를 만나게 되었는데, 원술 씨는 곡지 씨의 동네에서 얼마 떨어지지 않은 곳에 이리원자력발전소가 세워지면서 그곳으로 이사를 오게 된 노총각이었다. 원술 씨는 이리원자력발전소에 근무하는 직원이었다. 원자력발전소의 기계를 점검하고 보수하는 일을 맡아서 하고 있었던 원술 씨 역시 곡지 씨처럼 서른을 한참 넘긴 노총각이었다. 게다가 원술 씨는 곡지 씨 어머니처럼 한쪽 다리가 불편한 장애인이었다.

원술 씨가 곡지 씨를 처음 보게 된 것은 원술 씨의 나이가 서른여섯이 되던 해인 1987년 여름이었다. 당시 선랑리해변은 사람들의 발길이 거의 닿지 않아 원술 씨가 자주 혼자 시간을 보내던 곳이기도 했다. 그날도 원술 씨가 물수제비 놀이를 하다가 지겨워져 해변을 서성거리고 있는데 노란 원피스를 입은 여인이 눈에 띄었다. 바닷물에 발을 담근 채 서서 파도가 일으키는 하얀 포말을 하염없이 내려다보고 있던 여인은 원술 씨의 등장에 화들짝 놀라며 그 자리에서 주저앉고 말았다. 자기 때문에 여인의 치마가 물에 젖어 버린 것이 미안해 어찌할 줄 몰라 하며 서 있는 원술 씨에게 여인이 소리쳤다.

"저리 가세요 당장!"

여인의 목소리는 날카롭고 공격적이었다.

"아니 나는……."

여인의 반응에 놀라 말을 더듬으며 고개를 숙이던 원술 씨의 눈에 들어온 것은 물에 젖어 있는 여인의 두 다리였다.

여인의 다리는 단풍이라도 든 듯 울긋불긋했다. 한눈에 봐도 심한 피부병을 앓고 난 흔적 같았다. 그러고 보니 여인의 손등에도 다리의 그것과 비슷한 붉은 얼룩들이 여기저기 눈에 띄었다. 마음 같아서는 여인이 더 놀라고 당황하기 전에 여인이 있는 곳으로부터 벗어나고 싶었지만 한쪽 다리가 불편한 원술 씨는 얼른 그곳을 벗어날 수가 없었다. 그래서 주저하고 있는 원술 씨를 바닷물에 주저앉은 채 노려보고 있던 여인은 갑자기 벌떡 일어나 모래사장에 벗어 놓은 자신의 신발도 신지 않은 채 서둘러 마을 쪽으로 뛰어가 버렸다. 한여름 날씨와는 어울리지 않게 두껍고 긴 원피스를 입은 여인의 뜀박질은 그녀의 급한 마음과는 다르게 느리고 무거워 보였다.

원술 씨가 곡지 씨를 다시 만나게 된 것은 며칠 뒤였다. 곡지 씨가 부모님과 함께 꾸려나가던 선랑리 구멍가게에 물건을 사러 간 원술 씨는 곡지 씨를 보자마자 몹시 당황하며 얼굴을 붉혔다.

—설탕을 사러 왔는데…….

말하며 시선을 내리깔던 원술 씨의 시선이 곡지 씨의 치마 쪽으로 향했다. 곡지 씨는 그날도 며칠 전 해변에서처럼 길고 두꺼운 원피스 차림이었다.

다행히 곡지 씨는 며칠 전처럼 소리를 지르는 대신 원술 씨가 찾는 설탕을 꺼내주기 위해 자리에서 일어나 설탕이 놓여 있는 선반 쪽으로 걸어갔다. 설탕은 선반 제일 위쪽에 있어 키가 작은 곡지 씨가 꺼낼 때마다 애를 먹기 일쑤였다. 그날도 곡지 씨는 까치발을 하며 간신히 설탕을 꺼내고 있었고 그 모습을 지켜보던 원술 씨가 슬그머니 다가가 곡지 씨 대신 설탕을 꺼내주었다. 선반 위쪽에 있는 설탕을 꺼내다가 곡지 씨의 오른쪽

발목이 원술 씨의 눈에 들어왔지만 원술 씨는 곡지 씨가 눈치채기 전에 얼른 고개를 다른 쪽으로 돌렸다. 그날 이후 원술 씨는 선랑리에 하나밖에 없는 곡지 씨의 구멍가게에 매일 같이 드나들었고 선랑리의 유일한 청춘 남녀이기도 했던 그들은 자연스럽게 결혼까지 하게 되었다.

결혼 첫날밤 곡지 씨는 원술 씨에게 자기 집안의 비밀을 털어놓았다. 어머니가 앓고 있는 원자병과 자신의 얼룩진 다리와 팔에 관한 이야기였다. 곡지 씨 어머니가 원자병인 것은 세상 사람들이 다 아는 비밀이지만 자신의 다리와 팔이 그런 것은 동네 사람들이 전혀 모르고 있으니 그 비밀만큼은 반드시 지켜달라는 것이 곡지 씨의 부탁이었다. 자신의 비밀을 동네 사람들에게 감춰 달라고 하는 곡지 씨의 사연을 듣고 나서 곡지 씨의 다리와 팔을 비로소 제대로 보게 된 원술 씨는 눈물을 흘리지 않을 수 없었다. 바닷가에서 원술 씨를 처음 보았을 때 소스라치게 놀라던 곡지 씨의 심정을 그제야 온전히 짐작한 원술 씨는 그날 밤 곡지 씨를 안고 밤새 울었다.

1989년 서른여섯 살이 되던 해에 원술 씨와 결혼한 곡지 씨는 결혼을 하자마자 임신을 했다. 곡지 씨의 임신 소식은 곡지 씨의 가족에게 이루 말할 수 없는 기쁨이었다. 히로시마에 떨어진 원자폭탄 때문에 평생을 고통스럽게 살았던 곡지 씨 어머니는 곡지 씨의 임신 소식을 누구보다도 기뻐했다. 태어날 때부터 몸이 약한 곡지 씨가 임신해 심하게 입덧하는 모습이 안쓰러웠지만 곡지 씨 뱃속에서 건강하게 자라고 있을 아기를 생각하면 곡지 씨 어머니는 자기도 모르게 미소가 지어지곤 했다.

임신한 딸의 배를 수시로 쓰다듬던 그녀가 그날도 어김없이 곡지 씨 배를 쓰다듬으려고 하는데 평소보다 더 핼쑥한 모습으로 나타난 곡지 씨가 어머니의 손길을 거부하며 고개를 돌렸다. 순간 칼날 같은 불길함이 그녀의 온몸을 훑고 지나갔지만 곡지 씨 어머니는 애써 태연한 척하며 물었다.

"왜?"

"……."

곡지 씨가 대답은 하지 않고 눈물을 떨구었다.

"왜? 무슨 일이야?"

딸의 손을 잡으면서 그녀가 다그쳐 물었다.

"포도…… 지금 뱃속에 없어."

포도는 곡지 씨 뱃속에 들어 있던 아이의 태명이었다. 입이 짧은 곡지 씨가 임신한 뒤로 유일하게 달게 먹으며 찾은 음식이 포도였으므로 아이의 태명도 포도라 지었던 것이었다. 그런데 포도가 지금 뱃속에 없다는 곡지 씨말에 곡지 씨 어머니는 하늘이 노래져 그 자리에서 털썩 주저앉았다.

"엄마……."

넋이 나간 채 앉아 있는 엄마를 위로하기 위해 그녀를 끌어안는 곡지 씨의 온몸이 지진이라도 난 듯 심하게 떨렸다. 자신의 유산 소식에 아예 정신을 놓아 버린 엄마 앞에서 마음껏 울지도 못하는 곡지 씨는 속에서 화산처럼 터져 나오려고 하는 눈물을 참고 가두느라 온몸이 사시나무 떨리듯 떨리고 있었던 거였다. 자신보다 더 고통스러울 딸이 마음껏 울지도 못하고 자신을 위로하기에 급급해 온몸을 떨고 있는 것을 고스란히 느끼며 그제야 정신을 차린 곡지 씨 어머니가 말없이 딸의 등을 쓰다듬고 또 쓰다듬었다. 그렇게 두 모녀가 한참을 끌어안고 있다가 곡지 씨가 먼저 입을 열었다.

"임신한 지 5개월이 지났는데도 이상하게 아이가 잘 움직이지 않는 것 같아 병원에 가서 검사를 해봤는데…… 무뇌아라고…….."

"무뇌아라니?"

"뇌가 없는 아이…….."

"그래서?"

"제왕절개로 아이를 유산시켰어."

"어떻게 그런 끔찍한 일이……."

살면서 가끔, 뱃속에서 클 만큼 큰 아이가 잘못되기도 한다는 소리를 들어본 적은 있어도 뇌가 없는 아기 어쩌고 하는 말은 평생 처음 들어보는 곡지 씨 어머니는 딸이 하는 말이 도무지 믿어지지 않았다.

"어떻게 그런 일이 있을 수가 있어? 병원에선 뭐라 그랬는데?"

"방사능오염이나 약물중독으로 그런 아기가 생길 수도 있대."

그렇게 곡지 씨 배 속에 있던 아기가 제대로 된 이름도 가져보지 못하고 세상과 이별해야 했던 날은 1989년 9월 14일이었다.

원자병으로 한쪽 다리를 잃은 데다가 평생 피부병까지 앓는 여자라는 동네 사람들의 낙인에도 불구하고 곡지 씨 어머니는 불행하지 않았다. 마음씨 착한 남편을 만나 서로 부족한 부분을 채워주며 그런대로 행복하게 살았기 때문이었다. 그런데 갖은 고생 끝에 어렵게 얻은 유일한 핏줄인 딸 곡지까지 뇌가 없는 아이를 유산시켰다는 소리를 듣자 곡지 씨 어머니는 그 무렵 동네에서 들려오던 흉흉한 소문을 떠올리지 않을 수 없었다. 곡지 씨네와 같은 동네에 사는 선량리 주민들이 하나둘씩 갖가지 암에 걸려 앓아눕게 되면서부터 떠돌기 시작한 소문이었는데, 인근의 이리원자력발전소에 근무하는 어느 직원의 아내가 낳은 아이가 기형아였다는 거였다. 소문으로만 들었지 직접 눈으로 확인한 사실은 아니어서 곡지 씨 어머니는 그런 소문을 듣고도 딸의 뱃속에 든 아이 걱정은 하지 않았다. 사위의 직장도 이리원자력발전소라는 사실이 마음에 걸리긴 했지만 설마설마 했던 것이다. 그런데 뇌가 없는 아기를 임신하게 되는 원인이 방사능오염이라는 딸의 말을 들으니 곡지 씨 어머니는 자신의 어리석음을 탓하지 않을 수 없었다. 그래서 매일 자책하며 지내던 곡지 씨 어머니는 그런 상심과 충격으로 인해 그 일이 있은 지 일 년 남짓 되던 어느 날 갑상샘암으로 세상을 떠나고 말았다. 갑상샘암 역시 이리원자력발전소 부근에 사는 주민들에게 자주 나타나는 병이라 방사능오염으로 인한 병이 아닐까, 하는 의심이 들었지만 그것을 증명할 방법은 없었다.

이십사 년 전에 엄마 뱃속에서 세상과 이별해야 했던 딸의 제사를 해마다 지내는 것을 기이하게 여기는 사람도 많았지만 원술 씨와 곡지 씨는 누가 뭐라 하든 자신들이 살아 있는 동안에는 그 아이의 제사상을 차리자고 굳게 약속했던 터라 올해도 원술 씨는 하루 종일 주방에서 음식 준비를 하느라 바빴다. 치매를 앓기 전에는 아내인 곡지 씨가 도맡아 하던 부엌일을 언제부턴가 원술 씨가 대신하게 되었다. 치매 때문에 오늘이 딸의 제삿날인 줄도 모르는 아내는 아까부터 보이지 않았지만 원술 씨는 아내를 찾으러 나가봐야지 생각하면서도 부엌일에서 선뜻 손을 놓지 못했다. 제사상에 올릴 음식뿐만 아니라 저녁 6시경이면 들이닥칠 손님들에게 먹일 저녁 식사 준비도 함께하려면 시간이 부족했기 때문이었다. 그리고 아내는 십중팔구 바닷가에 혼자 앉아 있을 거라는 생각이 들어 부치고 있는 전이라도 마저 끝내놓고 나가봐야겠다고 생각했다.

치매를 앓는 환자 중에는 더러, 평소 모습과는 다르게 예측 불허의 행동을 하면서 가족들을 당황하게 만드는 사람도 있다는데 아내인 곡지 씨는 치매를 앓으면서도 평소처럼 순하고 얌전했다. 전반적으로 느려지고 멍해진 것 외에 달라진 점은 별로 없었다. 곡지 씨가 기억을 잃기 전에도 두 사람은 하루 종일 말 몇 마디 주고받지 않고 살았던 터라 원술 씨는 곡지 씨의 치매가 제법 진행이 되었을 때까지도 눈치를 채지 못했다. 그런데 칠 개월 여 전 어느 날 저녁 식사 시간에 부엌에 있어야 할 곡지 씨가 보이지 않아 무슨 일인가 하고 찾다 보니 바닷가에 우두커니 혼자 앉아 있었다. 그제야 아내의 이상을 눈치챈 원술 씨는 곡지 씨를 눈여겨보기 시작했고 알고 보니 아내는 두세 달 전부터 치매가 진행되고 있었던 거였다.

원술 씨가 갑상샘암 진단을 받게 된 것은 한 달 전이라 십 개월 전부터 치매가 시작된 아내 곡지 씨는 다행인지 불행인지 원술 씨 병을 인지하지 못하고 있었다. 2023년 올해로 나이가 일흔둘이 된 원술 씨는 자기에게 닥친 병이 노화의 일환이라 생각하면서도 이리원자력발전소와 관련된 병이 아닐까, 하는 의구심을 떨칠 수가 없었다. 이십사 년 전, 임신한 아내 배 속의 아기가 무뇌아였다는 소리를 들었을 때도 주변 사람들은 모두 원술 씨가 이리원자력발전소에 근무하면서 방사능에 오염되어서 그렇다고 말했다. 원술 씨 자신도 그럴 확률이 높다고 생각했지만 무엇을 어떻게 증명할지 몰라 억울한 심정에도 불구하고 아무것도 할 수 없었다. 그런데 원술 씨가 갑상샘암에 걸린 요즘 동네 분위기가 심상치 않았다. 원술 씨를 포함해 동네 주민 여섯 명이 공교롭게도 갑상샘암을 앓고 있었기 때문이었다. 이리원자력발전소 관련 방사능오염 피해사례를 조사하고 있는 모 환경단체 사람들의 말에 의하면 갑상샘암이 다른 어떤 암보다 방사능오염으로 인한 질환일 가능성이 높다는 거였다. 그래서 젊었을 때 이리원자력발전소에 근무한 적이 있는 원술 씨는 다른 피해자들에 비해 그 개연성이 훨씬 높다는 것이 환경단체 사람들의 주장이었다. 그래서 그들은 원술 씨가 이십사 년 전 유산된 딸의 제사를 오늘 지낸다는 사실을 알고 원술 씨 집으로 찾아와 원술 씨와 함께 제사를 모시며 이런저런 의논도 하자고 했다. 그래서 원술 씨는 평소보다 더 많은 제사 음식을 준비해야 했기 때문에 아내인 곡지 씨를 얼른 찾아 나서지 못하고 있었던 것이다.

오후 5시 반 경 비로소 곡지 씨를 찾아 나선 원술 씨는 곡지 씨가 앉아 있을 바닷가로 향했다. 그런데 곡지 씨가 늘 앉아 있던 바닷가의 그 자리에 곡지 씨가 없었다. 당황한 원술 씨는 식은땀을 흘렸고 순간 눈앞이 캄캄해지며 온몸에서 힘이 빠져나갔다. 갑상샘암 진단을 받고 수술을 앞둔 상황인데도 극단적으로 드러나는 증상 같은 것은 원술 씨에게 없었다. 전에 없이 자주 피곤하며 몸이 나른해지는 것 말고는 이상하게 여길 만한 증세가 없었는데 곡지 씨가 사라지고 없는 것을 확인한 그 순간 살면서 한 번도 경험해 보지 않은 이상한 느낌을 받았다. 갑자기 몸이 푹 꺼지며 허깨비가 된 것 같았다. 뿐만이 아니었다. 눈앞에 없는 곡지 씨를 부르기 위해 뭐라고 소리라도 질러야 하는데 목이 꽉 잠겨 말조차 할 수가 없었다. 목에서 아예 소리가 나오지 않기도 했지만 살면서 한 번도 곡지 씨를 크게 불러 본 적이 없어 그 순간 곡지 씨를 찾기 위해 뭐라고 소리를 질러야 할지도 알 수 없었던 원술 씨는 황망해진 마음에 그 자리에 털썩 주저앉고 말았다. 곡지 씨가 없는 세상을 한 번도 생각해 본 적이 없는 원술 씨는 그때 비로소 언젠가는 곡지 씨가 자기 곁에 없을 수도 있다는 생각을 했고 그런 자각은 원술 씨를 더 절망에 빠트렸다. 그때 누군가 원술 씨의 어깨를 두드렸다. 곡지 씨였다. 원술 씨가 돌아보며 곡지 씨를 쳐다보자 곡지 씨는 해맑은 표정을 지으며 환하게 웃었다. 그렇게 환한 모습으로 웃는 곡지 씨를 한 번도 본 적이 없었던 원술 씨는 곡지 씨의 맑은 미소가 반갑기보다 오히려 슬펐다. 기억을 잃은 곡지 씨는 자신을 평생 짓누르던 고통도 다 잊어버려 홀가분해진 것 같았지만 그런 곡지 씨를 바라보는 원술 씨는 결코 홀가분해질 수 없었다. 곡지 씨가 잃어버린 기억과 함께 내다 버린 고통은 다른 곳이 아닌 원술 씨에게 고스란히 옮겨와 원술 씨의 고통은 도리어 두 배가 된 것 같았다. 그런데도 원술 씨는 곡지 씨가 다시 자기 눈앞에 나타나 준 것이 그저 고마울 따름이었다. 곡지 씨의 모습을 보면서 다시 살아난 원술 씨는 곡지 씨의 두 손을 꼭 잡았다. 그러자 곡지 씨는 더 밝게 미소를 지으며 고개를 주억거렸다. 하지만 그 눈빛이 너무 맑고 투명해 원술 씨가 자신의 남편이라는 사실을 알고 그러는 것 같지는 않아 보였다. 막연한 느낌으로만 존재하는 것 같은 곡지 씨의 모습에 원술 씨는 살짝 한숨을 내쉬며 말했다.

"아무튼 다행이오. 어서 집으로 갑시다."

말하며 곡지 씨를 이끄는데 곡지 씨가 순순히 원술 씨를 따르지 않고 도리어 원술 씨를 잡아끌었다. 곡지 씨가 원술 씨의 손을 잡고 향한 곳은 바다였다. 그리고 보니 곡지 씨는 맨발이었다. 게다가 곡지 씨가 늘 입고 있던 긴 바지도 아랫도리를 걷어 올린 상태였다. 그 바람에 곡지 씨가 늘 감추고 싶어 하던 붉은 반점도 다 드러나 있었다. 곡지 씨는 갑자기 잡고 있던 원술 씨의 손을 놓고 혼자 바닷물에 자신의 두 발과 다리를 흠뻑 적시며 어린아이처럼 좋아하고 있었다. 어쩌면 곡지 씨는 늘 저런 순간을 꿈꾸며 살았을지도 모른다는 생각이 원술 씨의 머릿속을 스쳤다. 그래서 원술 씨는 곡지 씨가 하는 대로 내버려두었다. 환경단체사람들이 올 시간이 다 되어서 마음이 급했지만 평생소원을 풀고 있는 것 같은 곡지 씨를 다그치고 싶지 않았다.

"최근 환경부 조사 결과 일성원전 반경 5km 이내 주민 77%에게서 삼중수소가 검출되었습니다. 그리고 표본조사에서 절반 가까이가 심각한 염색체 손상이 발견되었다는데 재판부는 그런 정부 조사마저 무시하고 있는 상황입니다."

"당장 여기 이리원전 관련 소송환자만 해도 250여 명이나 되고 환자 가족까지 합하면 2천8백여 명이 소송에 참여하고 있는데도……."

"그러니까 최원술 선생님 같은 분이 그 어느 때보다도 적극적으로 나서 주셔야 합니다. 선생님을 포함한 선생님 가족이야말로…… 1989년에 있었던 무뇌아 사산 문제도 그렇고……."

환경단체 사람들이 돌아가면서 말하고 있는데 그들 중 한 여인이 갑자기 비명을 질렀다.

"어머나!"

소리를 지르며 그녀가 오른쪽 검지로 가리킨 것은 이십사 년 전 죽은 딸아이의 제사상이었다. 아니, 제사상 앞에 쭈그리고 앉아 있는 곡지 씨였다. 안방에 누워서 잠을 자고 있을 줄 알았던 곡지 씨가 언제 거실로 나왔는지 제사상 앞에서 뭔가를 하고 있었다. 곡지 씨는 제사상 위에 놓여 있던 포도를 곡지 씨가 늘 가지고 있던 낡은 헝겊에 돌돌 말았고 그렇게 말은 헝겊과 포도를 소중하게 품에 안은 채 아이를 어르듯 어르고 있었다. 그런 곡지 씨의 행동은 누가 봐도 미친 여자의 짓이었다.

"왜 포도를……."

곡지 씨가 치매를 앓고 있다는 사실을 익히 알고 있는 그녀는 자신의 호들갑이 민망스러웠는지 말끝을 흐렸다. 환경단체사람들의 말에 귀를 기울이느라 곡지 씨의 동태를 미처 살피지 못했던 원술 씨는 포도가 죽은 딸아이라도 되는 듯 품에 안고 있는 곡지 씨의 등을 감싸안으며 안방으로 향했다. 그런데 곡지 씨가 갑자기 원술 씨의 손길을 뿌리치며 소리쳤다.

"내 아기야. 건드리지 마!"

그때 곡지 씨의 눈빛에 파란 불이 일었다.

유순하기 짝이 없던 곡지 씨의 돌변한 모습에 원술 씨는 당황하지 않을 수 없었다.

"포도야, 포도야."

애절하게 부르며 자기 품에 있는 포도를 쳐다보다가 별안간 곡지 씨가 울기 시작했다. 곡지 씨의 행동을 지켜보던 환경단체사람들은 망연한 표정을 지으며 원술 씨를 쳐다보았다.

"1989년 그때 잘못된 아기의 태명이 포도였어요. 아내가 그때 입덧이 심해 다른 음식은 거의 먹지 못했는데 포도는 하루에도 몇 송이씩 먹었거든요. 그런데 지금 아내가 그것을 기억해 낸 것 같네요. 기억상실증으로 모든 기억을 다 잃어버렸을 텐데 그때 그 일은 잊지 않고 있다는 것이 기가 막힐 노릇이네요."

원술 씨의 말에 환경단체사람들은 다들 숙연해져 아무도 먼저 말을 꺼내려고 하지 않았다.

"제가 나서겠습니다. 너무 늦은 것 같긴 하지만 아내가 아직도 그 아이를 잊지 못하고 저러는 걸 보니 제가 참 바보 같은 인생을 살았다는 생각이 듭니다. 그 당시 다른 지역의 원전 피해자 중 한 사람이 기형아 출산 건으로 보상을 받았다는 사실을 알고 있었는데도 저는 쉽게 포기하고 말았습니다. 우리 아기가 무뇌아였던 것이 제가 이리원전에 근무하면서 방사능에 오염되어서 그런 것이라는 것을 확신하면서도…… 그때만 해도 저는 내가 남들보다 좀 더 손해 보면서 사는 것이 세상 살아가는 이치라 여겼거든요. 그런데 지금 돌이켜보니 그것이 얼마나 어리석고 바보 같은 생각이었던지…… 아내도 저렇게 되고 저도 갑상샘암에 걸려 언제 죽을지도 모르는 마당에 앞으로 생겨날 또 다른 피해자들을 위해서라도 제가……."

원술 씨는 하던 말을 다 끝내지 못한 채 흐느꼈다.

저는 미장군 선랑리 해변마을에 사는 김원술입니다. 나이는 72세입니다. 제가 지금 이 자리에 서 있는 이유는 저의 집안 식구들이 겪고 있는 고통이 너무 억울해서입니다. 저와 함께 이 자리에 서 있는 사람은 저의 아내인 이곡지 씨입니다. 나이는 올해로 70세가 되었고 현재 치매를 앓고 있습니다. 제 아내와 저의 허리를 이렇게 끈으로 묶고 있는 것도 그래서입니다. 치매를 앓고 있는 아내는 제가 잠시만 한눈을 팔아도 안 되는 그런 상태이기 때문입니다. 아내의 사연부터 먼저 이야기해 보겠습니다. 제 아내는 1953년 태어났을 때부터 원자병의 피해자였습니다. 1945년 8월 6일 히로시마에 원자폭탄이 떨어졌을 당시 그 지역에 살고 있었던 제 아내의 어머니는 그 일로 한쪽 다리를 잃었을 뿐만 아니라 평생을 피부병으로 고생하셨습니다. 그러다가 어렵게 딸 하나를 출산하게 되었는데 그 딸이 바로 저의 아내이고 제 아내는 태어나면서부터 두 다리와 팔이 붉은 반점들로 물들어 있었습니다. 원자병의 일환으로 온몸에 퍼져 있는 붉은 반점 때문에 고통을 겪으셨던 제 아내의 어머니는 자신이 낳은 딸아이의 다리와 팔에도 붉은 반점이 있는 것을 보고 경악하지 않을 수 없었습니다. 뿐만이 아니었습니다. 제 아내 곡지 씨는 자라는 내내 허약해 늘 감기를 달고 살았습니다. 하지만 그런 곡지 씨의 상태가 곡지 씨의 어머니가 앓고 있던 원자병이 대물림된 것이라는 사실을 증명할 길이 없어 억울하고 답답해하실 따름이었습니다. 그러다가 곡지 씨는 저와 결혼하게 되었고 곡지 씨와 결혼할 당시 저는 이리원자력발전소 직원으로 근무하고 있었습니다. 이리원자력발전소에서 그 당시 제가 했던 일은 원자력발전소의 기계를 점검하고 보수하는 일이었습니다. 태어나면서부터 소아마비를 앓아 한쪽 다리가 불편했던 저는 나이 서른이 훨씬 지난 노총각이 되어서도 마땅한 배우자를 만날 수가 없었습니다. 그러다가 곡지 씨를 알게 되었고 저와 마찬가지로 한쪽 다리가 불편했던 곡지 씨 어머니는 다른 여인들의 부모님과는 다르게 저를 흔쾌히 받아주셨습니다. 그래서 저는 곡지 씨와 어렵지 않게 결혼할 수 있었습니다. 한쪽 다리를 저는 남자와 늘 감기를 달고 사는 허약한 여자의 결합은 남들이 보기에는 아슬아슬해 보였겠지만 우리 두 사람은 행복했습니다. 태어나면서부터 아픔이 있었던 우리는 서로의 상처를 보듬어 주며 살았기 때문입니다. 그래서 그 사랑의 결실로 아내는 결혼을 하자마자 임신도 하게 되었습니다. 그런데 아내가 임신한 지 오 개월 남짓 되었을 때였습니다. 그 무렵이면 배 속의 아이가 활발하게 움직일 때라 태동이 느껴지는 게 마땅한데 이상하게도 배 속의 아이가 아무 기척 없이 잠잠했던 것입니다. 그래서 병원에 가서 검사를 받게 되었는데 검사 결과가 충격적이었습니다. 아내 배 속에 있는 아기에게 있어야 할 뇌가 없다는 것이었습니다. 그러니까 아내는 무뇌아를 임신했던 것입니다. 그래서 오 개월이 넘도록 엄마 배 속에서 자란 아기를 유산시킬 수밖에 없었습니다. 자궁 절개를 통해 엄마 뱃속에서 강제로 꺼내져 세상 밖으로 나오자마자 세상과 이별해야 했던 아이는 태어난 지 10분 후에 사망하고 말았습니다. 유산된 태아의 무게는 6백~7백 그램 정도였습니다. 그 사실을 알게 된 주변 사람들이 하나

같이 아이가 그렇게 된 이유가 저 때문이라고 말했습니다. 제가 원전에 근무하면서 방사능에 오염되었기 때문에 그런 아기를 임신하게 되었다는 것이었습니다. 당시 다른 지역의 원전에 근무하던 직원의 아내가 기형아를 출산하게 되었는데 그 원인이 방사능오염 때문이라고 밝혀져 보상도 받았다고 했습니다. 하지만 저는 그런 사실을 밝히려고 하다가 회사에서 쫓겨날지도 모른다는 두려움 때문에 주변 사람들의 권고에도 불구하고 입을 다물고 말았습니다. 평생을 원자병 때문에 고생하시다가 딸이 낳은 손녀까지 방사능오염으로 잃게 된 것에 충격을 받아 아내의 어머니가 세상을 하직하게 되는 불행을 겪으면서도 저는 감히 용기를 낼 수가 없었습니다. 저에게 중요한 것은 진실을 밝히는 것이 아니라 당장 먹고살아야 하는 생계 문제였기 때문입니다. 그런데 지금 저는 나이 일흔둘에 또다시 방사능오염이라는 문제와 직면하게 되었습니다. 방사능오염으로 인해 발생하는 확률이 높은 갑상샘암이라는 병에 제가 걸렸기 때문입니다. 젊었을 때 이십 년을 넘게 원전에서 일했고 지금도 원전과 얼마 떨어지지 않은 동네에 살고 있는 제가 갑상샘암에 걸린 것은 우연이 아니라 필연인 것 같습니다. 저와 같은 동네에 살고 있는 주민 중에는 저와 같은 갑상샘암을 앓고 있는 환자들이 여럿 있습니다. 그들 역시 저처럼 인근의 이리원자력발전소를 의심하고 있지만 확증이 없어 속앓이만 하는 형편입니다. 그래서 제가 이렇게 나서게 되었습니다. 지금 저는 더 이상 잃을 것도 없는 사람입니다. 치매에 걸린 아내와 갑상샘암을 앓고 있는 저 중 누가 먼저 이 세상을 하직하게 될지는 아무도 모릅니다. 세상에 남긴 자식 하나 없는 우리 부부가 이렇게 나서게 된 것은 이제 그 누구도 우리 가족처럼 이렇게 억울하고 원통한 일을 겪지 않았으면 하는 마음에서입니다.

원술 씨가 아내 곡지 씨와 함께 매일 나가 2인 시위를 하는 곳은 미장시장 입구였다. 포도를 낡아빠진 헝겊에 둘둘 말아 안고 있는 곡지 씨의 허리와 원술 씨의 허리를 끈으로 묶어 두 사람이 한 몸인 것처럼 붙어 있는 원술 씨네 부부의 모습은 한마디로 기괴했다. 한쪽 다리가 불편한 원술 씨와 누가 봐도 정신이 이상해 보이는 곡지 씨가 시장 입구에서 벌이는 시위는 시장을 보러 온 사람들의 시선을 끌기에 충분했다. 하지만 사람들 대부분은 원술 씨가 종이에 크게 써서 들고 있는 글의 내용을 읽기는커녕 그들을 슬금슬금 피하기 일쑤였다. 원술 씨 부부를 피하는 사람들은 원술 씨의 불행이 자기들에게도 감염될까 두려워서 그러는 것일지도 몰랐다. 미장군에 사는 사람 중 이리원자력발전소를 모르는 사람은 아무도 없을 터였다. 그런데도 그들은 이리원자력발전소로부터 비롯된 방사능 피해가 자신들과는 무관한 일이라 생각하는 것 같았다. 아니 그렇게 믿고 싶어 하는 것 같았다. 방사능 피해라는 것이 원래 눈에는 보이지 않지만 서서히 사람을 훼손시키는 그런 것인데 당장 드러나는 극단적인 고통이 없는 경우에는 다들 그렇게 무감각하게 받아들이며 살아가는 것 같았다. 사람들의 그런 무관심이 안타까웠지만 원술 씨가 더 이상 할 수 있는 것은 아무것도 없었다. 단 한 사람이라도 원술 씨가 알리고 싶어 하는 진실에 관심을 가져주기를 바랄 따름이었다.

"선생님!"
아침 9시부터 그 자리에서 꼼짝하지 않고 서 있는 바람에 다리가 저리다 못해 감각조차 없어지고 있는 데다가 아내인 곡지 씨도 힘이 드는지 자꾸만 주저앉는 바람에 이러지도 저러지도 못하고 있는데 누군가 원술 씨를 아는 체하며 불렀다. 하지만 원술 씨를 부른 남자는 원술 씨가 처음 보는 얼굴이었다.
"누구신지?"
원술 씨가 묻자 젊은 남자가 자신의 호주머니에서 꺼낸 명함 하나를 원술 씨에게 건네며 말했다.

"저는 BSC TV 기자 한상오입니다."

"아 네⋯⋯."

"선생님 부부의 사연을 제가 취재하고 싶은데 괜찮으시겠습니까?"

"그러면 저희 부부의 사연이 TV에 방영될 수 있는 겁니까?"

원술 씨의 질문에 한 기자가 잠시 머뭇거리다가 말했다.

"지금 이 자리에서 장담할 수는 없지만 최대한 그렇게 될 수 있도록 해 보겠습니다."

원전 피해자들의 사연이 있는 그대로 다 세상에 알려지지 않는다는 사실을 이미 알고 있는 원술 씨는 한 기자가 왜 그렇게 말하는지도 잘 알고 있었다.

"알겠습니다. 부담 갖지 않으셔도 됩니다, 기자님."

"선생님 같은 사례의 경우 이리원자력발전소 앞이나 여의도 국회 앞에서 시위하는 게 더 나을 텐데 어째서 선생님은 이렇게 동네 시장 입구에서 시위하고 계신 것인지요?"

"제가 바라는 것은 보상보다 진실을 사람들에게 알리는 것이기 때문입니다. 갑상샘암을 앓고 있는 저와 치매에 걸린 제 아내는 언제 어떻게 될지 모르는 사람들입니다. 게다가 우리 부부에게는 자식도 없습니다. 그러니까 이런 처지에 보상받는다고 한들 뭐가 좋겠습니까. 단지 저는 이리원자력발전소 인근에 사는 미장군 주민들이 사실을 정확하게 알고 대처해 주기를 바랄 뿐입니다. 방사능오염으로 인한 피해를 누구보다 처절하게 겪은 우리 부부가 이 세상을 떠나기 전에 해야 할 마지막 의무인 것 같아서 말입니다."

그날 곡지 씨와 함께 집으로 돌아온 원술 씨는 집에 도착하자마자 TV를 켰다. 그리고 BSC에 채널을 고정시켜 놓았다. 하지만 밤이 늦어 원술 씨 부부가 잠자리에 들 때까지도 원술 씨 가족의 사연은 방송되지 않았다. 이미 짐작했던 일이라 새삼스러울 게 없었지만 실망스러웠다.

하루 종일 고단했는지 곡지 씨는 집에 오자마자 저녁 식사도 하지 않고 쓰러져 잤다. 외출복과 양말을 신은 채 잠들어 있는 곡지 씨를 일부러 깨우기가 번거로워 이부자리만 챙겨주고 원술 씨도 잠자리에 들려고 하는데 얼마 전 바닷가에서 곡지 씨가 사라졌을 때 느꼈던 것과 비슷한 증세가 원술 씨를 덮쳤다. 온몸에 힘이 빠지면서 팔다리가 잘 움직여지질 않았다. 그리고 누군가 목구멍을 막아 버리기라도 한 듯 목소리가 나오질 않았다. 갑자기 바람이 빠진 풍선처럼 풀썩 주저앉은 원술 씨는 잠들어 있는 곡지 씨가 있는 안방과 자신이 있는 거실 사이의 거리를 가늠해 보았다. 삼 미터 남짓 되어 보이는 그 거리가 한없이 멀어 보였다. 어떻게 해서라도 곡지 씨를 깨워야 하는데 꼼짝하지 않는 몸으로 곡지 씨가 있는 안방까지 기어갈 자신이 없었다. 원술 씨는 거실 탁자에 올려둔 자신의 핸드폰을 집어 들기 위해 사력을 다해 몸을 움직였다. 일 미터도 안 되는 그 거리까지 온몸으로 기어가 간신히 핸드폰을 손에 든 원술 씨는 119로 전화를 해 도움을 요청했다. 도움을 요청하는 말조차 할 수 없었던 원술 씨는 목에서 뱉어낼 수 있는 외마디 비명을 간신히 토해내었고 그 소리만으로도 모든 상황을 짐작한 119 직원은 곧바로 출동하겠다고 말하고 전화를 끊었다.

잠시 후 무엇 때문인지 잠에서 깬 곡지 씨가 안방에서 나왔다. 그러나 곡지 씨는 거실에 널브러져 있는 원술 씨에게는 눈길조차 주지 않고 화장실이 있는 욕실로 향했다. 그리고 욕실 안에서 무엇을 하는지 곡지 씨는 한참 동안 그곳에서 나오지 않았다. 그런 곡지 씨가 걱정스러웠지만 몸을 움직일 수 없는 원술 씨가 할 수 있는 일이라곤 아무것도 없었다. 다행히 얼마 지나지 않아 119구급대원들이 도착했고 때맞춰 욕실에서 나온 곡지 씨는 약간 겁먹은 표정으로 그들과 원술 씨를 번갈아 바라보았다. 그러나 구급대원들은 그런 곡지 씨를 아랑곳하지 않고 원술 씨를 들것에 실었다. 그 모습을 지켜보던 곡지 씨가 갑자기 원술 씨 곁으로 다가와 원술 씨의 오른손을 붙잡았다. 그리고 자신이 늘 손에 쥐고 있는 낡은 헝겊으로 원술 씨의 얼굴을 닦아주었다. 그때 개나리 한 송이가 원술 씨의 눈에 들어왔다. 그리고 이십여 년 전, 아내인 곡지 씨가 그 개나리를 하얀 천에 수놓던 모습이 불현듯 떠올랐다. 원술 씨와 곡지 씨가 살면서 가장 행복했던 그때를 떠올리면서 원술 씨가 눈물을 흘리자 원술 씨의 손을 잡고 있던 곡지 씨 눈에도 눈물이 비쳤다. 하지만 구급대원들은 곡지 씨를 원술 씨에게서 냉정하게 떼어놓고 들것에 실린 원술 씨를 집 밖으로 옮겼다. 들것에 실린 채 현관문을 나서면서 간신히 고개를 돌린 원술 씨가 곡지 씨를 쳐다보자 곡지 씨는 왼손 검지로 원술 씨를 가리키며 오른손으로는 안녕을 고하기라도 하듯 손을 흔들었다. 그때 곡지 씨 오른손에 들려 있던 낡은 헝겊도 함께 원술 씨에게 작별을 고하며 일렁거리고 있었는데 조금 전 보았던 노란 개나리가 다시 원술 씨 눈에 들어왔다. 오랜 세월에도 불구하고 여전히 샛노란 개나리가 이십사 년 전 죽은 딸의 얼굴인 것 같아 원술 씨는 다시 눈물이 솟구쳤다. 하지만 그 개나리가 혼자 남겨진 곡지 씨를 지켜줄지도 모른다, 생각하며 조용히 두 눈을 감았다. 그런 원술 씨의 심정을 알 길이 없는 곡지 씨는 원술 씨가 집을 떠나고 나서도 한참 동안 개나리가 새겨진 낡은 헝겊을 오른손에 든 채 그 자리에 우두커니 서 있었다.

5. 은어가 사는 강물: 낙동강 페놀 수질오염 -

정우련

1

명수가 보이면 근처에는 으레 병국이 있기 마련이었다. 서로 직장이 달라 낮시간에 떨어져 있어도 퇴근 이후에는 누가 먼저랄 것도 없이 삐삐를 쳤다. 명수는 대구 다사취수장에 다녔다. 공채 3개월의 9급 말단 직원이었다. 병국은 구미공단에 있는 구산실업 생산직 사원이었다. 결혼은 명수가 먼저 했다. 고향 친구인 은옥과 대구시 달서구 본리동에 있는 13평짜리 개나리맨션에 신혼집을 차렸다. 은옥은 인쇄소 경리로 일하다 출산이 임박해서는 잘렸다. 병국도 공단에서 만난 아가씨와 살림을 차렸다. 신혼 때에는 아내들을 동반하고 낚시를 하거나 볼링장도 가고 술자리도 종종 가졌지만 결혼 3, 4년차가 지나가면서 넷이 함께 어울리는 횟수는 점점 줄었다. 명수와 병국은 만나기만 하면 서로 티격태격하면서도 여전히 붙어 다녔다.

그날은 1991년 3월 14일 목요일 밤이었다.

병국이 명수를 구미공단에서 가까운 옥계천으로 불러내어 밤낚시를 했다. 구미시는 낙동강과 합류하는 두 개의 하천이 흐르고 있었는데 그것이 구미천과 한천이었다. 이 두 하천이 신평동과 옥계동 앞을 지난다고 해서 구미천은 신평천, 한천은 옥계천이라고 불렀다. 구미 사람들은 바다가 먼 내륙에 있다보니 주로 민물낚시를 많이 했다. 병국이 야근을 마치고 오기로 되어 있어서 명수가 먼저 가서 자리를 잡았다. 낚싯대를 담그기만 하면 붕어가 올라온다는 옥계천 상류 장천수로 쪽 자리는 대낮부터 다른 낚시꾼들이 이미 차지하고 없었다. 그래도 손타지 않은 생자리들이 남아서 다행이었다. 명수는 텐트를 치고 찌에 등을 달아주는 야간 케미 불빛을 밝히고 낚시채비를 차렸다. 병국의 것은 올림낚시 채비로 명수는 내림낚시 채비로 대편성을 완성하고 나자 물 위에 뜬 부평초와 어리연꽃잎 위로 빗방울이 후두둑 듣기 시작했다. 명수는 오리털 점퍼 위에 우의를 입고 앉았다. 3월이라지만 밤공기가 찼다. 늦게 나타난 병국이 너스레를 떨며 명수가 내민 보온병에 담긴 커피믹스를 받아 들었다.

"야, 나는 이런 물가에 와야 사는 것 같다니까."

명수가 주는 달달한 커피 한 모금에 병국은 야간 근무의 피로가 싹 가시는 기분이었다.

"니는 야간 근무도 안 하고 좋겠다. 우리는 맨날 야근이다 뭐다 해갖고 겨우 짬 낚시 몇 번 하고 나면 일 년이 지나간다 아이가."

병국이 입맛을 다셨다.

"좋긴 뭘 짜다리 좋겠노."

"와아? 그새 뭐가 또 마음에 안 들더노. 낙동강물에 다시 은어가 뛰놀게 만들라꼬 도서관에 처박히가 궁디 땀띠깨나 안 났더나. 물이 죽으마 사람도 물고기도 다 죽는다꼬. 아주 세상없는 일을 할 거 맨키로 잘난 척을 해쌓더만 와, 또 뭐가 틀렸는데."

"그런 기 있다 마…. 여기는 사람들도 다 조금씩 이상하고…. 수질검사만 해도 그래. 야간이나 주말이나 공휴일에는 아예 안 하거든. 평일에 하는 거도 그저 형식적이야. 그래 갖고는 수돗물이 오염돼도 발견할 수 있겠냐고."

명수는 할 말이 많아보였다.

"어델 가나 고충 없는 데가 어데 있겠노…."

"빙국이 너그 회사는 폐수 방류 안 하나."

"야, 은맹수, 니가 정수장 드간 지 을매나 됐다꼬 벌써부터, 와 이 새끼 봐라."

"낙동강 상류에 공단이 줄줄이잖아. 너그 구미공단이나 달성공단, 현풍 기계공단, 다 자유롭지 못하지."

"됐고…. 나는 요새, 여름방학만 되면 은어 낚시하러 다닌다고 새까매 갖고 돌아댕기던 그 시절이 그립다. 그때로 돌아가고 싶어."

병국이 명수의 말을 끊고 딴소리를 했다.

"무슨 소리하노. 그때 니 이 행님 아니었으마 와룡산 뻐꾸기 될 뻔한 거 다 이자뿐나. 나는 니 땜에 황천길 재촉할 뻔했다 아이가. 니 건진다꼬 돌부리에 부딪치가 멍들고 발바닥은 째지고 아이고 엉성시러버라."

명수가 고개를 양 옆으로 흔들면서 클클 웃었다. 대구 와룡산은 58 개 띠인 그들이 유년을 보낸 고향 마을 뒷산이었다. 여름방학이 시작될 즈음 동네 아이들과 어울려 내성천으로 은어 낚시를 갔다가 병국이 물에 빠져 죽을 뻔한 일이 있었다. 그 일을 두고 명수는 종종 병국을 빙국이니 뻐꾸기니 하면서 놀려대었던 것이다. 전날 비가 와서 내성천은 갑자기 불어난 물로 유속이 드셌다. 위험을 미처 감지하지 못한 병국이 물속에 들어갔다가 이끼 낀 바위를 밟고 미끄러졌다. 물속에서 머리가 올라왔다 내려갔다 하면서 떠내려가는 병국을 명수가 재빨리 달려들어 구해내지 않았더라면 어떻게 되었을지 모를 일이었다.

"아, 새끼 맨날 생색은. 그기 언젯적 일이고."

병국은 모처럼 즐거운 기억을 깨뜨린 명수에게 짜증을 냈다. 말은 그렇게 했지만 명수가 자신을 구하기 위해 온몸을 던진 사실을 어찌 잊었을까. 어쩌다 술이라도 한잔해서 기분이 좋을 때면 맹수 니가 내 생명의 은인아이가 하면서 치사를 했다. 명수는 여덟 살부터 아버지를 따라다니며 은어 놀림낚시를 배웠다. 그 덕이었을까. 명수는 물속에서도 날렵했다. 돌이끼를 주식으로 먹고 자라는 은어는 이끼 낀 바위틈이 자신만의 영역이라고 생각해서 다른 은어가 침범하면 맹렬히 공격한다. 은어 놀림낚시는 이런 은어의 습성을 이용한 낚시법이다. 낚싯대에 씨은어를 끼워서 바위틈 근처에 던져놓으면 제 영역을 침범한다고 생각한 은어가 영락없이 씨은어를 공격하다가 낚싯바늘에 걸려들고 만다. 그 시절 내성천은 여름이면 수박 향이 가득할 정도로 은어가 많았다. 환경오염에 민감해서 일급수에서만 사는 은어가 그렇게 많았다는 건 내성천이 얼마나 맑고 깨끗했는지를 알 수 있는 반증이기도 했다.

그들이 살았던 강촌 마을의 시간은 느리게 흘러갔다. 그들은 별로 서두르는 법이 없었다. 인근 도시에 구미공단이 들어서기 전까지는. 공단이 들어서면서 마을 사람들은 달라졌다. 공단에는 노동자가 필요했으므로 각지에서 일자리를 찾아 사람들이 몰려들었다. 마을에서도 여럿이 구미공단으로 떠났다. 그들은 해마다 명절이면 회사에서 받은 참치통조림이나 비누 세트 같은 선물꾸러미를 들고 고향을 찾았다. 1981년에 2단지 조성이 완료되고 3단지 기공식이 있던 1987년 무렵, 병국도 마을 형을 따라 구산 전자 생산직 사원이 되었다.

　"와, 근데 오늘따라 와 이래 입질이 없노. 찌가 꼼짝을 안 하네."

　명수가 볼멘소리를 했다.

　"그러게. 이런 적이 없었는데. 작년 이맘때는 참붕어를 비료 푸대가 넘치도록 담았다 아이가. 우리 공장 사람들한테 한 바가지씩 퍼주고도 지겹도록 매운탕 끼리 먹었는데. 이 행님 믿고 쪼매이 더 기다리봐라."

　병국이 큰소리를 쳤다.

　"우리 고딩 여름방학 때, 황강 변에서 은어 낚시하던 생각 안 나나. 와 그 찐한 수박 향…"

　병국은 마치 수박 향을 맡는 것처럼 코밑을 손가락으로 훑었다.

　"지금은 옛날 그 황강이 아니야. 낙동강 하구둑 들어서고 나서는 본류 오염이 심해져 갖고 황강까지 은어가 못 올라온다 아이가."

　명수가 코끝으로 내려온 안경을 치켜올렸다.

　"합천호에도 대구 낚시꾼들이 진짜 마이 몰렸었는데. 잉어, 붕어, 뱀장어, 메기도 마이 낚았잖아."

　"맞아. 상류 하류 할 거 없이 피라미, 붕어, 메기, 뱀장어, 돌고기, 꺽지, 망태, 퉁가리, 모래무지, 잉어… 또 머꼬… 별거 별거 다 많았는데…"

　입질이 없기는 병국도 마찬가지여서 두 사람은 그 천진하던 시절의 낚시터에 대한 추억을 주거니 받거니 하면서 시간을 보냈다. 시간은 어느덧 새벽 4시가 훌쩍 넘어갔다. 한두 차례 세차게 따르던 빗줄기도 말끔히 거히고 어느새 달무리 사이로 둥근 달이 떠올랐다. 주변이 달빛으로 은은하게 밝아왔다. 병국이 하품을 했다. 명수도 졸립기는 마찬가지였다. 둘 다 졸다 깨기를 반복했다. 그때 문득 입질도 없이 낚싯대가 휘어지는 것이 보였다. 명수는 반가운 마음에 힘차게 챔질을 했다.

"그르-치."

명수가 탄성을 지르자 병국이 덩달아 신이 나서 뜰채를 가지고 달려왔다.

"야, 은맹수 짜샤, 싸라있네."

병국이 지레 감탄을 했다. 그런데 이게 웬일인가. 감탄이 탄식으로 바뀌는 건 한순간이었다. 명수가 들어 올린 낚싯대에 걸려든 것은 참붕어가 아니라 토종 민물거북이인 남생이였다. 그것도 산 놈이 아닌 허연 배를 뒤집고 죽은 놈이 올라온 것이었다. 그것을 본 두 사람은 동시에 소리를 질렀다.

"뭐꼬 이기."

그뿐이 아니었다. 잘못 걸려든 죽은 남생이를 바늘에서 빼내는데 발밑에 죽은 붕어 떼가 하얗게 떠밀려와 있는 게 아닌가. 아직 산란 전이어서 배가 불룩한 놈들이었다. 명수는 불현듯 은옥을 떠올리며 안경 끝을 치켜올렸다. 아내는 만삭인 배를 이리저리 뒤치면서 지금쯤 코를 골며 자고 있을 터였다.

"야 가마이 있어봐…. 이기 무슨 일이고. 무슨 태풍이 지나간 것도 아이고 이 정도 비에 산란도 안 한 물고기가 떼죽음한다는 기 말이 되나."

명수는 이 상황을 어떻게 이해해야 할지 얼른 판단이 서질 않았다. 장천수로 쪽은 어떤지 궁금했다. 고개를 돌려보니 그쪽에서 대를 펼치고 있던 낚시꾼들은 언제 철수를 했는지 보이지 않았다. 수몰된 느티나무 근처에는 여전히 낚시 불빛이 보였다.

"저쪽 사정은 어떤지 함 가보까."

명수가 나서자 병국이 손전등을 들고 뒤따랐다. 비 그친 밤하늘에는 어느새 구름 사이로 얼굴을 내민 새벽달이 옥계천을 희미하게 비추었다.

"아직 날 밝기 전인데 불쑥 나타나면 사람들 놀래니까 멀찌감치 떨어져서 많이 잡았습니까 해보지 뭐. 그라믄 무슨 말을 안 하겠나. 어두울 때는 짐승보다 사람이 더 무섭거든."

명수가 말했다. 두 사람은 낚시 불빛이 보이는 가림막 가까이 가기 위해 뚝방을 따라 걸어갔다. 병국이 손전등을 이리저리 비추며 걸었다. 그때 풀이 제멋대로 자란 뚝방 사이에 마치 비밀스레 숨겨둔 것처럼 하수관 2개가 보였다. 그것은 괴물의 시커먼 눈 같기도 하고 옥계천을 겨냥한 거대한 총구처럼 보이기도 했다. 병국이 2개의 하수관 쪽으로 손전등을 비추었다. 그러자 그곳에서 시커먼 폐수가 뭉클뭉클 쏟아져 나오고 있었다.

"야, 저거 머꼬."

명수가 소리쳤다.

"어, 공장 폐수 아이가? 하수구가 여 있는 거 보이 구미공단인데?"

"그쟈. 무슨 해일이 밀리온 거도 아인데 멀쩡한 물고기가 떼죽음 당한 기 이상하다 했더만은. 바로 저거네 저거. 와 진짜."

명수와 병국은 조심스레 눈길을 주고받았다. 남생이와 물고기 떼의 죽음이 그제야 연결되는 것 같았다. 온몸에 소름이 돋았다. 옥계천 물이 다 사취수원으로 모여 낙동강으로 흘러 들어간다는 사실쯤은 명수도 잘 알고 있었다. 도대체 어떤 기업일까. 물고기가 떼죽음을 당할 정도로 치명적인 독소가 든 폐수를 흘려보낸 곳이. 실험실장 김원이 떠올랐다. 출근하면 김원에게 보고부터 해야겠다는 생각을 했다. 그때만 해도 그는 삶이 얼마나 부서지기 쉬운 것인지 미처 알지 못했다.

개나리 맨션은 매월 2, 4주 토요일 오후 2시가 되면 복도 물청소를 했다. 처음에는 매주 토요일마다 하다가 부녀회에서 2, 4주로 늦춘 게 지난 가을부터였다. 80년대 초에 지어진 이 아파트는 6세대가 같은 복도를 쓰는 5층 건물이었다. 옆집에 누가 사는지도 모른다는 도시의 아파트들과는 달리 이웃끼리 가깝게 지냈다. 주민들은 그것이 다 부녀회에서 하는 이 물청소 덕분이라고 여겼다. 층별로 하는 물청소는 타일 바닥에 하이타이 푼 물을 붓는 걸로 시작했다. 그 위에 긴 장대 솔로 거품이 하얗게 나게 문질러 묵은 흙 때를 빼고, 고무호스로 물을 뿌려 플라스틱 비로 싹싹 쓸어내리면 그만이었다. 마포 걸레질까지 해서 반들반들 윤이 나게 닦아내면 복도를 지나다니는 사람들의 마음까지 말끔지는 것 같았다.

그날은 3월의 2주 토요일인 3월 16일이었다. 4층에서 물청소를 하는데 수돗물에서 다른 날과 달리 냄새가 났다. 고무호스를 통해 나오는 수돗물은 육안으로 보기에는 예전과 다름없어서 사람들은 소독을 좀 심하게 했나보다 하고 넘겼다. 4층 복도 끝 507호가 은옥과 명수의 신혼집이었다. 숫자 4를 죽을 사(死)라고 아파트 호수 표기에 쓰지 않다 보니 실제로는 4층인데도 호수는 5로 시작해서 501, 502… 등으로 표기했다.

물청소가 끝난 참에 은옥이 빨간 보온병을 싼 보자기를 풀었다. 만삭이라 불룩 튀어나온 배 때문인지 작은 키가 더 작달막해 보였다.

"커피 배달 왔습니다아."

은옥이 과장되게 콧소리를 냈다.

"안 그래도 새댁이 커피 생각나던 참이다."

503호 곤이 엄마가 청소 용구를 챙기다 말고 은옥의 커피를 반겼다. 은옥은 커피 설탕 프림을 각각 두 스푼씩 미리 타가지고 온 종이컵을 돌리고 뜨거운 물을 따라 주었다.

"새댁이는 커피를 하나 타도 우째 이리 입에 짝 붙노."

곤이 엄마가 청소 끝에 달게 마신 커피잔을 구기며 기분 좋게 웃어 보였다.

"둘둘둘 커피가 그 맛이 그 맛이지 성님은, 너무 띄아주지 마이소. 아아거만해집니다."

은옥보다 두어 살 많은 영숙 씨가 시샘하는 척 농담을 했다.

"무슨 소리하노. 똑같은 커피라도 누가 타느냐에 따라 맛이 을매나 다르다꼬. 옛날에 내 공장 다닐 때, 우리 공장장 비서 추 양이라고 좀 뚱뚱하이 얼굴은 뭐 볼 거 없이 생깄는데, 커피를 진짜 잘 탔거든. 공장장이 맨날 우리 추 양 우리 추 양 해쌓는기 다 그 커피 맛 때문이었던기라. 내가 추양 타는 대로 똑같이 타봐도 그 맛이 안 나더라고. 희한하재. 그래서 내가 커피 손맛이라는 기 따로 있다는 걸 알지. 새댁이도 커피 손맛 하나는 십문칠로 마침맞다."

곤이 엄마가 공장장 비서였다는 추 양을 호명해 가며 은옥의 커피 맛을 칭찬했다.

"에이 무슨 손맛은요. 울 신랑 주말마다 대덕산 약수터 가서 약숫물 떠오잖아요. 그러니까 약수 맛 때문이라면 몰라도."

"그 집 신랑은 정수장에 다니는데도 약수터 약숫물 떠오는 거 보면 수돗물을 우째 믿겠노."

501호 영숙이 은옥을 마주 보았다.

"그라니까 라면 공장 사장이 저거 아들한테는 라면 못 먹게 한다는 거아이가."

505호 미순이었다.

"그러게 말입니다. 재작년 여름에는 중금속이 검출됐다고 난리 났죠. 또 작년에는 발암물질이 나왔다고 했잖아요. 그러니까 꺼림칙해서 차 마실 때나 밥물 정도는 수돗물 안 쓰고 약수터 물 쓴다 아입니까."

은옥이 말했다.

"진짜로 이노무 수돗물을 무야할지 말아야 할지 늘 걱정이야."

미순이 심란한 표정을 지었다.

"생수가 합법화 된다 캐도 서민들이 그 비싼 물을 우째 사 묵노. 기름값보다 비싼 물을. 그러이 우리야 죽으나 사나 수돗물로 보리차 끼리 묵는 수밖에 더 있겠나."

"아휴, 그러게 말입니다."

미순의 말에 은옥이 크게 공감했다.

"그나저나 배도 출출할낀데 우리집 가서 감자수제비라도 한 그륵 합시다. 반죽도 다 해놓고 김밥 말아놓은 거도 몇 줄 있구만은."

곤이 엄마는 모처럼 주말 오후를 이웃들과 어울려 수다라도 떨고 싶었다. 가난한 신혼 시절 강원도 친정에서 보내주는 감자로 질리도록 감자수제비를 해 먹었는데도 여전히 만만한 게 감자수제비였다. 그날 물청소가 끝나고 곤이 엄마 집에 모인 사람은 넷이었다. 물청소에 불참한 502호와 오후에 약속이 있다는 506호가 빠졌다.

곤이 엄마가 부지런히 감자수제비 반죽을 떼 넣는 옆에서 은옥은 국자로 펄펄 끓는 육수를 저었다. 육수에서 무언가 역한 냄새가 확 올라왔다. 구토가 날 것 같았다. 출산 예정일이 아직 한 달 이상 남아있었다. 은옥은 재빨리 화장실로 피했다.

"새댁이가 아까부터 좀 안 좋은 거 같재."

영숙이 눈을 동그랗게 뜨자 셋이 동시에 화장실 문 쪽을 바라보았다.

"예정일이 좀 남았다던데…."

미순이 말했다.

"배 속에 있을 때가 제일 편하지. 낳아봐라. 그때부터 고생이가. 잠을 함 제대로 잘 수가 있나. 어디 외출을 맘대로 할 수가 있나."

영숙은 김밥을 썰고 냉장고에서 꺼낸 김치를 그릇에 담는 일을 익숙하게 해내면서 은옥을 걱정했다. 은옥은 아무 일도 없었다는 듯 이내 주방으로 돌아왔다.

"새댁이 몸이 안 좋나? 고마 앉아 있거라."

곤이 엄마가 걱정스레 은옥에게 턱짓으로 식탁을 가리켰다.

감자수제비가 차려지고 다들 출출한 터에 숟가락질이 바빴다. 그릇이 다 비어갈 때쯤 은옥이 갑자기 한 손으로 입을 틀어막고 다시 화장실로 들어갔다.

"우짜겠노 속이 진짜 마이 안 좋은갑다."

걱정이 된 곤이 엄마가 화장실 문을 두드렸다.

"근데 성님, 수제비 국물 맛이 좀 안 이상 합니까. 소독약 냄새 같은 기 좀 배어나는 것 같고."

영숙이 곤이 엄마 모르게 미순의 귀에 대고 소곤거렸다.

"고이 엄마 기분 나쁠까 봐 말도 몬 하고 먹긴 했는데…."

미순이 이마를 찌푸렸다.

"수제비 국물에 뭘 넣었길래, 아이구 참 나."

영숙이 이마를 찡그리며 투덜거렸다.

은옥은 병원에 가볼 생각으로 먼저 자리를 떴다. 영숙이 동행하겠다고 따라나섰지만 만류했다. 진료과목이 산부인과와 소아과인 병원에는 대기 환자가 많았다. 간호사는 의사가 시술 중이어서 대기만 해도 1시간 이상 걸릴 수 있다고 퉁명스럽게 말했다. 주말 오후인데도 일찍 퇴근하지 못하게 된 불만이 얼굴에 고스란히 드러났다. 차례를 기다리는 동안에도 배가 당기는 듯 아프고 간간이 복통이 일어났다. 불길한 생각이 들었다. 초조하게 기다리는 중에 간호사가 은옥의 이름을 불렀다. 가슴이 덜컥 내려앉았다. 의사가 진찰 끝에 조산기가 있어서 소변검사까지 해본 건데 페놀이 나왔다고 말했다.

"페놀이 뭡니까?"

은옥이 겁먹은 듯 큰 눈을 더 동그랗게 떴다. 의사는 페놀이 들어간 물을 먹었을 가능성에 대해서 설명해 주었다. 오늘 내원한 4주 차 임산부는 소변검사에서 페놀이 검출되어서 인공유산을 했다고 말했다. 페놀이 유산이나 사산, 기형아 출산 같은 치명적인 해를 끼칠 수 있다는 말이었다. 은옥은 눈앞이 하얘졌다. 다리에 힘이 풀려 도무지 자리에서 일어설 엄두가 나지 않았다. 의사는 너무 염려할 필요는 없다고 말하면서도 만약에 밤중에라도 양수가 터지거나 피가 비치면 그 즉시 내원해야 한다고 말했다. 병원 맨 위층이 의사가 상주하는 살림집이었다.

3

개나리맨션 주민들이 물청소를 하던 그 시각, 명수는 실험실 책임자 김원이 통근 버스를 타러 정류장으로 걸어가고 있는 것을 발견했다. 명수는 재빨리 그에게로 뛰어갔다. 김원은 11년 차 보건직 8급이었다. 늘 후줄근한 감색 점퍼 차림의 입성에, 직설적이고 좀 괴팍한 데가 있었다. 그래도 직원 중에서 수돗물 개선에는 누구보다 진심인 편이었다. 그는 정수장의 수질검사 능력에 대해서는 늘 회의적이었다. 실험 기계 구입 문제에 소극적인 소장에게는 대놓고 쓴소리를 하곤 했다. 명수는 그에게 전날 옥계천 낚시터에서 본 폐수 방류 현장 이야기를 전했다. 자신도 모르게 감정이 격앙되는 것을 어쩌지 못했다. 당장이라도 옥계천으로 채수를 나가야 하는 건 아닌가 했다. 하지만 김원은 잠시 귀를 기울이는가 싶더니 입꼬리를 한쪽으로 말아 올리며 의미심장한 말을 했다.

"3차 물 파동이 언제 터진다 해도 뭐 이상할 기 있겠노."

그는 명수의 눈을 마주 보고 입꼬리를 한 번 씰룩하더니 버스를 타러 가버렸다. 그가 3차 물 파동이란 말을 쓴 것은 그전에 겪은 1, 2차 물 파동 때문일 것이었다. 명수가 정수장에 들어오기 전의 일이었다. 1차는 89년 8월에, 그로부터 1년 뒤인 작년 90년 7월에는 2차 물 파동 사건이 있었다. 1차 물 파동 때 노태우 대통령은 자신의 임기 중에 반드시 깨끗한 물을 공급하겠다고 호언장담했다. 하지만 그것이 그저 허울 좋은 인기 발언에 불과했다는 사실이 드러나는 데는 채 1년도 걸리지 않았다. 다시 수돗물에서 발암물질이 검출되었던 것이다. 김원의 3차 물 파동 발언이 그리 새삼스럽지 않은 이유였다.

그날은 명수가 당직을 서는 날이었다. 토요일이어서 수질검사 요원 7명이 모두 퇴근하고 기사 자격증도 없는 9급 말단 직원인 명수 혼자 사무실을 지켰다. 조용한 사무실에 전화벨 소리가 유독 요란하게 울린 것은 2시 30분쯤이었다.

"여보세요. 다사정수장입니까?"

중년 여성의 목소리였는데 무언가에 잔뜩 화가 나 있었다.

"여어는 달서구 본리동인데예. 수돗물에서 악취가 나서 물을 먹을 수가 없습니다."

명수는 본리동이면 우리 동넨데 하는 생각을 하면서 은옥을 떠올렸다. 확인해 보겠다고 대답하고는 수화기를 놓았다. 수화기를 놓자마자 또다시 전화벨이 울렸다. 본리동 주민이 더 할 말이 남았나 했는데 뜻밖에도 이번에는 도원동 주민의 전화였다. 수돗물에서 악취가 나서 못 먹겠으니 조치를 좀 취해달라고 말했다. 수돗물은 염소 소독이 원칙이므로 명수는 아무런 의심 없이 염소실에 가서 취수장에 염소 투입을 했다. 그런데 염소 소독을 한 뒤에도 여전히 수돗물 악취를 호소하는 전화가 걸려 왔다. 그는 실험실장에게 삐삐를 쳤다. 연락을 기다리는 사이에 또 다급한 마음에 염소를 투입했는데 그 바람에 수돗물 악취는 더 심해지고 말았다. 비상 연락을 받고 3시간쯤 뒤에 달려온 김원은 낙동강 원수를 시료로 간이 수질검사를 했다. 정수 기준치의 20배가 넘는 페놀이

섬출되었다. 그는 눈앞이 캄캄했다. 다급히 염소 투입을 중지하고 이산화염소로 대체했다.

나중에 안 사실이지만 명수가 그날 병국과 함께 본 옥계천 하수관의 공장폐수가 바로 페놀이었다. 둘 다 그 사실을 알 턱이 없었다. 보통의 수돗물은 염소 소독이 원칙이지만 페놀이 조금이라도 함유된 수돗물에서라면 문제는 달라진다. 페놀류를 함유한 물은 염소 소독을 하면 페놀보다 더 독성이 강한 클로로페놀이란 지독한 냄새를 풍기는 2차 오염물질을 생성하기 때문이다.

3월 17일 일요일 저녁 9시 뉴스에 수돗물 악취 사건이 보도되었다. 수돗물에서 악취가 난다는 대구시 주민들의 제보 전화가 빗발친다고 했다. 대구시 상수도본부는 비상이 걸렸다. 수돗물 악취의 원인을 찾기 위해 낙동강 원수와 정수에 대해 적성 검사를 실시했다고 보도 했다. 다음날도 그다음 날도 수돗물 악취 사건에 대한 뉴스가 이어졌다. 조사 결과는 충격적이었다. 낙동강에 페놀이 오염된 것으로 판명이 났기 때문이었다. TV, 라디오, 신문을 가릴 것 없이 전 매스컴이 온통 낙동강 페놀 사태 이야기로 벌집을 쑤셔놓은 듯했다. 수돗물 악취 사건이 처음 있는 일은 아니었다. 대구시 상수도 당국은 사건 발생 2년 전부터 신고를 여러 건 접수받았다. 실제로 페놀이 검출됐는데도 단순한 여름철 악취로 치부하고 원인조사조차 제대로 하지 않았다. 그 때문에 물 문제에는 유독 예민할 수밖에 없는 주부들이 수돗물을 먹어도 되느냐 먹지 말아야 되느냐 늘 말들이 많았다. 70년대 말부터 부유층에서는 세탁이나 목욕은 수돗물로 하더라도 식수만큼은 정수기 물이나 생수를 마셨다. 하지만 그럴 형편이 안 되는 서민들은 보리차를 끓여 마시거나 수돗물을 항아리 같은 데 미리 받았다가 가라앉혀 마시는 정도였다.

페놀 수질 대책 상황실은 대구시 급수구역의 71% 급수전이 오염된 것으로 확인하였다. 42만 세대 162만 명이 오염수로 피해를 입었다. 특히 임산부의 피해는 상상을 초월했다. 800여 명의 임산부가 유산, 사산, 기형아 출산 등으로 끔찍한 고통을 당했다. 1, 2차 물 파동을 겪고 9개월 만에 또다시 3차 물 파동 사건이 터진 것이었다. 3차 물 파동 사건은 지금까지의 경우와는 확연히 달랐다. 1천5백만 대구, 부산 등 영남 지역 주민들이 직접적으로 피해를 본 대형 사고였다. 대한민국의 모든 매스컴이 페놀 수질 대책 상황실을 주시했다. 조사 결과는 영남 시민의 젖줄인 낙동강 물이 구미공단에 있는 구산전자에서 불법적으로 방류한 페놀폐수로 인해 오염되었던 것이다. 구산전자의 페놀 원액 저장탱크에서 페놀수지 생산라인으로 통하는 파이프가 파열되어 낙동강 지류인 옥계천으로 흘러 들어갔다. 다사취수장 측에서는 원인 파악이 제대로 안 된 상태에서 염소 소독으로 악취를 더 키운 셈이었다. 다사취수장을 오염시킨 페놀은 낙동강을 타고 흘러 밀양, 함안, 칠서 수원지에서 검출되었고 부산 마산을 포함한 영남 전 지역이 페놀 오염에 휩싸였다.

처음 제보 전화를 한 본리동 주민은 개나리맨션 부녀회장이었다. 오후 2시쯤 아파트 복도 물청소를 하는데 수돗물에서 악취가 났다고 했다. 모유 수유를 하는 주부는 악취가 풍기는 수돗물을 이상하게 여기면서도 소독을 좀 많이 한 모양이라 여기고 먹었다고 했다. 엄마의 모유를 먹은 젖먹이 아기는 설사로 인한 탈수로 병원 응급실에 입원까지 했다. 수돗물로 빚은 양조장 막걸리에서 악취가 나서 모두 폐기 처분했다는 시민, 수돗물로 커피를 끓여 마셨는데 구토와 설사, 복통을 일으켰다는 시민 등의 제보 전화가 줄줄이 이어졌다.

공해추방운동연합에서 실시한 페놀 독성 반응 실험 또한 시민들을 분노케 했다. 공장 배출 허용 기준치의 페놀이 함유된 물에 금붕어를 담근 실험이었다. 실험 40분 후부터 지느러미가 마비되면서 움직임이 둔화되었고, 1시간 후에는 몸 전체가 기운 채 떠다니기만 했다. 2시간이 되자 아가미를 벌리고 간헐적 호흡을 이어가다 마침내 3시간 40분 만에 죽었다고 했다. 창원시 석전 삼거리 쪽에 있는 열대어수족관 주인이 월요일 아침에 나와보니까 물고기가 다 죽어있더라고 했다. 대구 시내 병원과 약국에는 때아닌 복통을 호소하는 환자가 속출했다.

정부는 구산전자에 조업정지 30일의 솜방망이 처분을 내렸다. 그마저도 수출과 경제적 타격이 크다는 명분을 내세운 구산전자 측의 요청으로 17일 만에 조업 재개를 허용했다. 그런데 놀랍게도 그 2주일 뒤에 다시 페놀 1.3톤이 유출되는 사고가 터졌다. 2차 유출 사태는 시민들의 분노를 촉발시키는 데에 기름을 부은 셈이 되었다. 검찰은 즉시 정밀 조사에 나섰다. 그 과정에서 새로운 사실을 밝혀내었다. 구산전자는 91년 3월 14일이 아니라 페놀폐수소각로 1기가 고장 난 90년 6월부터 총 325톤의 페놀을 이미 무단 방류해 온 것으로 드러났다. 정화 비용 500여만 원을 아끼기 위해서 매일 2.5톤씩 무단 방류를 일삼았던 것이다. 1차 페놀 사태가 나기 전에도 구미 칠곡 일대에서 수돗물 악취 신고가 있었지만 묵살되었다. 참으로 아이러니한 일이 아닐 수 없었다. 다사 취수장 말단직원 은명수의 부주의로 페놀수에 염소 소독으로 악취를 키우는 바람에 재벌기업의 만행이 백일하에 드러난 셈이었다. 구산전자는 그렇게 고의적으로 페놀폐수를 방류하였음에도 불구하고 직원의 실수로 또는 배출구 파손으로 인한 불의의 사고라며 사건의 본질을 왜곡 호도했다. 책임을 회피하려는 재벌기업의 속성에 시민들의 분노와 항의가 그 어느 때보다 높았다. 낙동강 페놀 사태는 가해자가 분명하고 그 피해가 광범위한 우리나라 최대의 환경오염 사건이었다. 이 엄연한 사태 앞에서도 대구시 보건환경연구소는 수돗물을 마셔도 괜찮다고 했다. 환경처장관 또한 사건 무마에만 혈안이되어 페놀이 인체에 무해하다는 말만 되풀이했다. 민자당 국회의원들은 카메라 셔터 앞에 나란히 서서 수돗물을 한 컵씩 들이켜는 구태를 보였다.

공해기업 구산전자는 간접 살인을 자행한 범죄행위를 진정으로 반성하지 않았고 집권당과 행정부는 이를 비호했다.

그에 맞선 넥타이 부대들은 구산실업 본사가 있는 구산빌딩 앞에서 OB 맥주와 코카콜라를 바닥에 쏟아버리는 퍼포먼스를 벌였다. 시민들의 호응이 컸다. 구산 제품 불매운동과 수도요금납부 거부, 피해보상을 촉구하는 시위가 잇따랐다.

4

그날 아침 개나리 맨션 앞 화단에는 때아닌 동네 주민들이 모여 웅성거리고 있었다. 1층에 사는 칠곡 할매도 나와 있었다.

"수돗물도 맘대로 못 먹는 세상이 다 오다이. 아무리 공장 돌리는 기 중요하다지마는 사람들이 묵는 물에다가 우째 그리 야마리 없는 짓을 해 씰꼬. 아이고 내가 너무 오래 살았는갑다.

칠곡 할매의 골진 이마 주름이 더 깊어 보였다.

"그러게 말입니더."

개나리 맨션 부녀회장이 할머니의 말에 응수했다.

"양심이 있으모 어데 그랬겠습니까. 벌써 작년 말부터 비 오는 날마다 살짝살짝 내보냈다 안 합디까. 무려 5개월 동안이나 그랬으이 낙동강 물 묵는 영남 지방 사람들은 페놀 폐수 드간 수돗물 마시고 다 죽어삐도 좋다는 거 아입니까."

곤이 엄마가 분통을 터뜨렸다.

"세상에…. 금붕어를 오염수에 담갔더만은 3시간 반 만에 죽었다잖아요. 물이 죽으면 물고기도 사람도 다 죽는다는 거를 우째 모를꼬."

부녀회장이었다.

"하반신 마비가 된 임산부도 있다 안합니까."

영숙이 카디건을 여미며 말했다.

"아, 그 만촌동 사는 아줌마 말이지예. 소변에 페놀이 나오니까 유산을 시키다가 그래 됐다하대예."

곤이 엄마는 안타까워서 어쩔 줄 몰라 했다.

"그나저나 507호 새댁이 불쌍해서 우짜꼬. 그 무거운 몸으로 4층까지 오르내리기도 힘들었을낀데도 만나면 그리 반갑게 인사하고 그랬는데…. 다 된 얼라들 잃아삐고 신랑은 잽히가고 제 정신 지니기도 힘들기라."

칠곡 할매가 쯔쯔쯔 혀를 찼다.

"요새 시청으로 어디로 뛰어다니면서 항의하고 시위하고 고생이 이만 저만이 아이더만은. 피해 본 임산부들이 피켓 들고 시위하는 사진이 대문 짝만하게 신문에 실렸는데 맨 앞줄 한가운데에 쪼맨하이 해가 앉아 있더라. 구산실업이 졸지에 그 음전한 새댁이를 환경운동가로 만들어삔 택이재."

곤이 엄마가 말했다.

"사고가 났을 때 빨리 수돗물 묵지말라고 알려주야 될낀데 우짠 장관이고 국회의원이고 모지리 수돗물 묵어도 까딱없다고 거짓말을 입에 침도 안바르고 그래 해쌓는지. 그러이 순진한 사람들이 진짜 괜찮은가 싶어가 묵는 바람에…."

부녀회장이 곤이 엄마를 쳐다보면서 말끝을 흐렸다.

"내사 살날이 을매 안 남았지만 좀 더 살아바라. 공기 사 먹을 날은 안 올라꼬."

칠곡 할매가 말했다.

은옥이 사산을 하고 몸을 채 추스르지도 못한 채 피해임산부들의 시위에 뛰어든 것은 분노 때문이었다. 그날 비상이 걸려 집에 들어오지 못한 명수의 옷가지 등을 챙겨 다시 정수장으로 갔다가 못 볼 꼴을 보았던 것이다. 티비에서만 보던 낯익은 고위인사들이 종이컵에 수돗물을 받아마시는 장면을 카메라가 수선스레 찍고 있었다. 수돗물 파동이 일어날 때마다 벌어지는 그 관제 퍼포먼스였다. 그녀는 이런 사람들에게 우리의 생명을 맡기고 있구나 하는 아득한 절망감을 느꼈다.

업무상과실로 다사 정수장 소장과 명수가 포함된 직원 4명이 구속되자 은옥은 남편 면회를 하는 와중에 시위대와 합류했다. 시민단체와 함께 피해 임산부들이 대구시청을 방문했을 때였다. 뜻밖에도 설악 생수를 가득 실은 트럭이 시청 건물 옆에 세워져 있었다. 시민단체 대표가 시장에게 따졌다.

"시청에서는 무슨 물을 먹습니까?"

"당연히 수돗물 먹지요."

시장은 마치 종이컵 물을 마시던 고위인사들과 하등 다름없는 얼굴로 태연하게 대꾸했다.

"그러면 밖에 저 생수 트럭은 뭡니까?"

시민단체 대표가 참을 수 없는 분노를 억누르며 창밖을 가리켰다.

"그야 뭐…. 저는 잘 모르는 일이지요."

시장은 사람들의 눈을 제대로 마주치지 못했다. 그 비굴한 모습이 은옥을 더 자극했다.

은옥은 대구 지역 주부들 30여명과 함께 구미공단의 구산전자 정문 앞으로 달려갔다. 피해 임산부 대표격인 페놀 아줌마가 구호를 선창했다.

-페놀, 우리끼리만 먹기 미안하니까,

흘려 보내주신 분들께도 먹입시다!-

함께 모인 젊은 주부들이 구호의 마지막 네 자를 목이 터져라 따라외쳤다.

-먹입시다, 먹입시다.-

-무해하다 주장 말고 우리 아기 살려내라!-

-살려내라, 살려내라.-

은옥도 질세라 목청을 높였다. 함께 소리를 지르다보면 구호들은 가슴 밑바닥에서 차오르는 울음이 되기 일쑤였다. 시위가 끝나고 있을 때였다. 누군가 은옥에게로 가만히 다가와 섰다. 병국이었다. 시위 대열에 함께 하면서 병국이 구산전자에 다닌다는 걸 떠올리긴 했었다. 하지만 이런 조우를 바란 건 아니었다. 남편이 그렇게 되고 제일 먼저 면회를 간 사람이 병국이었다. 그는 은옥의 수척한 모습을 보면서 어찌할 바를 몰랐다. 대구의 주부들과 시민단체의 불매운동뿐 아니라 유통업계까지 나서서 구산 제품불매운동을 벌이는 등 사상초유의 사태가 일어났다. 하지만 사회는 분노할 줄만 알았지 정작 피해자들을 보호하는 일에는 인색했다. 은옥은 페놀아줌마라고 불리며 임산부들의 피해보상을 위해 싸웠다. 길고 지루한 싸움이었다. 시간이 흐르면서 세상은 그 노도와 같은 분노를 서서히 잊어버리고 이들을 외면했다. 진실을 밝히기 위한 페놀아줌마들의 투쟁은 재판부뿐만 아니라 가족들에게조차 외면당하기 일쑤였다. 사람들은 그들에게 돈을 밝힌다, 돈 몇 푼 더 받으려고 한다고 2차 가해를 했다. 싸움이 길어지자 심지어는 가족들의 몰이해로 이혼을 당한 경우도 있었다. 하지만 그들은 다시는 이런 일이 일어나서는 안 된다는 신념으로 끝까지 소송에 임했다.

1995년, 조정판결문을 끝으로 그 긴 싸움은 종지부를 찍었다. 재판부는 더 이상 누구의 책임인지 묻지 말고 이쯤에서 끝내라고 말했다. 페놀로 인해 임산부들이 피해를 보았다는 직접적인 인과관계를 인정할 수 없다느 기가막힌 판결을 내린 것이었다.

법률적으로는 그럴 수 있는 것인 지도 모른다. 하지만 증거의 부재가 어찌 부재의 증거라고 할 수 있겠는가?

1991년 낙동강 페놀 수질오염은 구산전자를 상대로 2년간 재판을 이어간 은옥과 15인의 임산부들에게 씻을 수 없는 상처로 남았다.

6. 너무 늦지 않게: 새만금간척개발 - 배명희

부두에 진입해 정희는 주차할 곳을 찾아 천천히 차를 몰았다. 선창가는 철 지난 해변처럼 한산했고, 물 빠진 바다는 암으로 죽어가던 남편의 얼굴색처럼 거무죽죽했다. 더는 쓰이지 않는 등대 위로 갈매기가 한가하게 날고 있었다. 물이 빠져 드러난 개펄에 작고 낡은 배가 얹혀있었다. 정희는 문득 부두의 허름한 난간을 넘어 갯벌로 들어가고 싶은 충동에 흠칫 어깨를 떨었다. 비릿한 바다 내음, 세상에서 가장 투명한 금빛 모래, 손 안 가득 차던 생합의 촉감, 끼룩대는 수만 마리 새의 날갯짓 소리가 순식간에 정희를 향해 달려들었다. 바닷가 마을을 떠난 지 십팔 년이 지났다. 그레질하며 조개 캐던 일이 마치 한 생을 지나 뒤돌아보는 것처럼 아득했다. 차곡차곡 접어 쌓아 둔 기억이 불불이 일어나는 것을 정희는 속절없이 지켜보았다. 밀물처럼 깃을 세우고 오는 일들이 어제처럼 생생했다. 그동안 바다는 얼씬도 하지 않았다. 밀물과 썰물이 그레로 파헤친 개펄을 평평하게 만들 듯, 시간이 양 끝을 당기거나 늘려 그런대로 평온한 일상을 보냈다. 육십이 훌쩍 넘었다. 환갑 지나면 덤으로 사는 거라고 누군가 말했다. 정희는 부두에 정박한 배처럼 자신의 한 발은 과거에 묶인 것 같았다. 그렇지 않다면 이렇게 단번에 과거가 소환되는 것을 설명할 수 없었다. 사위가 어둑하다. 핸들에 팔을 얹은 정희는 조금씩 심란해졌다. 애초 해윤을 따라나서는 게 아니라는 후회가 밀려왔다.

　정희는 달게 자는 해윤을 방해하고 싶지 않았다. 토요일을 끼워 이틀 휴가를 냈다니, 바쁜 것 없는 여행이었다. 젊은 것이 오죽 피곤하면 자기에게 운전대를 넘길까 싶었다. 고향 선배 성수의 어머니가 입원했다고 해윤이 말한 게 벌써 여러 날 전이었다. 정희는 못 들은 척했다. 이제 와 어쩌라고, 그런 심정이었다. 그런데 그저께 해윤은 성수 어머니가 고향에서 자매처럼 친하게 지내던 정희를 보고 싶어 한다고 꼭 집어 말했다.

고향 언니는 얼어 죽을, 지가 내게 한 짓이 있는데, 무슨 낯짝으로.

그렇게 중얼거리다 정희는 서른 중반이 된 딸의 나이를 헤아렸고 조개처럼 입을 꽉, 다물었다.

성수의 곧게 뻗은 코와 쌍꺼풀 없는 기다란 눈, 늘 미소 짓고 있는 듯한 반듯한 얼굴을 떠올렸다. 자기 엄마 젊은 시절 얼굴과 판박이다. 해윤의 결혼 상대로 정희가 일찌감치 성수를 탈락시킨 것은 자기 엄마를 쏙 빼닮은 탓도 있었다. 성수가 인사차 간혹 집에 올 때면 정희는 동네를 휩쓸던 광풍의 한가운데로 빨려드는 것 같았다. 개발이라는 이름으로 많은 목숨을 앗아간 미친 바람.

모든 날이 하루인 듯 평온한 삶에 미세하게 균열이 간 건 작년, 더위가 날뛰던 8월이었다.

잼버리 대회가 파행으로 치닫는다는 뉴스를 우연히 보았다. 넓은 들판에 색색의 조개 모양 텐트와 임시로 세운 건물이 서 있었다. 그곳이 한때 자신이 조개를 캐던 갯벌인 것을 정희는 한눈에 알아보았다. 물이 나가면 그레를 끌던 곳, 친언니처럼 의지하던 성수네와 인연을 끊은 곳, 아들을 잃은 갯벌은 육지로 바뀌어 있었다. 현장 리포터가 높고 빠른 소리로 잼버리 대회를 개최하기 위해 습지를 급하게 메꿨다고 했다.

정희는 여름내 텔레비전 화면을 지켜보았다. 스프링처럼 오래 눌렀던 감정의 반작용이었을까. 뉴스에서 눈을 떼기가 어려웠다. 뉴스가 시작되면 정희는 슈퍼에 물건을 사러 가거나 일부러 딴 일을 만들어 텔레비전 앞에 앉지 않으려 애썼다. 그런 노력이 무색하게도 자리에 누우면 어김없이 핸드폰을 켜 유튜브로 잼버리 대회를 검색했다. 모기와 해충이 잼버리 대회에 참가한 아이들의 맨살을 물어뜯어 붓고 상처 난 다리나 팔을 보여주는 화면을 밤새 보았다. 나무 한 그루 없는 땡볕에서 쓰러지는 아이들이 속출하고, 화장실도 수도도 샤워장도 엉망이라 기겁 한 보호자들이 아이들을 데리고 행사장을 떠났다는 뉴스도 들었다.

삼십여 년 전이나 지금이나 기관에서 하는 일은 어쩌면 이리 비슷할까? 잼버리 대회에 참가하는 아이들과 행사의 취지를 조금만 깊이 생각하면 생기지 않을 일이었다. 제사보다 젯밥에 관심이 있기 때문이라고 얻어먹을 거 많은 젯밥이 늘 문제라고 정희는 생각했다.

해윤을 따라나선 것은 젯밥 때문이었다. 병들고 약한 인간을 위로하고, 연민해서가 아니라, 딸의 행복을 계산하는 맹목적 모성. 누군가 자신의 속셈을 들여다보는 것 같아 정희는 얼른 주변을 둘러보았다.

빛 잃은 태양은 물 아래로 가라앉고, 째보선창 앞바다는 호수처럼 잔잔했다. 선창가 건물에서 새 나오는 노란 불빛은 부두의 허름한 난간을 지나 검은 바다에 잔물결이 새겨진 기둥처럼 길게 뻗어갔다. 파도 소리도, 끼룩대는 갈매기 소리도 없는 적막한 밤바다였다. 해윤이 양팔을 머리 위로 올리며 기지개를 켠 것은 대기가 완전히 어두워진 다음이었다.

두 사람은 천장까지 닿는 커다란 유리문을 밀고 건물로 들어갔다. 내부는 운동장만큼이나 넓어, 맥주 가게라 부르기에 어울리지 않았다. 해윤이 옛날 수협 어판장 자리를 개조해 맥주 공장으로 만든 이곳을 비어 포트라 한다고 알려주었다. 부둣가라 맥주 가게에 항구라는 이름을 붙인 모양이다. 한때 펄떡이는 생선으로 활기 넘쳤을 어판장을 떠올리니 비릿한 슬픔이 밀려왔다. 이곳이 손님으로 가득 찬다 해도 예전 같은 생동감은 느껴지지 않을 것 같았다.

메뉴를 보아도 정희는 뭐가 뭔지 알 수 없었다. 해윤이 계산대에 가서 안주를 주문하고 양손에 맥주를 들고 왔다. 목마르던 차에 성급하게 맥주를 마시는 사이 저녁 식사를 겸해 주문한 안주가 나왔다. 모텔까지 차를 운전해 가야 했지만 해윤도 정희도 모르는 척 술을 마셨다. 관광객으로 보이는 너덧 명의 중년 남녀가 창가 테이블을 차지하고 있었다. 휑하니 넓은 홀에는 그들과 정희 모녀 두 팀뿐이었다.

정희는 종업원에게 내일 아침까지 주차장에 차를 두어도 되는지 물었다. 아르바이트생으로 보이는 앳된 종업원이 평일이니 괜찮다고 했다. 정희는 낮은 소리로 조개 무침 같은 안주는 없냐고 재빨리 물었다. 종업원은 눈을 크게 뜨더니 차림표에 있는 게 다라고 살짝 웃었다. 시골 노파를 달래는 것처럼 따뜻한 미소였다.

목젖을 쏘면서 맥주가 넘어가는데 조개 무침 생각이 간절했다. 시장에서 조개를 사다 일일이 까 삶은 후 갖은양념을 넣고 무쳐보았지만, 바닷가에서 동네 아낙들과 어울려 웃고 떠들며 한 숟갈씩 퍼먹던 그 맛은 나지 않았다. 개펄에서 갓 캔 싱싱한 조개 맛을 도시의 시장에서 산 조개와 비교할 수는 없었다. 성수네가 서울에서 시집온 정희에게 바닷물이 드나드는 시각과 그레질, 조개 무침 만드는 것들을 가르쳐 주었다. 성수네가 만든 조개 무침이 동네에서 단연 최고였다.

정희처럼 타지에서 바닷가로 시집 온 여자들은 바다처럼 품 넓은 성수네를 의지했고 언니, 동생 하며 친자매처럼 지냈다. 새만금 개발이 시작되기 전까지는 모든 게 평화로웠다. 바다에 나간 남자가 돌아오지 못하거나 포구에 묶어 둔 배가 태풍에 부서지거나 떠내려가기도 했으나, 어촌에서 그런 일은 운명이라 여기고 다시 삶으로 복귀했다. 풍랑 만난 배처럼 마을에 물이 밀려든 것은 새만금 간척사업이 시작되면서부터였다. 방조제로 바다가 막히자 마을은 원래 모습으로 돌아가지 못한 채 바다와 함께 죽어갔고 사람들은 쓸쓸히 멀어졌다.

해윤의 뺨이 발그레해진 틈에 정희가 무심한 말투를 가장해 해윤을 떠보았다.

성수와 가끔 만나니?

일 있으면 만나.

왜 너한테 병문안 오라고 하는데?

아주머니가 엄말 보고 싶어 하신대.

다른 이유는 없고?

곧 돌아가실 분인데, 뭐가 또 있어야 해?

해윤의 말에 가시가 뾰족하다. 또 그 소리? 하는 눈치가 역력했다. 물속으로 가라앉는 닻을 안은 것처럼 정희는 마음이 무거워졌다. 해윤에게는 물끝선에서 수평선을 바라볼 때의 아련함도, 세차게 밀려오는 파도에 몸을 맡기고 싶은 욕망도, 밤이 되면 갯벌에서 들리는 수많은 생명의 밀어도, 밤바다에 내려온 은하수의 반짝임도 생기도 없었다. 단지 고향 선후배 사이일 뿐인가? 성수네가 군이 정희를 만나고 싶어 하는 데는 필시 이유가 있을 것 같았다. 아니, 있어야 했다. 정희가 은근히 혹은 대놓고 바라는 희망. 정희는 시계추처럼 오락가락하는 마음을 붙잡으려 손을 뻗었지만 흔들리는 추는 좀처럼 손에 걸리지 않았다.

이십 년이 지나도 그날 입은 상처에는 아직도 피가 흥건하다. 어떻게 그럴 수 있는지. 다른 사람도 아닌 성수네가. 정희는 잔을 들어 바닥에 깔린 술을 입속으로 쏟아부었다.

성수네가 무릎 꿇고 용서를 빌며, 성수와 해윤을 맺어주자고 청하면 마지못해 응할 생각이었다. 정희는 자신이 김칫국을 마시는 게 아닌가 해서 흘깃 딸의 눈치를 보았다. 해윤에게는 사랑에 빠진 사람 냄새가 나지 않았다. 명색이 어미고, 수십 년 바다와 사랑에 빠졌던 자신이 그 냄새를 모를 수는 없다. 정희는 갑자기 의기소침해졌다. 해윤을 따라나설 때의 당당하던 오기는 사라지고 병들고 약한 노인과 거래할 생각에 가득 찬 자신의 비열함에 우울해졌다.

내일 병원에 갈 거지?

해윤이 정희를 끌고 갈 듯 다짐 받는다.

금방 죽기라도 한 대? 이제 70인데 안즉 멀었어, 그리 쉽게 죽을 사람 아니야.

20년도 넘었어. 그만 풀 때도 됐잖아.

정희는 비난과 안타까움이 범벅된 해윤의 눈을 슬며시 피했다. 세월이, 그렇게 흘렀단 말인가? 풀라니, 무얼, 어떻게? 깨진 항아리에서 엎질러진 물이다. 바다는 죽고 갯벌은 육지가 되었다. 되돌리기 어려운 지점을 지나와 버렸다. 바다나 산, 갯벌처럼 사람도 자연의 일부니 한 번 변하면 돌아가기 쉽지 않았다.

그 일은 애초 김 양식자들이 먼저 시작했다. 새만금 개발이 시작되면서 나온 보상금 때문이었다. 바다를 메워 여의도 140배나 되는 농지를 만든다는 말이 나온 건 1987년, 당시 전라도에서 인기 없던 대통령 후보의 입에서였다. 그러고도 4년이 흐른, 1991년에야 바다를 막는 방조제 공사를 시작했다. 평생 바다를 파먹고 살던 사람들이 바다를 메워 농토를 만드는 일에 왜 찬성했는지 모를 일이다. 가난하고 배운 것 없는 어민이 무슨 수로 국가에서 하는 일을 막겠느냐는 패배 의식, 그렇게 넓은 땅을 만드는 데 간척지 한 떼기는 주지 않겠냐는 근거 없는 희망, 그 땅에 공장이 들어서면 객지에 나가 고생하는 자식들의 취직자리라도 생길 것이라는 한 가닥 기대. 도시 사람처럼 번듯한 아파트에서 한번 살아보자는 흥분. 그리고 당장 코 앞에 내미는 보상금의 유혹. 막지 못할 일이면 돈이라도 챙기자는 분위기도 없지 않았다.

부안, 김제, 옥구, 군산 일대의 해안가 지역민들에게 보상금은 불가항력으로 다가온 재난이었다. 보상금은 마을을 둘로 쪼개버렸다. 어류와 조개를 잡는 어촌계 어민과 김 양식자들에게 나온 보상금 액수가 차이 났다. 어촌계는 김 양식업자들에게 보상금 절반을 어촌계에 넘기라 요구했고, 김 양식자들이 거절하며 마을은 냉랭한 분위기가 돌았다. 보상금 총액은 양쪽이 비슷했는데, 어촌계 가구는 김 양식 가구보다 몇 배가 많아 가구별로 보상금을 나누면 액수가 형편없이 적었다. 사람들은 애초 김 양식을 히리고 바다를 내준 게 어촌계이니 보상금을 공평하게 나누자고 요구할 권리가 있다고 여겼다.

감척 보상비를 받으면 신시도에 배를 가져가 넘기고, 어업허가는 갱신 되지 않았다. 무허가 어선이나 작은 목선은 그나마 보상금을 제대로 받지도 못했다. 그러니 바다에서 어류나 조개를 잡는 것은 불법이 되어버렸다. 정희 남편은 멀쩡한 배를 넘기고 허름한 배를 사들였다. 방조제 공사 때문에 수확량이 반 이상 줄었으나 완전히 막히지 않은 바다에 아직은 고기가 잡혔다. 먹고살려면 다른 방법이 없었다. 평생 고기 잡던 어부가 갑자기 무슨 일을 할 수 있겠는가. 도시에 나가 보상금으로 카페나 슈퍼를 차렸던 사람들이 망해 도로 마을로 돌아오는 일도 있었다. 그러니 대책 없이 마을을 떠나는 게 두려웠다. 정희는 버틸 수 있는 데까지 버티기로 마음먹었다. 그러니 자연히 불법어로를 할 수밖에 없었다. 마을을 떠나지 못한 다른 사람들도 마찬가지였다.

마을은 어촌계와 김 양식업자, 둘로 갈라져 싸웠는데, 수가 적은 김 양식자들이 수세에 몰렸다. 김 양식자들이 불법어로 고발 투서를 넣은 게 그즈음이었다. 몇 명은 벌금까지 맞았다. 마을은 뒤숭숭했다. 풍랑에 배를 잃으면 집집이 추렴한 돈으로 배 마련에 부조하던 마을은 시퍼런 번개가 가르는 하늘처럼 쪼개졌다.

화가 뻗친 어촌계 쪽 여자들이 김 양식업 측 여자들을 선착장으로 불러냈다. 정희가 김 양식자인 성수네 코 앞에 벌금 고지서를 바짝 들이대고, 형님이 투서를 선동했냐고 따졌다. 성수네는 펄쩍 뛰며 어떻게 다른 사람도 아닌 네가 내게 이럴 수 있냐고 길길이 날뛰었다. 먹고살기에 지친 데다 벌금까지 나온 터라 마을 여자들은 너나 할 것 없이 신경이 곤두서있었다. 거친 말이 사람들 사이에서 오갔다. 처음엔 말로만 티격태격하다가 급기야 수가 많은, 어촌계 여자들이 성수네의 머리채를 휘감았다. 누가 먼저랄 것도 없었다. 두 쪽이 동시에 손이 나갔을 테니. 누군지 알 수 없는 억센 손이 정희의 머리카락을 잡아당겼다. 코앞에 성수네가 있었지만, 정희는 차마 성수네의 머리를 잡아챌 수 없었다. 어촌으로 시집와 아무것도 모르는 자기에게 필요한 모든 걸 가르쳐 준 게 성수네였다.

배가 들어오면 사람들이 우르르, 모여들어 생선과 조개를 내리던 선착장. 쨍쨍한 볕 아래 앉아 수다를 떨며 그물을 깁던 곳. 배가 가라앉을 정도로 만선인 날도, 빈 그물을 내리며 체념하는 날도, 와자지껄 온갖 말이 오가던 선착장은 여자들이 엉켜 뒹굴며 내지른 험한 말과 고성으로 전쟁터가 되어버렸다. 욕설이 난무하고 새된 비명에 먹이를 찾아 낮게 날던 갈매기가 날아가 버렸다. 바다가 막히는 만큼 사람의 마음도 닫혔다. 보상금 몇 푼을 받자고 어업 포기각서에 도장을 찍은 손목을 잘라버리고 싶었고, 한평생을 살아온 터전, 하루 일하면 하루 일당이 나오는 노다지 같은 개펄을 팔아넘겼다는 죄책감이 마을을 지배했다.

뺨과 눈두덩이에 번쩍 불이 일더니, 뜨거운 물을 덮어쓴 것처럼 얼굴이 화끈거렸다. 정희는 자기 머리끄덩이를 휘감은 게 성수네 손이라 생각했다. 성수네와 눈이 마주치거나, 참담하게 일그러진 표정을 보았다면 정희는 손을 뻗지 않았을 것이다. 헝클어진 머리카락 사이로 보이는 것은 무엇인가 움켜잡으려 허우적거리는 거친 손들 뿐이었다. 옥신각신하다 정희는 사람들에게 떠밀려 바다에 내동댕이쳐졌다. 아침 먹은 것이 튀어나올 정도로 충격이 컸다. 몸 어딘가 부서진 것 같아 일어날 수 없었다. 흩어진 정신을 겨우 수습하고 보니, 오기가 생겨 덤불처럼 뒤엉킨 무리로 다시 파고들었다. 순간 머리가 통째 뽑히는 것처럼 고통스러웠다. 머리카락이 한 움큼씩 뽑힐 때마다 정희는 바다를 메우려고 퍼붓는 바윗덩이와 흙더미가 차곡차곡 몸을 메꾸는 것 같았다. 호흡이 가빠지고 머릿속이 하얗게 비어갔다. 정희가 통나무처럼 쓰러지지 않았다면 싸움은 영원히 끝나지 않았을지 모른다. 격앙되었던 여자들이 허둥지둥 얼굴에 차가운 물을 뿌리고 팔다리를 주무른 한참 후에야 정희는 정신이 돌아왔다. 양쪽으로 갈라져 싸우던 여자들은 마지막까지 서로에게 삿대질하고 욕설을 퍼부으며 흩어졌다. 정희가 마지막으로 본 것은 바닥에 누운 자신에게 침을 뱉고 돌아서는 성수네였다. 그게 자신을 향해서인지 알 수 없었지만 모든 걸 거부하듯 정희는 질끈 눈을 감아버렸다.

다음 날, 아침 정희는 느지막이 눈을 떴다. 신축 모텔이라 세면대도 욕조도 반짝거리는 욕실에서 샤워하고, 화장대 앞에 앉아 젖은 머리를 말렸다. 드라이어의 더운 바람이 축축한 머리칼에서 물기를 걷어갈 즈음 해윤의 전화기가 부르르 떨었다. 정희는 드라이어의 전원을 껐다. 통화를 마친 해윤은 얼굴이 침울했다.

아주머니 병세가 나빠 면회가 어렵대.

샤워하면서도 정희는 마음이 오락가락했다. 성수네를 만나고 싶은 마음이 없지는 않았다. 단단히 뭉쳐진 응어리가 풀린 건 아니지만, 성수네와 함께 보낸 세월이 파도처럼 출렁이며 눈앞으로 다가왔다. 비슷하게 아들을 낳아 키우며, 기쁜 일과 궂은 일을 함께 의논했던 성수네였다. 오래 연락하지 않은 데는 아들 잃은 상실감이 정희를 무력하게 만든 탓도 있었다. 정희는 몇 번 투덜거리다, 못 이기는 척 가려고 했다. 그런 속셈을 비웃기라도 하듯 면회 오지 말라니, 정희는 조금 뜨악했지만 병세가 나빠졌다는 말에 가슴이 먹먹해졌다.

모텔 근처 카페에서 커피와 소금빵으로 아침을 대신했다. 카페에서 갓 구워 낸 소금빵은 고소하고 파삭거렸고 바다처럼 짭짤했다. 어제 맥주를 마신 비어 포트처럼 카페는 한산했다. 해윤과 정희가 카페 중앙 넓은 테이블을 차지했고 손님은 모녀 둘 뿐이었다. 커피를 다 마실 때쯤 작업화를 신고 안전모를 착용한 남자 대여섯이 우르르 들어왔다. 멀지 않은 곳에 공사 현장이 있는 모양이었다. 일을 하려면 밥과 따끈한 국을 든든히 먹어야 할 텐데, 빵과 커피라니. 세상이 변한 것인가? 정희는 생각했다. 남자들이 떠드는 소리에 별것 아닌 일로 공사가 잠깐 중단된 틈에 커피를 마시러 온 것임을 알았다. 현장에 즉시 복귀하기 위해 가까운 카페에 온 모양이었다. 짐작대로 인부들이 커피를 다 마시기도 전에 현장에서 연락이 오는 것 같았다. 우두머리로 보이는 남자가 전화를 받더니 들어올 때처럼 그들을 끌고 썰물처럼 빠져나갔다.

그들의 안전모와 작업화가 정희를 과거로 데려갔다.

2006년 3월. 물막이 공사가 막바지에 이르렀을 때, 어민들이 한배에 서넛 혹은 너덧씩 올라타고 공사 현장으로 몰려갔다. 방조제는 완공 단계였고 바다가 막히면 끝장이라는 위기감이 해안가 마을을 집어삼켰다. 선외기를 단 작은 배에서 큰 어선들까지 김제, 군산, 부안의 배들이 죄다 마지막 물막이 공사 현장으로 모여들었다. 마지막이라는 비장한 각오가 배에서 펄럭이는 붉은 깃발과 노란 현수막을 타고 넘실거렸다.

남자들이 먼저 방조제 끝에 배를 대고 뛰어올랐다. 남자들은 덤프트럭에 몸을 던져 차의 이동을 막고, 만들어 온 물대포를 쏘며 공사 현장 인부들과 싸웠다. 정희가 마을 여자들과 함께 방조제에 올라가니 단단한 안전모를 쓰고 투박한 작업화를 신은 인부들이 여자들을 막아섰다. 어민들은 바다에 돌덩이를 쏟아붓는 덤프트럭과 공사 인부들을 죽기 살기로 막아섰다. 목숨 걸고 덤비는 어민들의 기세에 인부들이 밀리자 곧바로 경찰이 투입되었다. 한 사람에 너덧 명의 사람이 달라붙어 팔다리를 들어 현장에서 끌어냈다. 끌려가는 어민의 비명과 고함으로 방조제 주변은 아수라장이었다. 처절하게 저항했지만, 해상 시위는 무위로 끝났다. 한 달 후, 태극기가 펄럭이는 가운데 새만금 방조제 완공, 만세라고 외치는 소리가 적막한 바다로 울려 퍼졌다. 봄볕이 가득한 바다에서 어민들은 울음을 터뜨렸다. 절망의 흐느낌과 비통한 신음이 방조제로 막힌 안쪽 바다에 조금씩 가라앉았다. 정희는 그때 쏟아붓는 돌덩이에 몸을 갈아서라도 공사를 막아야 했다고, 그랬더라면 아들을 지킬 수 있었다고 회상했다. 그런 때마다 정희는 피가 나게 입술을 깨물곤 했다.

해윤은 어제 쉰 덕에 컨디션이 좋다며 운전대를 잡았다. 정희는 여전히 까칠한 해윤의 얼굴을 보며 달각, 안전띠를 채웠다. 해윤은 새만금 방조제를 향해 차를 몰았다. 장자도, 신시도, 선유도와 아미도는 방조제가 만들어진 후 육지와 다름없게 되었다며, 고향 선배가 하는 장자도 횟집에서 점심을 먹자고 했다. 정희는 까맣게 탄 얼굴에 두 눈이 초롱초롱 빛나던 남자아이를 떠올렸다. 정희의 기억이 맞는다면, 횟집을 한다는 해윤의 선배는 선착장 맞은편 끄트머리, 낮은 지붕을 파란 슬레이트로 얹은 집 막내아들이다. 도시를 떠돌며 여러 일을 전전하다 마지막이라 각오하고 얼마 전 장자도의 작은 횟집을 인수했다고 해윤이 말했다. 이제 마흔이 되었을 뿐인데 마지막 각오라고. 정희는 해윤의 선배가 도시에서 무슨 일을 했는지 궁금했지만 묻지 않았다. 고향 근처로 온 것은 도시에서 그의 삶이 녹록하지 않았을 거라는 생각에서였다. 해윤과 성수, 횟집을 인수한 해윤 선배는 모두 방조제 공사 와중에 청소년기를 보낸 아이들이었다. 집을 떠나 전주나 군산 같은 큰 도시에서 학교에 다녔으나 방학이면 집에 돌아와 지냈으니 죽어가는 바다를 목격한 세대였다.

어제까지 한솥밥 먹고, 식구처럼 지내던 이웃과 말을 끊고, 문을 닫아걸고, 의심하고 경계하는 마을로 변해가는 것을 보면서 아이들은 얼마나 혼란스러웠을까? 태풍에 아래위가 뒤집히는 바닷속처럼 두렵고 불안했을 것이다. 하지만 세찬 바람이 분 뒤에 갯벌에 나가면 대합이 잘 잡혔다. 태풍에 뒤집힌 바다가 어류와 조개와 많은 생명을 불러냈다. 동전의 양면처럼, 빛과 그림자처럼, 바다는 삶과 죽음을 동시에 품고 있다. 태풍 뒤 풍요해지는 바다처럼, 정희는 바닷가에서 태어나 자란 그들 모두 풍요로운 인생을 살았으면 바랐다.

멀리 녹색 표지판이 눈에 들어왔을 때 정희는 장자도에 가지 않겠다고 했다. 방조제에 진입하기 전부터 심장이 날뛰는 것처럼 펄떡거렸다. 정희는 눈을 감았다. 오래된 의문이 뱀처럼 머리를 쳐들 때마다 심장이 뛰고 머리가 뜨거워졌다. 아침에 약을 먹었는지 기억나지 않았다. 애초 여기 오는 게 아니라는 생각이 머리에 가득했다.

정희는 의자 깊숙이 등을 기대고 심호흡했다. 해윤이 속도를 늦추더니 핸들을 꺾어 새만금로를 벗어나 비응항으로 들어갔다. 정희는 몸을 틀어 뒷자리에 둔 가방으로 팔을 뻗었다. 가방에서 파우치를 꺼내 열었다. 약은 이틀 치를 챙겨왔는데 파우치에는 한 봉지가 남아있었다. 카페에서 소금빵과 함께 약을 삼킨 기억이 떠올랐다. 새만금로에 진입한 순간부터 정희의 기억이 헝클어졌다. 호흡은 불규칙해졌고, 머릿속이 하얗게 비었다. 가끔 그런 증상이 나타나 병원에 갔지만, 의사는 노화 때문이라며 잘 자고 스트레스를 피하라고 했다. 피하고 싶지만 피할 수 없는 일, 싫지만 저절로 떠오르는 일이 세상에는 너무 많았다.

바다가 막히면 죽는다는 어민의 절박함은 공사 기간이 길면 손해 보는 건설회사의 수지타산과 새만금 간척사업에 관련된 이들의 어리석은 신념과 출세와 이익에 비하면 하찮았다. 그래서 평생을 바다에서 산 어민은 한 번도 바다에 살지 않은 사람을 이길 수 없었다. 정희는 아직도 이해할 수 없다. 국가가 왜 자신들을 고향에서 내몰고 다른 사람들을 불러들이는지. 성실하게 세금 내면서 조상 대대로 터 잡고 산 고향을 없애려는지. 그 생각만 하면 머리가 지끈거렸다.

해윤이 차창을 내리자 짠 내가 몰려들었다. 확 트인 바다는 군산 내항의 잔잔한 바다와는 냄새부터 달랐다. 아들을 삼킨 바다는 무심한 가을볕에 뒤척인다. 수평선이 아스라하다. 정희는 의사가 알려준 대로 천천히 숨을 들이마셨다가 내쉬기를 반복했다.

해윤이 차 밖으로 나가더니 어딘가로 전화한다. 전화를 끝내고 차에 오른 해윤이 바닷바람이 차갑다며 유리를 올렸다 물속에 들어간 듯 적적이 깃든다. 이젠 바다에서 산 날보다 육지에서 보낸 세월이 더 길다. 하지만 바다는 좀처럼 정희를 떠나지 않는다. 틈날 때마다 정희를 오래된 기억으로 밀어 넣는다.

바다가 막힌 후에도 정희는 선뜻 마을을 뜨지 못했다. 남편의 술값과 도박 빚으로 보상금은 반으로 줄었다. 무능한 남편이 외지에 나가 할 수 있는 일을 생각하니 앞날이 막막했다. 아직은 갯벌에서 조금씩 나오는 조개를 캐는 것 외 방법이 없었다. 채취량이 반으로 줄었지만, 갯벌이 썩어 가니 언젠가 수문을 상시로 열 것이라는 기대도 있었다. 어민들은 해수 유통을 하면 썩어가는 갯벌도 살아날 것이고, 바닷물을 따라 고기도 들어올 것이라는 희망을 버리지 않았다.

방조제를 막은 지 얼마 지나지 않아 새만금호는 점차 간장색으로 변했다. 만경강과 동진강에서 유입되는 퇴적물이 방조제 바깥 바다로 빠져나가지 못하고 내부에 쌓여 수질이 나빠졌다. 바닷물이 들어오지 않아 갯벌은 갈라지고, 사막처럼 변해갔다. 방조제 안쪽은 썩은 냄새가 진동하는 거대한 호수가 되어 버렸다. 어민들이 수문을 열어 새만금호로 바닷물을 들여야 한다고 요구했지만, 사업단은 날이 더워 일시적으로 오염도가 상승한 거라고 변명하며 무시했다. 정희는 해수 유통에 목을 매고 버텼다. 조개를 하나라도 더 캐려고 물이 가슴까지 차는 갯벌에서 작업도 마다하지 않았다. 남은 사람은 대개 비슷했다. 해윤이 고3이고, 제대한 아들이 가을에 복학할 때까지 목돈을 만들어야 했다. 애들 등록금과 생활비가 나올 곳은 갯벌뿐이었다.

엄마, 걱정하지 마. 내가 있잖아.

정희는 퍼뜩 눈을 뜨고 두리번거렸다. 정희의 걱정 어린 푸념에 아들이 한 말이다. 아들이 남긴 마지막 말이었다. 해윤이 걱정스러운 눈으로 정희를 보고 있었다.

방금 뭐라고 했니?

엄마 괜찮냐고? 여기 더 있을까? 가 보고 싶은 곳은 없어?

정희는 현실로 돌아온 듯 엉덩이를 조금 들어 자세를 고쳐 앉았다. 방조제가 보이지 않는 곳에 피하고 싶었지만, 자신이 뭘 잘못해서 피해야 하나, 오기가 머리를 쳐들었다. 자신의 삶을 짓밟은 방조제를 밟아, 가능하다면 금이라도 내고 싶었다.

해윤은 출발하지 않고 망설였다. 아마도 장자도에 가지 못한다고 전화한 게 아닌가 정희는 생각했다. 해윤은 미군기지에 가 사진을 찍어야 한다며 정희의 안색을 살폈다. 해윤이 가끔 군산에 온 이유가 성수 때문이 아닌 것을 깨달았다. 석연치 않던 해윤의 행동이 그제야 명확하게 다가왔다. 아쉬움과 실망이 정희를 스쳐 갔다.

장자도에 가서 점심 먹고 사진 찍으러 가.

괜찮냐고 묻는 해윤에게 정희는 고개를 끄덕였다.

해윤은 비응항을 나와 새만금로에 진입했다. 방조제로 갈라진 왼쪽과 오른쪽 바다는 색깔도 냄새도 달랐다. 방조제 안 바다는 검은색을 띠고 있었다. 눈길이 갈 때마다 검은 바다가 숨이 막힌다고 호소하는 것 같았다. 정희는 검은 바다를 외면했다. 아무것도 해 줄 수 없어 죽어가는 바다를 차마 쳐다볼 수 없었다.

장자도 횟집은 포장마차처럼 작고 소박했다. 바다가 보이는 절벽에 있어 손님이 찾을 것 같아 다행이라고 정희는 생각했다. 해윤의 선배는 도시에서 떠돌다 돌아온 사람답지 않게 해맑았다. 자세히 보니 어릴 적 똘망똘망하던 눈매가 조금 남아있었다.

성수 어머니는 좀 어떠셔?

다행히 좋아져 좀 전에 일반 병실로 옮겼대.

해윤과 횟집 선배가 주고받는 말을 들으며 정희는 요즘 일흔이면 한창인데 좀 더 살아야지, 라는 말을 삼켰다. 말기 암인데, 건강하게 오래 살라는 말이 영혼 없이 내뱉는 말 같았기 때문이었다.

우리 집은 홍합탕이 전문인데, 제철에 오셨네요.

해윤의 선배가 상을 차리며 말했다. 정희는 홍합이 가을부터 겨울이 제철이라는 사실을 까맣게 잊고 있었다. 장자도 근방에 홍합이 많이 난다는 사실도 그제야 기억났다.

해윤의 선배는 주방에서 회를 뜨면서 말했다.

바다가 막힌 다음부턴 홍합이 사라졌어요. 가까운 섬에서 홍합을 채취해 팔 생각이었는데…. 말끝을 흐리며 서글프게 웃었다.

이젠 배 타고 멀리 나가야 홍합을 따는데, 양이 얼마 안 돼 사서 팔고 있어요. 근처 식당에서 파는 조개는 다 인천에서 와요. 바다가 막히고 모든 게 변했어요.

정희는 파란 지붕 집 아들의 옆 모습을 오래 보았다. 아들과 갯벌을 뛰어다니던 장면을 불러내기라도 할 듯이. 그 아이는 친구 엄마에게 조곤조곤 말을 늘어놓았다.

아들을 잃고 정희는 몇 번이나 바다로 걸어 들어가려 했다. 바다와 갯벌이 만나는 물끝선에 서 번번이 돌아선 것은 해윤 때문이다. 열여덟 살 딸을 세상에 혼자 두는 것은 어미가 할 짓이 아니라 생각했다. 해윤의 옆에 누군가 생기면 그때 떠나도 늦지 않다고 생각했다. 그사이 슬픔은 무뎌지고, 지금은 해윤을 의지하는 마음이 생길 때도 있다. 사는 것은 익숙해지는 일인지 자신을 갈기갈기 찢어발기고 싶던 충동조차 희미해졌다. 아들의 얼굴도 흐릿해져 때로 성수 얼굴과 겹치기도 했다. 지금은 눈앞에 있는 파란 슬레이트 지붕 집 아이의 얼굴에 아들이 겹친다. 이들은 모두 살아있는데 아들은 너무 멀리 가버린 것 같아 정희는 억울했다.

노란 냄비에 허연 김을 올리는 홍합탕이 상에 올랐다. 파란 지붕 집 아들은 회에는 소주가 제격이라며 병을 비틀어 땄다. 운전해야 하는 해윤 대신 정희가 잔을 받았다. 정희는 새콤한 조개 무침을 떠올렸으나, 말없이 홍합살을 꺼내 입에 넣었다. 인천에서 사 오는 조개라니, 시장에서 사던 조개나 다름없다. 오랜만에 바닷가 집에 앉은 것같이 푸근했다. 술이 몇 잔 들어가 마음이 풀린 탓도 있지만 해윤과 그의 선배가 주고받는 사투리 때문이었다. 자신은 좀처럼 익숙해지지 않지만, 아들과 딸과 남편은 말투가 같다. 해윤도 평소에는 사투리를 쓰지 않았다. 도시물을 일찍 먹은 동네 아이들은 대개 그랬다. 그런데 고향 선후배는 고향 억양을 주고받는다. 잃어버린 고향이 아쉬워서일까? 그들의 대화를 듣고 있자니 바닷가에서 살던 시절로 돌아간 것 같았다.

정희는 장사는 잘되는지 물었다. 어렵다고 말할까 조마조마했다. 그럭저럭요. 대답을 듣고 정희는 안심이 되었다. 잘 되면 좋지만, 그럭저럭도 다행이라 생각했다. 점심시간이 가까워지니 손님이 들었다. 좁은 가게라 자리를 비켜야 할 것 같았다.

해윤은 사진 찍으러 가야 한다면서 자리에서 일어났다. 해윤의 선배는 가까이 사는 자신이 할 일인데 미안하다면서 사진 찍으면 자기에게도 보내달라고 부탁했다. 둘이 주고받는 말로 보니, 같은 단체에서 활동하는 것 같았다. 근거 없이 옅은 안도가 느껴졌다. 오길 잘했다고 생각하며 정희는 입에 남은 홍합의 시원하고 깊은 뒷맛을 음미하며 횟집을 나왔다.

군산 공항 표지판이 나오자, 해윤은 남수라를 향해 핸들을 꺾었다. 둑방 아래 갯벌은 육지로 바뀐 지 오랜 듯 어른 키 높이만큼 자란 갈대가 가을볕에 흔들린다. 갈대숲 너머에 시든 풀더미로 뒤덮인 무덤 같은 배가 한 척 놓였다. 갯골에 물이 들어오지 않아 버려진 배다. 부서지고거멓게 썩어가는 배는 화분처럼 제 안에 풀을 잔뜩 담아 키우고 있다. 갯벌 썩는 냄새가 코를 찔렀다. 어디를 가도 썩는 냄새가 따라온다. 대합과 바지락,

동죽과 피조개, 짱뚱어와 농게, 그 많은 새는 어디로 갔을까? 갯벌이 그들의 집이고 마을이고 고향인데. 사람처럼 떠나지 못하는 것들은 역한 냄새가 되어 원혼처럼 공중을 떠돌고 있다.

여기 살던 조개는 바닷물이 들어오기를 매일 기다렸을 거다. 날마다 말라가는 개펄에서 얼마나 목마르고 숨 막히고 두려웠을까.

정희가 중얼거리자, 해윤이 대답했다.

아직 살아있는 녀석들도 있어.

정희는 반짝 표정이 밝아졌다가 어림없다는 듯 갈대밭으로 시선을 돌린다.

남편이 술 먹고 상을 뒤엎고 주먹을 휘두르면 갯벌로 도망쳤다. 남편의 방탕이 정희 탓이라며 시어머니가 구박할 때도 갯벌로 갔다. 밤 갯벌은 온갖 소리로 넘쳤다. 사라락, 게가 기는 소리, 스륵, 모래를 뚫고 올라오는 소리, 뽀글뽀글 게가 집을 짓는 소리. 바다는 정희의 손을 부드럽게 쓰다듬으며 위로했다. 밤하늘 별은 바다에 내려와 몸을 씻고, 신비하고 아름다운 빛을 멀리까지 보냈다. 갯벌에 나가면 마음이 파랗게 가라앉았다. 갯벌의 위로가 없었다면 혹독하고 고단한 시집살이를 견딜 수 없었을 것이다. 갯벌에 서면 모든 시름이 썰물처럼 빠져나갔다.

정희가 물었다.

철새가 올 땐데 보이질 않네.

도요새가 호주나 뉴질랜드까지 못 가고 중간에 바다에 떨어져 많이 죽었대. 먹이도 충분히 못 먹고, 쉬면서 체력을 비축하지 못해서.

해윤이 안타까운 목소리로 말했다.

갯벌에 기대 사는 것은 사람뿐 아니었다. 새나 조개, 서해안 어류의 절반 이상은 갯벌에서 산란한다. 눈에 보이지 않는 수많은 생명이 개펄에 의지해 산다는 것을 어민이라면 누구나 아는 사실이다. 갯벌을 쓸모없는 땅이라 주장하며, 개발을 찬성하는 자들이 대부분 높은 자리에 있다는 게 정희는 의아하다. 노름과 도박에 빠진 남편도 갯벌에서 나오는 소득이 농사지어 버는 돈보다 몇 배나 많다는 것을 안다. 옛날에는 쌀이 모자라 간척으로 농지를 늘렸지만 새만금 방조제 공사를 착수한 해는 쌀이 이미 남아돌던 때였다. 그런데 국가는 왜 농지를 만든다고 바다를 막았을까. 바다를 막아 강물이 흐르지 못하면 강물이 죽고, 또 갯벌이 죽고, 갯벌이 죽으면 조개가 죽고 그러고 나면 인간이 죽는데 말이다.

해윤은 둑을 따라 천천히 차를 몰았다. 칠면초가 군락을 이룬 붉은 염습지와 갈대밭, 추수가 끝난 논이 한꺼번에 눈앞에 펼쳐졌다. 고르지 않은 땅에 차가 요동칠 때마다 정희는 발로 힘껏 바닥을 눌렀다. 하지만 대책 없이 위아래로 몸이 흔들렸다. 사막처럼 변한 갯벌로 내려가는 길이 둑길과 직각으로 나 있었다. 차를 돌릴 수 있을 만한 곳에 해윤이 차를 세웠다.

차에서 내려 둑에 섰는데 땅에서 솟아난 듯 제트기가 느닷없이 정희와 해윤을 향해 돌진했다. 무시무시한 소리와 함께 제트기는 충돌할 듯이 다가왔다. 귀청이 찢어질 듯한 소리와 찌를 듯 접근하는 제트기에 혼비백산해 정희는 해윤을 감싸안고 털썩 주저앉았다. 미군기지 근처에서 얼쩡거리니 수상한 자라고 위협하나 싶어 등골이 오싹했다. 해윤도 놀랐는지 정희의 품에서 한참 움직이지 않았다.

제트기는 나타날 때처럼 순식간에 멀어졌다. 뒤늦게 해윤이 벌떡 일어나더니 전투기가 사라진 쪽을 향해 주먹을 휘둘렀다. 혼이 나갈 정도로 놀란 게 뒤늦게 분한 모양이다. 정희도 허공에 대고 소리를 질렀다. 썩을 놈들. 장자도에서 마신 소주가 정희를 부추겼다.

둘은 마주 보며 무사해 다행이라는 듯 안도하며 겸연쩍게 웃었다.

엄마, 여긴 아직 갯벌이 살아있어. 하루에 두 번 수문을 열어 바닷물이 들어오는 덕이야.

사실이었다. 해윤의 손에 의지해 건너뛸 정도로 질벅거리는 곳도 있었다. 허리를 올라오는 갈대 사이의 구불구불한 길을 지나자 붉은 담요를 깔아 놓은 것 같은 칠면초군락과 해홍나물과 퉁퉁마디가 섞여 있었다. 염습지를 벗어나니 해윤의 말대로 갯벌이었다. 정희는 자신도 모르게 달려가 웅크려 앉았다. 두 손을 개흙에 깊이 밀어 넣었다. 부드럽고 차가운 펄을 두 손 가득 퍼 올렸다. 오랜 친구를 만난 것처럼 눈물 나게 반가웠지만, 아들을 잃은 갯가라 그런 기쁨이 허용되지 않을 것 같아 혼란스러웠다. 뿌옇게 흐려지는 눈앞 풍경을 지우려 정희는 몇 번 눈을 끔벅였다. 아들의 죽음은 예전처럼 살을 저미는 고통 속으로 정희를 끌어당기지 않았다. 묵직한 종소리의 여운처럼 그렇게 남아있다.

태풍이 몰아닥친 2006년 7월. 그해 태풍은 많은 비를 몰고 왔다.

농어촌 공사는 방조제가 넘칠까 수문을 열어 미리 물을 빼냈다. 방조제가 완공된 뒤부터 농어촌 공사는 예고도 없이 마음대로 수문을 열었다 닫았다 했다. 제대하고 복학을 기다리던 아들은 정희를 도우려고 갯벌에 자주 나갔다. 장마로 미뤘던 빨래 때문에 정희는 집에 남았다. 그날도 예고 없이 수문을 열었는데, 이를 알지 못한 아들은 물이 불어난 갯골에서 나오지 못했다. 수문 개폐 통보만 제때 했으면 어이없는 일은 일어나지 않았을 거다. 정희는 모든 게 자기 탓이라 생각했다. 진즉 타지로 나가 먹고 살 방도를 강구했더라면 아들을 잃지 않았을 것이다. 화장한 아들은 방조제 바깥 깨끗한 바다에 나가 뿌렸다. 다음 날, 정희는 친정이 있는 서울로 이사했다. 평생 속 썩인 남편이 병들었을 때 싫은 내색 없이 수발든 것은 아들의 죽음 앞에 속절없이 무너지던 남편의 모습 때문이었다. 남편은 아들을 안고 황소처럼 울었다. 정희는 그때 남편이 상처가 많은 사람인 것을 깨달았고, 처음으로 남편을 이해하고 싶은 마음이 들었다. 아들이 남긴 선물이라는 개떡 같은 말 따위 입에 담고 싶지도 않았지만, 이사한 후에 남편은 공공 근로를 나가 거리 청소도 하고, 공원의 풀을 뽑고, 쓰레기도 주웠다. 남편이 병으로 죽는 날까지 상을 엎거나 정희를 때리는 일은 없었다.

지금 생각하면 아들이 죽은 날, 남편도 죽었던 것 같다. 남편이 살았을 때 깨달았더라면 좋았을 것을 그랬다면 좀 더 남편을 따뜻이 대했을 텐데.

군산 공단에 가까운 염습지는 매립이 한창이었다. 트럭이 오가며 연이어 흙을 쏟아부었다. 그나마 겨우 목숨이 붙어 있는 갯벌을 삼키며 가까워지고 있다. 수만 마리가 하늘을 가득 메우며 날아다니던 도요새는 이제 없었다. 정희는 빈 하늘을 보며 철새가 쉴 곳을 찾았을까, 궁금했다. 해윤도 성수도 파란 지붕 집 아들도 바닷가에서 태어나 자랐다. 어른들 틈에서 고사리 같은 손으로 조개를 만지며 놀았다. 그들은 친구들과 뛰어놀던 고향을 잃었다. 철새도 자기가 태어난 곳으로 돌아온다. 그 갯벌이 없어지면 쉬지도 먹지도 못한다. 그러면 호주나 뉴질랜드로 날아갈 힘이 모자라 망망대해에서 지쳐 바다에 떨어진다.

정희는 해윤과 성수, 선착장 끝 집 아들이 새처럼 세상에 추락할까 두렵다. 해윤이 가끔 이곳에 오는 게 바다에 떨어지지 않으려고 날개 힘을 키우러 오는 것일지 모른다고 생각했다. 왜 성수 때문이라고만 여겼을까. 잃어버린 고향을 살리려는 거였는데. 하지만 정희는 성수 때문일 수도 있다고 미련을 놓지 못한다.

여기도 다 메꾸겠지?

해윤이 대답했다.

시민 환경생태조사단에서 매립 공사 중지 가처분 신청했어. 보호종인 검은머리도요새와 외발 농게가 살아 있거든. 보호종이 있으면 개발이 제한돼.

메운 땅이 이렇게 넓은데 손바닥만큼 남은 여기도 다 메꾼대?

미군기지에서 여기를 활주로로 사용한다고 했대.

해윤이 미군기지에서 흘러나오는 폐수를 찍으러 온 것은 재판과 관련된 것이라 짐작했다. 새만금 방조제도 공사 도중 환경단체와 종교계와 어민들이 공사 금지 가처분을 신청했다. 고등법원에서 이긴 재판이 대법원에 가서 패소하던 날, 도지사와 새만금개발 관련 인사들이 외치던 만세 소리는 환청처럼 귓가에 머물렀다. 방조제 물막이 공사가 끝나던 날도 그들은 대한민국 만세를 소리높여 외쳤다. 어민들은 대한민국 국민이 아닌가? 국민의 삶터를 빼앗는 일에 대한민국 만세를 외치는 공직자를 정희는 여전히 이해할 수 없다.

정희는 어쩌면 그 재판이 새만금 방조제 공사 중단 재판처럼 될 수도 있다는 말은 하지 않았다. 해윤을 실망하게 하고 싶지 않았고, 30년 전과는 세상이, 사람들이 달라졌다고 생각하기 때문이다.

미국이 끼어있어 힘든 싸움이 될지 모른다. 하지만 그런 말도 입 밖에 내지 않았다. 지금은 갯벌을 메워 육지로 만드는 일은 어디서도 하지 않는다. 이미 만든 방조제를 허물거나, 수문을 열어 육지가 된 땅을 갯벌로 되돌리는 세상이다. 우리는 그나마 남은 아름다운 갯벌마저 메우려 한다니, 거꾸로 가는 나라다.

해윤은 도랑처럼 흐르는, 번들대는 검은 기름띠를 향해 카메라 셔터를 누르면서 말했다.

이 갯벌은 수라라고 이름 지었어. 비단으로 수놓은 것처럼 아름다워서.

비단에 수놓은 것보다 백배는 더 아름답지. 갯벌을 한 번 본 사람은 그걸 알아.

정희는 생각한다. 소리 내 말하지 않아도 이곳에서 태어난 것들은 모두 안다.

끈적이는 기름으로 범벅인 폐수 도랑을 뒤로 하고 오는 해윤에게 정희가 말했다.

해윤아, 성수한테 전화해서 면회 되는지 물어봐.

해윤은 환한 표정으로 핸드폰을 꺼냈다.

면회 된대.

성수네를 만나면 무슨 말을 해야 하나 정희는 생각했다.

차를 세워둔 둑길로 가는 도중 정희가 입을 열었다.

성수네가 마을을 떠난 것은….

알고 있어. 어촌계 아저씨들이 쳐들어가 살림을 부수고 아줌마와 아저씨를 때렸다고. 아줌마가 그랬어. 이웃에 몹쓸 짓을 했으니, 당해도 싸다고. 그때 왜 그랬는지 아줌마도 잘 모르겠대. 뭐에 홀린 것 같다며.

모두 그랬어. 마음에 욕심이 가득 차 있었던 거지. 우리는 너무 늦게 그걸 알았어.

정희는 성수네를 만나면 먼저 용서를 빌어야겠다고 생각했다. 아들을 잃은 절망이 아들을 지킨 성수네를 질투했다고, 왜 자신에게만 불행이 덮쳤는지 억울해 아들 가진 사람은 꼴도 보기 싫었다고.

큰 언니처럼 의지하던 성수네를 만나려니 마음이 설레서일까? 가슴이 뛰기 시작했다. 아이들 이야기도 꺼내야 할까? 정희는 끝내 버릴 수 없는 미련 가득한 눈으로 해윤을 보았다. 어쩐지 해윤도 신이 난 얼굴이다. 해윤이 외롭지 않게 누군가 곁에 있으면 좋겠다는 생각은 여간해서 버려지지 않는다. 어릴 적부터 본 성수라면 안심이 된다. 바다에서 태어난 아이들은 물가에 선 새처럼 같은 방향을 바라볼 것 같았다.

그리고 정희는 생명을 품고 기르는 마지막 작은 갯벌을 지키려면 무엇을 해야 하나 생각한다. 소슬한 바람이 갈대를 흔들며 속삭이듯 가만가만 옮겨 다닌다.

7. 무지개다리 건너는 법: 의료 폐기물
- 채희문

'아앗!'

이른 아침, 뒤뜰에서 들려오는 건물 안주인의 비명은 짧았지만 날카로웠다. 면도날로 가슴을 긋는 섬뜩한 느낌에 이어 귓속을 파고드는 그릇 깨지는 소리. 고물 장수 황씨는 얼떨결에 자리를 박차고 일어나 뒤뜰로 통하는 쪽방 문을 열었다. 문밖을 나서기도 전에 8월 삼복의 끈적한 습기와 무더위에 버무려진 썩은 시취가 독하게 번져왔다. 전혀 예기치 않은 일이었으나 그 짧은 순간, 어김없이 불길한 예감부터 스치고 지나가는 것을 막을 재간이 없었다.

뒤뜰 시멘트 바닥은 난장판이었어도 건물 안주인은 다친 곳 없이 멀쩡했다. 다행이었다. 황씨는 비록 낡은 건물이긴 하지만 햇빛이 바로 드는 쪽방 하나를 싼 월세로 빌려 사는 처지였다. 하지만 벌써 두어 달 치 월세가 밀려 있었기에 비굴함을 무릅쓰고 건물 안주인의 안위에 대한 눈치를 보며 살아가던 중이었다. 만약 그녀가 다치기라도 했다면, 그 근본 원인이 황씨에게 있었으므로 불똥이 그에게 튀고 번져 대단히 곤혹스러워질 판이었다.

고물 장수 황씨는 먹이를 희롱하는 쇠살무사처럼 '쉬이잇!' 하는 안도의 한숨을 가늘게 내뱉었다. 하지만 놀란 가슴을 끌어안은 채 뒷걸음질 치던 안주인의 낯빛은 이미 창백하게 질려있었다. 별도로 설치해 놓은 뒤꼍 컨테이너에 쌀통이 보관되어 있었는데, 마침 쌀을 퍼오던 그릇이 산산이 조각 난 것으로 보아 안주인은 아침밥 지을 쌀을 푸러 가던 중에 소스라쳐 놀란 모양이었다.

"놀라서 애 떨어지겠네. 도대체 저게 뭐야? 짐승시체야?"

컨테이너 출입문에는 비료부대 하나가 비스듬히 세워져 있었는데 주둥이를 묶어 노끈으로 친친 감아놓은 그 자루에서는 오줌 같은 누런 분비물이 질질 흘러나와 시멘트 바닥을 이미 흥건히 적시고 있었다. 바닥을 적신 분비물에서는 피 냄새와 고름 냄새, 그리고 오줌 냄새에 섞인 이상한 화학 약품의 악취가 피어오르는 중이었다.

"저거 황씨가 기르던 개 아닌가요? 미치겠어, 정말, 저 흉측한 걸 여기에 두면 어떡해요?"

마침 고물 장수 황씨와 대면한 안주인은 쌀 퍼오는 일은 까맣게 잊은 채 발을 동동 구르며 짜증부터 내기 시작했다. 비료부대에 담긴 정체 모를 짐승 사체로 인해 여태까지 평온하기만 했던 그녀의 아침 일상도 시멘트 바닥으로 곤두박질쳐져서 산산이 부서지고야 만 것이었다. 고물 장수 황씨는 그 부대 자루에 담긴 사체를 보자마자 '황비홍'임을 직감했다. 바닥으로 질질 흐르는 누런 액체도 필시 황비홍의 사체에서 흘러나온 썩은 체액일 것이리라.

황비홍은 엊그제까지 고물 장수 황씨의 가족이었던 잡종견 누렁이의 이름이었다. 어릴 때부터 워낙 동작이 날래고 잽쌌던 터라 마침 흥행하던 중국 무협영화 주인공의 이름을 따온 것이었다. 그 부대 자루 안에는 눈도 감지 못하고 오금을 웅크린 채 혓바닥을 길게 빼내고 죽어 질펀히 썩어가는 황비홍이 담겨있을 것이 확실했다. 산산이 깨진 그릇 파편을 거둬낼 겨를도 없이 우선 살펴본 부대 자루는 옆구리가 터져있었고 그 터진 틈으로 황비홍임에 분명한, 누런 털에 검은 반점이 큼직하게 박힌 짐승의 뒷다리가 불쑥 삐져나와 있었다.

빈약하기 그지없어 보이는 허벅지 밑으로 관절뼈가 허옇게 드러난 가느다란 다리는 산짐승에게 뜯어먹히다 남았는지 반쯤 부러져 흉하게 덜렁거렸다. 허연 뼈다귀에 듬성듬성 들러붙은 붉은 살점에는 어느새 구릿빛 몸통의 파리들이 왱왱거리며 달라붙고 있었다. 그뿐인가? 몸에 철갑을 두른 딱정벌레들도 어느새 주검의 냄새에 취해 끈질기게 부대 자루에 엉겨 붙기 시작했다. 알맞게 썩어가는 주검의 냄새에 손톱만 한 미물들도 한껏 취해가는 무더운 8월 아침이었다.

내 예감이 맞을 거야. 그 영감… 뒷마을 뻥튀기 영감 짓이 분명해.

고물 장수 황씨는 불쑥 엊저녁 뒷산 입구 소방도로에서 마주친 뻥튀기 영감의 모습부터 떠올렸다. 그는 한동안 시골 장이 서는 곳을 따라 이리저리 돌아다니며 옥수수를 튀기더니 언젠가부터 읍내 버스터미널 앞에 고정으로 자리를 잡고 앉아 뻥뻥 소리를 내며 강냉이를 만들어 파는 중이었다. 그는 늘 앉아서만 장사를 하기에 가끔 뒷산으로 이어지는 소방도로를 운동 삼아 걷는다고 했다. 그러니 엊저녁에 소방도로에서 뻥튀기 영감과 마주친 것이 결코 우연은 아니었을 것이다.

엊저녁, 7년이란 긴 세월을 식구처럼 살아왔던 반려견 황비홍이 길에서 몹쓸 것을 집어먹고 운명하자 고물 장수 황씨는 친하게 지내는 고물하치장 관리인과 함께 저녁 시간을 틈타 뒷산으로 몰래 묻어주러 가던 길이었다.

황씨는 죽은 황비홍을 비료부대에 잘 싸매어서 경운기 짐칸에 싣고 뒷산으로 이어지는 소방도로로 들어섰다. 비료부대 옆에는 아직 내다 팔지 못한 온갖 잡동사니들이 함께 담겨있었기 때문에 누가 보더라도 평상시 고물을 챙기러 일터로 나가던 모습과 다름이 없었다. 소방용으로 닦아놓은 그 길은 한번 들어서면 10리에 이르도록 샛길 없이 구불구불 이어진 외길이었다. 그런데 빚쟁이와 마주치더라도 도망칠 재간이 없는 그런 외길에서 하필이면 소문도 흉흉한 뻥튀기 영감과 마주치다니.

고물 장수 황씨와 마주친 뻥튀기 영감은 눈을 가늘게 뜨고 황씨가 싣고 가는 부대 자루를 유심히 살펴보았다. 그는 버릇처럼 어깨에 두르고 다니던 강냉이 자루로 이마에 흐른 땀을 닦더니 킁킁거리고 냄새를 맡으며 갑자기 입맛을 다시듯 날름 입술에 침을 바르지 않았던가, 가래를 뱉어내는 것처럼 목구멍을 그르륵거리다가 느닷없이 말을 걸어오던 그 목소리. 왠지 소름이 돋는 음산한 목소리로부터 그 불길한 예감은 시작되었다.

"아이고, 아랫마을 고물 장수 황씨 아니오? 하치장 관리 아저씨도 함께 계시네? 왜요, 누렁이가 죽었소? 지난번 볼 때부터 비실대더니만… 내 뭐라 했소? 금세 죽을 거라고 아니했소?"

하지만 고물 장수 황씨는 아무런 대답도 하지 않고 바삐 경운기를 몰아 그를 지나쳐 가려 했다. 어제로 벌써 황비홍이 느닷없이 급사한 지 꼬박 이틀째 되는 날이었다. 친자식처럼 살갑고 충직한 애견이었다. 비록 말 못하는 짐승이고 족보 없는 잡종견에 불과했으나 그동안 연연히 이어오던 정을 대번에 끊지 못해서 이틀 동안 현관 앞에 마대를 깔고 모셔놓았다가 이제야 뒷산에 묻어주러 가던 길이었다. 이를테면 고물 장수 황씨는 무한의 사랑을 나누며 살아온 한 식구로서 황비홍에게 2일장을 봉안해 준 셈이었다. 찬밥도 하루 만에 쉬어버리는 무덥고 습한 계절이었으며 특히 쪽방 월세를 밀린 처지라서 건물 안주인의 눈치도 봐야 했기 때문에 황비홍의 사체를 이틀 동안이나 집안에 모셔놓고 석별의 예의를 갖추기란 여간 어려운 일이 아니었다.

"이 더운 날 괜히 고생하지 말고… 그 누렁이 나에게 주시오. 왜 힘들게 땀을 흘리고 그러시오."

"뭐요? 그게 무슨 말씀이요?"

"그 아까운 누렁이를 왜 버리려 하오? 마침 복날도 가까운데 내가 잘 구워서 된장을 발라놓을 테니 우리 서로 늙어가는 처지에 같이 몸보신이나 합시다. 그러면 서로 좋지 않겠소? 누이 좋고 매부 좋은 얘기지."

"이 양반이? 살다가 별 소릴 다 듣소, 정말."

황씨는 기겁했다. 비록 고물을 주워다 고쳐 팔지언정 늘 평온하게 살아오던 그에게 돌연히 잔혹한 악마 한 명이 들어와 온갖 흉계를 품은 채 마음의 뜰을 배회하는 그런 느낌… 왠지 모를 불안한 예감이 몰아쳤기 때문이었다.

"이런 썩을 양반이 있나!"

황씨는 얼굴을 외로 돌린 채 욕 한마디를 내뱉고는 털털털털 경운기를 몰아 산길을 내달렸다. 아마 하치장 관리인도 같은 심정이었을 것이다. 하필이면 황비홍을 마지막으로 보내는 비장한 순간에 저런 얼빠진 영감과 마주치다니. 누렁이라고? 망할 놈의 영감. 나에겐 친자식과 마찬가지며 우리 가문의 족보를 따라 황씨 성을 붙여서 황비홍이라는 이름을 지어줬다고 벌써 몇 번이나 말했건만….

고물 장수 황씨는 치를 떨었다. 동네에 떠도는 소문에 그 뻥튀기 영감은 지난달에도 누군가 종량제 쓰레기봉투에 담아 버린 황구 사체를 아무도 모르게 제집으로 가져가 끓여 먹었다고 하지 않던가. 지난겨울엔 뒷산 덫에 걸린 새끼 노루를 잡아 와서 즉시 토막 내어 냉장고에 넣어두고는 한 달 내내 구워 먹더라는 소문도 나돌았다. 하치장 관리인도 가끔 강냉이 자루를 둘둘 말아 어깨에 두르고 터벅터벅 걸어가는 그 영감을 볼 때마다 저절로 온몸에 소름이 돈다고도 했다.

이틀 전 황비홍이 갑자기 죽던 날, 고물 장수 황씨는 가장 먼저 반려견 장묘시설부터 수소문하기 시작했다. 그런데 이 근방 400리 이내에는 죽은 반려견을 화장시킬 수 있는 장묘시설이 단 한 곳도 없다는 게 문제였다. 시청 민원실에도 물어보고 마을 이장에게도 알아봤으나 그중 가까운 반려견 화장장이 무려 180킬로미터나 떨어져 있다고 했다. 그나마도 미리 신청하고 사흘을 기다려야 화장해 줄 수 있다는 대답이었다.

난감했다. 기본 30만 원부터 150만 원에 이르는 비싼 장례비용도 문제려니와 기껏 낡은 경운기나 모는 고물 장수 주제에 자동차 운전은 언감생심이기 때문이었다. 털털대는 경운기에 짐승의 사체를 싣고 어떻게 수백 킬로미터를 갈 수 있으랴. 그러나 열대야가 지속되는 삼복더위에 사흘 넘도록 방치할 수도 없고….

도시의 부유층 사람들은 반려견을 무지개다리로 넘겨 보낼 때 엽서에 발 도장을 남기거나 다음 생에서 다시 만나자며 봉안실에 붉은 실로 치장도 한다고 들었다. 장의차로 사체를 모셔가기도 하고 뼛가루를 단단한 돌로 만들어 호두나무 상자에 담아 안치한다고도 했다. 그러나 그 모든 게 책정된 돈의 액수에 따라 결정되니 촌구석 생활보호대상자인 고물 장수 황씨로서는 그저 까마득한 이야기일 따름이었다. 그러니 어쩌랴, 제아무리 충직했고 친자식과 같았어도 황비홍의 주검을 몰래 야산에 파묻기로 작정할 수밖엔 도리가 없었다.

"죽은 동물을 그냥 매장하는 게 불법이요?"

"그렇쥬. 언젠가 마을 회의 때… 뭔 얘기 끝에 마을 이장이 그렇게 일러 줬슈."

허탈함을 달래기 어려웠던 황씨가 하치장 관리인에게 물었을 때 그 관리인도 이해할 수 없는 일이라는 듯 고개를 설레설레 저으며 대답했다.

"그럼 이장은 죽은 짐승을 어디에 어떻게 처리하랍디까?"

"장묘시설에서 화장하면 되쥬. 그런디 이 근방에 동물 화장장이 있기는 한규? 차로 죙일 달려가야 있을까 말까유. 우리 같은 시골 노땅들이 어떻게 그 멀리 차 타고 달려가서 줄 서가며 그 짓을 해유? 머리 풀 일 있슈?"

"그러게요… 그럼 법대로 살려면 어떡해야 하나?"

"글씨유, 죽은 넘을 종량제 봉투에 담아서 쓰레기통에 버리면 된다는디… 황씨 성을 물려받은 개를 어떻게 잔인하게 종량제 봉투에 담아 버린대유?"

"글쎄 말입니다. 그러니 몰래 묻어주러 가긴 하지만, 이렇게 몰래 파묻다가 걸리면 벌금이 비싸다면서요?"

"앗따, 그냥 내 질러유. 이 더운 날 야밤에 누구에게 들키겠슈? 아무도 안 볼 테니 걱정하지 말아유. 근디 하다못해 자기 집 땅에 파묻어도 불법이라네유. 글쎄 자기 집 마당에 묻었다가 걸려도 벌금이 오질나게 많대유.

워쨌거나 뻥튀기 영감에게 황비홍 파묻는 걸 들킨 셈인디, 그 냥반이 몰래 파내서 끓여 먹지는 않을까유?"

"어유, 끔찍한 소리 그만해요."

"그치만 말유. 그 노인네 입가에 주름살이 활짝 펴지던 거 봤어유? 보나 마나 죽은 비홍이를 보고 입맛을 다시던 중이었을 거여유. 징그러워라. 그러니. 우리 비홍이는 땅속에 아주 깊이 묻어줍시다유. 염병, 저 뻥튀기 노인네가 절대 파먹지 못하도록 말이유."

고물 하치장 관리인은 불법 매장으로 인해 벌금을 부여받는 일보다는 개고기에 환장하는 뻥튀기 영감이 황비홍의 사체를 밤새 몰래 파내어서 끓여 먹지나 않을까를 더욱 걱정하는 중이었다. 관리인도 평소 주차장에서 뛰어놀던 황비홍과의 옛정을 쉽사리 잊지 못하는 모양이었다.

"물론이지요. 죽어서 물이 질질 흐르는 모습을 보고도 입맛 다시는 인간인데… 하필 우리 비홍이 종자가 누렁이 잡종이라서 걱정입니다."

이윽고 뒷산 중턱으로 접어든 하치장 관리인과 고물 장수 황씨는 경운기 바퀴가 구를 수 있을 때까지 비탈길을 올라가서야 길가에 경운기를 세웠다. 그러고는 앞뒤로 붙어 서서 비료부대를 함께 짊어진 채 산비탈로 이어진 개구멍으로 기어들었다. 저녁인데도 날씨는 무덥고 바람도 한 점 없었다. 그런 날에 죽어 축 늘어진 무거운 사체를 어깨에 둘러메고 산길을 오르자니 등판부터 땀에 질펀하게 젖어 들었다.

그날, 황씨는 그렇게 땅속 깊이 황비홍을 묻어주고 집으로 돌아왔다. 마음 같아선 '사랑스러운 가족 황비홍 이곳에 잠들다'라고 쓴 비목이라도 세워주고 싶었으나 해가 지고 날이 급격히 어두워지는 바람에 총총히 돌아올 수밖에 없었다.

모두 어젯밤에 벌어진 일이었다.

하지만 오늘 아침, 불길한 예감은 어김없이 현실로 다가와 눈앞에 펼쳐져 있었다. 어째서 불길한 예감일수록 한 치도 빗나가는 경우란 없는 것일까.

예감이 맞긴 맞았는데… 어째 좀 이상하군. 그 예감대로 뻥튀기 영감이 우리 비홍이를 파냈다면 몰래 제집으로 가져가서 끓여 먹든지 구워 먹든지 했어야지 어째서 우리 집에 다시 가져다 놨을까?

고물 장수 황씨는 부대 자루를 집게로 이리저리 들춰가며 혼잣말을 내뱉었다. 건물 안주인은 어느새 황비홍의 사체로부터 멀리 피해 방 안으로 들어간 지 오래였다. 고물 장수 황씨는 아무도 없는 허공에 대고 혼잣말하는 제 모습이 문득 생소하게 여겨졌다. 며칠 전까지만 해도 한 식구로 살았던 비홍이의 처참하고 끔찍한 모습을 보고 진저리 치던 안주인의 모습에도 짜증이 났다. 아마 끈적한 습기를 동반한 무더위 때문인지도 모르겠지. 이른 아침부터 푹푹 찌는 8월의 날씨도 짜증스러웠고, 깨져서 바닥에 나뒹구는 사금파리를 치우는 일도 짜증스러웠다. 몰려드는 파리와 딱정벌레도 짜증 났고 개고기라면 환장하는 뻥튀기 영감의 모습도 자꾸 떠올라서 짜증스러워 미칠 지경이었다.

시멘트 바닥에 내동댕이쳐져서 박살이 난 사기그릇 파편들은 조각마다 날카로웠다. 고물 장수 황씨는 비수처럼 날 선 파편을 조심스레 주워서 쓰레기통으로 옮겨 담기 시작했다. 황비홍의 몸에서 흘러나온 찐득한 분비물들이 깨진 사기그릇 조각 틈새로 흘러들고 있었다. 사랑을 한껏 받아온 충직한 반려견이었건만 죽어서 내뿜는 분비물은 어째서 하늘로 훨훨 증발하지 못하고 끈끈한 점액성으로 흘러 시멘트 바닥에 들러붙는 것일까. 무슨 한이 서려 있을까. 나와 함께 살면서 치욕이나 서러움이나 배신감을 느꼈던 것은 아닐까…

고물 장수 황씨는 사금파리를 줍다 말고 이런저런 생각에 젖어서 문득 하늘을 올려다보았다. 이상한 일이었다. 낯설게 뒤뜰에 주저앉아있는 이 순간, 함께 살아왔던 지난날의 아름다움을 추억하지 못하고 시취를 풍기는 썩은 고깃덩어리를 처리하지 못해 당혹스러워하는 자신의 모습이 가증스러울 뿐이었다.

"여보슈 황씨, 그러기에 내가 뭐라 했소?"

마을 이장이 고물 장수 황씨를 찾아온 시각은 아침 여덟 시쯤, 찢어진 비료부대 틈새로 삐져나온 황비홍의 뒷다리를 억지로 구겨 넣고 노끈으로 다시 꽁꽁 묶기 시작하던 무렵이었다. 그는…, 마을 이장이란 마을 일꾼이 아니라 마을을 다스리는 사람이라고 여길 만큼 망상에 사로잡힌 늙은이였다. 게다가 오지랖도 넓어서 마을 일마다 나서서 닥치는 대로 간섭을 했기 때문에 마을 사람들은 그를 보면 아예 멀리서부터 비켜 가기 일쑤였다.

"땅에 묻으면 안 된다고 했잖소!"

고물 장수 황씨보다 세 살 위인 그는 70을 넘긴 나이에 나라에서 주는 이장이란 벼슬자리에 앉아 있음을 기꺼워하는 위인이었던 만큼 평상시 목소리에도 힘이 잔뜩 들어가 있었다.

"나도 할 말 있어요. 뻥튀기 영감이 이런 짓을 한 모양인데… 남이 애써 땅에 묻은 걸 알고도 일부러 파내 오는 작자가 또 어디에 있답니까?"

고물 장수 황씨가 잔뜩 짜증을 부리자 마을 이장은 그 넓은 오지랖을 펼쳐가며 오히려 그를 두둔하기 시작했다.

"그게 무슨 소리요? 이 양반이 큰일 날 소릴 하네. 밤새 멧돼지가 이걸 땅속에서 파낸 모양인데, 마침 뜯어먹기 시작하는 걸 뻥튀기 영감이 발견하고 멧돼지와 맞서서 쫓아냈다 아닙니까? 하마터면 땅도 오염되고 사람도 다칠뻔했단 말요. 그게 정식으로 신고 들어가면 벌금을 엄청나게 때려맞을 일이란 말예요. 그걸 알려주려고 아침부터 일부러 찾아왔는데 왜 내게 짜증을 내요?"

마을 이장은 한 손에 들고 있던 합죽선을 촤라락 펴 들면서 지청구를 이어갔다.

"우리나라 사람이 키우는 개나 고양이가 6백만 마리를 넘어섰답디다. 황씨 뜻대로면, 그것들이 죽었을 때 모두 다 땅에 묻자는 얘기요? 사람 묻힐 곳도 없는데? 황씨는 우리가 사는 지구환경에 대해서 전혀 아무런 고민도 없이 산단 말이오?"

"이 근처엔 동물 화장장이 없는데 낸들 어쩌라고요? 증말 난감하네요. 그건 그렇고, 뻥튀기 영감이 멧돼지 밥이 될뻔한 우리 비홍이를 구해서 이리로 가져다 놓았단 말씀이 사실입니까?"

"글쎄, 그렇다니까. 뻥튀기 그 양반이 새벽 운동 나갔다가 멧돼지와 한 판 붙고 나서 저걸 메고 왔답니다. 나중에 신고 들어가면 벌금 문다고요… 황씨가 벌금 낼 돈이 어디 있냐고 하면서요. 그렇게 전화가 왔어요. 이른 새벽이라 황씨를 깨우지 않고 그냥 문밖에 놓아뒀다나 뭐라나."

마을 이장은 푸념하듯이 대답했다. 황씨는 그의 말을 듣다 보니 오히려 다행스럽고 고마운 일이라 여겨졌다. 무려 7년 동안이나 식구처럼 살아온 비홍이를 굶주린 멧돼지 밥이 되게 할 수는 없는 노릇이었으므로.

"이젠 어쩔 수 없어요. 장묘시설에서 화장할 처지가 안된다면 종량제 봉투에 담아서 생활 쓰레기로 처리하는 수밖에 없다우."

"어허 참. 난감한 일입니다. 다시 말씀드리지만 비홍이는 황씨 가문의 성을 이어받은 우리 식구였다고요. 식구를 어찌 쓰레기통에 버리라는 겁니까?"

"마을 이장으로서 우리 마을의 환경과 생태를 걱정해서 드리는 말씀이외다. 아니면 읍내 병원마다 찾아다녀 보시던지요. 동물 사체를 병원에서 처리하는 법도 있답니다. 어쨌거나 쓰레기는 매일반이지만 말입니다. 하여간 법에 따르면 개인이 사체를 함부로 땅에 파묻을 수 없다는 것만 명심하슈."

마을 이장은 이렇게 다짐하고 되돌아갔다. 이장이 합죽선을 흔들며 되돌아간 후에도 고물 장수 황씨는 황비홍의 사체가 담긴 비료부대 옆에 쭈

그린 채로 한동안 말없이 앉아 있기만 했다. 아침밥 생각도 없었고 뒤뜰을 청소할 기분도 나지 않았다. 머릿속에는 오로지 저 불쌍한 황비홍의 사체를 어떻게 처리해야 할까에 대한 막연한 고민뿐이었다.

병원에 맡기는 방법도 있다고? 어차피 쓰레기 대접을 받기는 마찬가지여도 뒤처리를 완벽하게 할 수 있는 훌륭한 방법이라고? 황비홍을 피 묻은 주사기, 고름 묻은 솜과 함께 버린다? 찜찜하긴 하지만 웬만한 의료폐기물은 태워버린다고 하니 그만하면 화장장을 통해 소각처리 하는 것이나 마찬가지 아닐까?

한동안 고민에 빠져있던 고물 장수 황씨는 문득 미국으로 어릴 때 떠나가서 지금은 LA에 살고 있을 딸을 기억해 냈다. 딸이 겨우 백일을 넘긴 상태였고 황씨가 서른 살 되던 해였으니 딸과 헤어진 것도 벌써 40년이 넘은 과거의 일이었다. 호랑이 담배 피우던 그 시절.

그 시절, 황씨는 가난에서 헤어나지 못한 젊은 백수였다. 눈맞아 좋아 지내던 여인과 딸을 하나 낳았으나 결혼은 엄두도 내지 못했다. 그 여인은 황씨와 헤어지라는 부모의 강요를 어기지 못해 결국 미국으로 강제 유학을 떠났다. 하필 그녀는 미국 대학에서 환경 생태학을 공부한다고 했는데, 그렇게 이별한 지 수년이 지난 후에 딸도 미국으로 보내졌다는 소식을 들은 게 마지막이었다. 그녀, 그리고 얼굴도 기억하지 못하는 딸과의 인연은 40년 전에 그렇게 끝나버렸다.

고물 장수 황씨는 황비홍의 사체 옆에 쪼그려 앉은 채 눈을 지그시 감은 모습이었다. 그는 지금쯤 마흔 살 중년 여인이 되어 있을 딸의 모습을 환상으로나마 만나는 중이었다. 환상 속에서 그는 딸에게 말을 걸었다. 마음이 답답할 때마다 습관처럼 해오던 일, 오늘도 무어라고 하소연이나 해보려는 요량이었다.

지금은 아침 8시, 마침 LA는 오후 4시. 딸이 한가해질 무렵이었으므로 황비홍의 사체 처리에 관한 고민을 오랫동안 함께 나눌 수 있을 것이라 여겨졌다. 제 엄마가 환경 생태학을 공부했으니 딸도 그 방면에는 조예가 깊겠지….

'글쎄요 아빠, 인간과 자연은 상호 의존적인 관계라니까요? 인간과 자연은 별개가 아니에요. 인간도 환경의 일부일 뿐이지요. 그러니 인간이 살아서는 환경을 지키고 죽어서는 자연 속에 조화롭게 균형을 맞춰야 해요. 짐승도 마찬가지고요. 아무리 황비홍이 애처로워도 죽으면 쓰레기니까 쓰레기봉투에 담아 버리는 게 맞아요. 그래야 정부에서 환경 규정에 따라 처리할 테니까요.'

'우리 비홍이가 한갓 쓰레기라고?'

'사실이 그런걸요?'

환상 속에서 주고받는 대화였으나 딸의 대답이 고물 장수 황씨로서는 지극히 못마땅했다. 사실 고물 장수 황씨는 딸에게 하소연하고 싶었을 뿐이지 환경 생태에 대한 강의를 듣고자 했던 건 아니었다. 그러나 무조건 고집부리면서 거역하기도 쉽지 않았다. 우리보다 환경과 생태에 관한 고민을 일찍 시작한 나라에서 자라나고 공부했을 테니 웬만하면 딸의 말을 들어야 할 것이라 여겨지기도 했다.

사실 고물 장수 황씨에게 미국이란 나라의 이미지는 초등학교에 다닐 무렵인 1960년대 중반 무렵부터 곁으로 바짝 다가서기 시작했다. '미국은 자동차를 3분에 한 대씩 만들어 낸다더라', '미국에서는 컴퓨터가 모든 어려운 문제를 척척 해결해 낸다더라' 하는 선생님들의 말씀도 경이적이었지만 제법 부잣집 친구가 미군 부대에서 구했다는 전투식량, 일명 씨-레이션 상자를 뜯어서 땅콩 치즈며 칠면조고기 통조림을 펼쳐 놓을 땐 그야말로 미국은 젖과 꿀이 줄줄 흐르는 나라였다. 역시 미국은 달랐다. 우리가 '헬로!'라고 칭하던 미국 사람들은 지구상의 온 나라 사람들이 소비하는 자원 중에서 무려 절반을 쓰고 즐기는 그야말로 풍요로운 나라의 백성들이었다. 엄청나게 먹고 마시고 버리면서도 어떻게 환경보호를 그토록 잘하는지… 사진으로 보는 미국의 산은 푸르렀고 강은 맑고 깨끗하더라는 점이 매우 신비로웠다.

'너는 미국 사람이라 환경보호에는 밝지만 인정머리가 없구나. 함께 7년이나 살아온 비홍이를 어떻게 쓰레기통에 버려? 다른 좋은 방법 좀 알려줘 봐.'

'아빠, 시골 마을에서는 장례식장도 멀지요? 장례비용도 엄청 비싸다면서요?'

'맞아. 그런 점이 슬퍼. 나는 돈도 없고 운전도 못 해.'

'그럼 아빠, 황비홍을 병원에 떠넘기는 것도 좋은 방법이에요. 땅에 묻었다가 산짐승들에 뜯겨서 사체가 조각나 돌아다니면 인체에 위해요소가 돼요. 감염도 되고요. 그러니 병원에 슬쩍 맡기세요. 의사들이 알아서 의료폐기물로 분류한 뒤에 태우겠죠.'

'그렇게 해볼까? 그게 돈 안 들이고 비홍이를 화장시키는 방법일까?'

고물 장수 황씨는 환상 속에서 딸과 이런 대화를 주고받는 중이었다. 그러나 사실은 기승을 부리는 삼복더위 속에 정신이 혼미해진 상태에서 비 맞은 중처럼 중얼중얼 제 심정을 하소연하는 중이었다. 아마 엊저녁부터 황비홍의 사체를 묻기 위해 산을 타고, 구덩이를 파고, 애달파서 밤새워 뜬눈으로 지새운 것이 힘에 부친 탓이리라.

"아니, 도대체 언제까지 썩은 냄새 나는 걸 여기 놔둘 거예요? 말을 안 하고 있으니 천하태평이네? 어서 내다 버리든지 태우든지 하세요. 더러워서 참."

건물 안주인의 날카로운 신경질에 고물 장수 황씨는 그만 정신을 번쩍 차렸다.

"네? 네. 바로 처리하지요."

황씨는 얼떨결에 황비홍의 사체를 번쩍 들어 올려 경운기에 옮겨 실었다. 비료부대에서 질질 흐르는 누런 액체가 경운기 짐칸 바닥으로 번지기 시작했고 악취가 더욱 심하게 번져나갔다. 구릿빛 몸통의 파리 떼와 철갑을 두른 딱정벌레들도 집요하게 비료부대 주변으로 다시 모여들었다.

가자, 황비홍!

고무호스로 물을 쏘아대 더럽혀진 시멘트 바닥을 청소한 뒤에 고물 장수 황씨는 다급히 경운기의 시동을 걸었다. 푸르스름한 연기가 뒷구멍으로 쏟아져 나오더니 털털털 경운기가 앞으로 달려 나가기 시작했다. 고물 장수 황씨는 아침을 굶었다는 사실도 잊은 채 병원이 모여있는 읍내로 내달리기 시작했다.

서울에서 멀리 떨어진 외진 지역이지만 그래도 읍내는 제법 번화했다. 물론 내과, 외과, 소아과, 치과, 한의원 등등 개인 의원도 많았고 병원도 두어 군데나 있었으며 약국도 제법 눈에 띄었다. 심지어 중앙 교차로에는 사방으로 나뉜 건물마다 빠짐없이 의원 간판이 붙어 있을 정도였다.

왜 진작부터 병원에 찾아올 생각을 못 했을까.

고물 장수 황씨는 머리를 절레절레 저으며 그중 가까운 길모퉁이에 바짝 붙여 경운기를 세웠다. 혹시 황비홍의 사체가 남의 눈에 거슬릴까 싶어서 경운기 화물칸에 넓은 마대를 펼쳐 가려놓길 잘했다는 생각이었다. 썩은 시취가 고약하긴 했어도 그나마 경운기 화물칸을 눈여겨보는 사람이 없어 다행이었다.

황씨는 제일 먼저 발견한 의원으로 들어가서 접견실 간호사에게 찾아온 까닭부터 장황하게 설명했다. 마음 같아서는 당장 진료실로 쳐들어가서 의사 선생에게 직접 사연을 말하고 싶었으나 간호사들의 위세가 하도 등등해서 더는 어쩔 수 없었다. 꼭 병원만이 아니더라도 추레한 작업복을 걸친 고물 수거인을 살갑게 맞아주는 곳은 아무 데도 없었다.

"아, 그래요? 그렇지만 어르신. 여긴 치과예요. 우리는 이를 뽑고 나서도 이빨을 재생해서 이식해요. 살점이 묻어있는 일부분만 의료폐기물로 처리합니다. 금니도 재사용하지요. 즉 우리 병원에서 나오는 폐기물은 양이 아주 적단 말입니다. 어르신이 말씀하신 대로 덩치가 커다란 개나 고양이 사체는 어떻게 처리해 드릴 수가 없네요. 미안합니다."

"그래도 이번 한 번만 의료폐기물로 받아서 처리해 주면 안 될까요?"

"우리는 그렇게 해드릴 수도 없고요, 하지도 않아요. 아시겠어요?"

간호사는 이 말을 끝으로 더는 황씨를 아랑곳하지도 않았다.

"아, 그래요? 미안하게 됐수."

고물 장수 황씨는 이렇게 물러설 수밖에 없었다. 그 옆 건물에 있는 내과도 마찬가지였고 소아과나 한의원에서도 역시 마찬가지 대답이었다. 폐기물이라고 해봐야 사용하고 난 주사기, 고름 묻은 거즈, 간호사들이 쓰다 버린 마스크 정도가 고작이라고 했다. 간혹 화상 부위를 처치하고 난 고름 묻은 붕대가 나오는 경우와 방사선 제재를 담았던 찌꺼기 등이 나올 때가 있었지만 특정 외과나 방사선과가 있는 큰 병원에 한정된 경우였다. 그나마 몸을 제대로 가누지 못하는 노인 환자 전용 요양병원에서 나오는 기저귀가 많은 양을 차지하긴 했지만 그건 일반 재활용 쓰레기로 쉽사리 처리하는 모양이었다.

"어르신, 반려견 사체를 처리하시려면 규모가 큰 동물병원으로 찾아가셔야 해요. 사람들을 치료하는 이런 의원에서는 처리하기가 어렵답니다. 혹시 산부인과에선 처리할 수 있으려나…."

황씨가 병원 문을 나서자마자 자동문이 스르륵 닫혔기 때문에 간호사의 뒷말은 더 알아들을 수 없었다. 그나마 고마운 배려였다. 그중 친절한 응대가 이런 정도였으므로 황씨는 다른 뾰족한 방법을 찾아낼 수도 없는 막연한 입장이었다.

오늘을 넘기게 되면 황비홍이 죽은 지 사흘이 되는 셈이었다. 날이 저물자 황씨는 마음이 달아오르기 시작했다. 썩은 내가 사방에 진동하는 것도 문제였으나 벌써 부대 자루 틈새로 꾸물꾸물 구더기가 끓는 게 큰 문제였다. 구더기가 끓으니 그걸 먹이로 삼는 작은 새들도 모여들기 시작했다. 그런 상태로 부대 자루를 집안에 둘 수 없었기 때문에 황씨는 경운기를 몰아 고물 하치장으로 향했다. 그나마 고물 하치장에서는 썩은 내가 진동하더라도 누가 나서서 시비를 걸진 않을 테니까.

'정처~도 없이 떠~돌아가는, 아! 나는 장돌뱅이~다.'
하치장에 들어서니 벌써 장사꾼들 여럿이 일을 파한 채 모여 술 마시며 노래를 부르고 있었다. 고물 하치장은 이를테면 마음 가난하고 정처 없는 떠돌이 장사꾼들의 요람이었다. 요즘에 진정한 장돌뱅이는 거의 사라졌지만 호떡 장수든 그릇 장수든 술 마시고 노래를 부를 때엔 모두가 장돌뱅이처럼 떠돌이가 된 심정이었다.
"여보오 황씨. 이리 와서 술이나 한잔하쇼."
하지만 황씨는 두 손을 휘휘 내저으며 사양했다.
"내 식구가 죽은 지 사흘 되었다오. 그런데 어떻게 무지개다리 너머로 보내줄 방법이 없어요. 이 와중에 어디 술맛이 나겠소?"
"이미 소문 들어서 다 알고 있어요. 오늘 종일 병원을 떠돌아다니셨다고?"
장사꾼들은 황씨를 억지로 술판에 끌어들여서 그에게 독한 소주를 권했다. 하지만 황씨는 오히려 순순히 술판에 끼어들었고 오히려 자청해서 큰 물컵에 소주를 받아 마시기 시작했다. 장사꾼들은 진작부터 황씨의 사정을 알고 있었으므로 내친김에 황씨에게 자기들이 겪었던 비밀을 고자질하기 시작했다. 말을 하지 않아서 서로 모르고 있었을 뿐, 이미 그들 대부분은 집에서 기르던 반려동물의 사체를 비밀리에 처리한 경험이 있었다. 돈이라곤 쥐뿔도 없는 인간들이었으니 정식으로 동물 장묘시설을 찾아가서 처리했을 리는 만무했다.

"의료폐기물? 어느 병원에서 황비홍처럼 큰 놈을 공짜로 폐기해 주나? 병원에서도 폐기물 업체에 돈을 주고 처리하는 거라우."

"그런 거라고요?"

"오히려 그게 처리가 더 까다롭대요. 체온계처럼 중금속이 들어있는 건 함부로 못 태워요. 중금속이 공중으로 붕붕 날아다니면 큰일이라니까? 그뿐인 줄 알어? 항생제 찌꺼기는 하수구에 버리다 걸리면 경을 쳐요. 땅속물이 오염된다나 뭐라나. 황비홍이 쥐약을 먹고 죽었다며? 그러니 그놈 몸속에 어떤 독이 들어있는 줄 알고 병원에서 받아주겠어? 그걸 가려서 분류하기가 얼마나 힘든데?"

"그 말을 듣고 보니 더 답답해지는구려."

"답답할 게 뭐 있어? 설사 병원에서 의료폐기물로 처리해 준다 해도 죄 다 구라여."

"구라? 뻥이라고?"

"환자들 피 칠갑한 적출물은 정식 대행업자에게 넘길지 몰라도 웬만한 동물 사체는 조씨나 임씨 같은 작자에게 싼값에 넘긴단 말여. 보호자에게는 돈을 비싸게 받아 챙기겠지만 그 덩치 큰 걸 정직하게 비싼 돈 내주고 넘길 병원이 어디 있어?"

조씨나 임씨? 아하, 그들은 쓰레기 청소업자들이었다. 건설경기가 좋을 땐 대박쳤지만 요즘엔 빈 손가락을 빤다고 항상 툴툴대곤 하던 그들이었다.

"그래요? 그럼 내가 아무리 애써도 황비홍은 결국 비닐봉지 뒤집어쓰고 쓰레기통으로 들어가게 되는 거네요?"

"뭐 그렇다고 봐야지. 그 작자들이야 재활용 쓰레기봉투에 담아 버리면 그뿐이지. 쓰레기봉투야 몇십 원 밖에 더해? 자 그까짓 거 싹 잊어버리고 술이나 마십세."

"그래요, 노래나 합시다. 정처~도 없이 떠~돌아가는, 아! 나는 장돌뱅이~다!'

고물 장수 황씨의 그 날밤은 그렇게 저물어 갔다. 아마도 환경 좋고 경치 좋다는 미국에 사는 딸은 동쪽 하늘로 청명하게 떠오르는 아침 해를 맞으며 상쾌하게 잠에서 깨어났을지도 모르겠다. 엊그제 황씨를 떠나간 황비홍은 비참하게 경운기 짐칸에서 썩어가다가 쓰레기 더미 속으로 들어갈지 몰라도, 40년 전에 아주 멀리 떠나간 그의 딸은 그나마 청명한 공기를 호흡하며 살아갈 것이리라 생각하니 슬픈 마음이 조금은 가라앉는 것 같았다.

　그래도 고물 하치장 하늘 위로는 휘영청 보름달이 떠오르고 있었다.

8. 풀잎들: 밀양 송전탑 사건 - 마린

망종과 하지 사이의 날들이었다. 농촌에서는 농사일만으로도 허리가 휠 때였지만 마을 노인들은 다른 골칫거리로 날마다 산길을 오르내려야 했다. 이날은 초여름 햇살이 유난히 쨍하여 조금만 움직여도 등줄기로 땀이 솟았다. 어슷비슷하게 짧은 파마머리를 한 할머니들이 조붓한 산길을 막아서듯 늘어서 앉았다. 모두 765kV out이란 글자가 앞가슴에 커다랗게 새겨진 티셔츠를 유니폼처럼 입고 있었다. 멀리서 보면 옹기종기 모여 앉아 수다라도 떨고 있는 아낙들처럼 보이지만 가까이 가서 보면 농담인 듯 툭툭 내뱉는 말들이나 굳은 표정들이 자못 심각하고 비장해 보였다. 어찌 보면 좀 화가 난 사람들처럼 보이기도 했다.

얼굴에 고랑이 지듯 내려앉은 주름살의 정도로 그들의 연배를 짐작해 볼 수 있었다. 한국 전쟁 후에 남편이 쥐도 새도 모르게 사라졌다는 영덕 할매가 가장 연장자로 코앞에 구순을 바라보고 있었다. 도시에서 귀농한 지 십 년이 좀 지난 김포댁이 가장 젊었다. 쉰넷이니 그녀 역시 적은 나이는 아니었지만, 시골에서 오십 대는 새댁으로 불렸다. 할머니들 뒤쪽으로 수녀복을 단정히 갖춰 입은 수녀들 몇과 시민단체에서 나온 젊은이들이 손팻말을 들고 열을 지어 앉았다. 그들이 들고 있는 팻말에는 '우리가 밀양이다, 탈핵, 탈 송전탑, 기후 정의 실천' 등의 문구가 쓰여 있었다.

2014년 6월 11일, 이날은 송전선 건설 반대 농성장 철거 행정대집행이 예고된 날이었다.

"웃으며 싸웁시다."

누군가 긴장을 누그러뜨리려는 듯 말했다.

"발가벗어서 철탑이 안 들어온다면 내사 마 얼마든지 벗어주마."

다른 할머니가 말했다.

"행님, 참으소. 저거들 그래 봤자 눈 하나 깜짝 않을 거구면."

"집에 강도가 들어오는데 안 막겠나?"

할머니들은 두서없는 말들을 주거니 받거니 하며 무거워진 분위기를 눅이려 애썼다. 누군가 농성장 천막에서 미리 준비해 둔 쇠사슬을 힘겹게 끌고 나왔다. 젊은 남자들이 도우려 하자 할머니들이 말렸다.

"우리가 자진해서 하는 기라. 자네들은 손대지 마라. 나중에 무슨 소리로 얽어매려 들지 모른다."

할머니들은 쇠사슬을 제 목에 감고 서로의 몸을 사슬로 연결할 작정이었다. 자신들을 위험에 내모는 것 외에는 다른 저항의 방법이 없었다.

"느슨하게 감아요. 숨 막혀 죽겠구먼."

부녀회장이 사슬이 목에 닿자 부르르 몸서리를 치며 말했다.

"이렇게 하면 쉽게 못 끌어내겠지?"

"모르지요. 저번에 보니까 할매들을 짐짝처럼 들어서 날라버리데요."

"그러게, 그 뭐더라? 대학생들이 데모할 때 쓰는 그거, 화염병인가 뭔가, 그걸 만들자 안 했나?"

괄괄한 성격의 박촌 할매가 말했다.

"그건 안 된다. 아그들이 다친다. 우리 쫓아낸다고 오는 아이들이지만 그놈들도 다 남의 집 귀한 자식들 아니가?"

영덕 할매가 사슬을 제 쪽으로 당기며 말했다.

"할매요. 할매는 하지 마소. 제 몸도 가누기 힘든데 어떻게 쇠사슬을 목에 얹는데요?"

부녀회장이 만류했다.

"내는 마, 아무것도 안 무섭다. 살 만큼 살았고 오늘 죽어도 원 없다. 원은 없는데 이 땅이 못쓰게 되는 것만은 참고 볼 수가 없는 거라. 내가 청상에 남편이 사라져 버리고 아그들 셋을 눈물로 키운 땅이다. 내더러 여길 떠나라고? 차라리 죽으라 캐라."

영덕할매는 쇠사슬을 찬찬히 목에 감고 두 눈을 질끈 감았다. 일제의

압제를 겪고 한국 전쟁을 치르는 등 유년기부터 온갖 고초를 겪은 인생이었다. 그것으로도 모자라 남편이 사라졌다. 목격자의 말에 의하면 국군이 데려가더라고 했다. 빨갱이라 손가락질당할 때만 해도 곧 누명을 벗으려니 했다. 한낱 농사꾼에 촌 무지렁이더러 빨갱이라니 억울하기만 했다. 뒷산에서 총살을 당했다는 소문만 자자했다. 끝내 유골조차 찾지 못했다. 그런데도 떨치고 떠나지 못한 땅이었다.

"이러고 앉았으니 목에 칼 쓰고 수청 들라고 끌려온 춘향이 같구먼."

우스갯소리를 잘하는 아랫말 할매가 말했다.

"아이고, 할매요, 이렇게 늙은 춘향이 봤능교?"

할머니들은 한바탕 웃음을 터트렸다.

할머니들이 주거니 받거니 하는 소리 들을 들으며 김포댁은 지난해에 서울 대한문 앞에 나가 앉았던 일을 떠올리고 있었다. 주민대책위원장이 대한문 앞에서 단식을 이어가던 중이었다. 그날 오후에 프레스센터에서 '밀양 756kV 송전탑 건설 중단 시민사회단체 대표 대국민 호소 시국 선언'이 개최될 예정이었다. 김포댁은 작은 힘이나마 보태려고 늦둥이 막내아이 손을 잡고 상경한 터였다. 행인들에게 대국민 호소문을 나누어주고 송전탑 건설 반대 서명을 받았다. 온종일 앉아 있었지만, 종이 한 장을 다 채우지 못했다. 대국민 호소문이 인쇄된 종이는 거리에 나뒹굴기 일쑤였다. 아이는 행인을 따라가서 버려진 종이를 정성스레 돼 주어오곤 했다. 제 딴엔 엄마를 돕는다고 하는 일이었다.

초가을 광장엔 활기가 가득했다. 광장에 늘어선 흰 천막에서 쉴 새 없이 노랫소리가 울려 퍼졌다. 그 위에 자동차 경적과 주기적으로 신호등에서 재생되는 신호음이 경쾌하게 뒤섞여 대기를 가득 채우고 있었다. 인파는 모였다가 흩어지기를 반복했다. 무수한 사람들이 나타났다 사라지면 그 자리를 또 다른 사람들이 채웠다. 무질서한 듯 보였지만 나름의 질서가 있었고 그 광경을 지켜보는 일은 지루하지 않았다.

김포댁은 방심한 채 지나는 사람들을 구경하고 있다가 문득 그러고 있는 자신을 깨닫자 헛웃음이 나왔다. 지나치는 사람들은 김포댁에게 무심한 시선을 잠시 던졌다가 금방 거두어 가버리곤 했다. 그들에게 김포댁 일행도 풍경의 일부일 뿐이었다. 불행은 더 큰 불행으로만 위로받을 수 있고 세상엔 불행한 일도 힘든 일도 너무 많아서 사람들은 시골 노인들의 사정 따위에 관심을 기울일 만큼 여유롭지는 않을 터였다. 영혼을 강타할 만큼 크나큰 불행이 아니면 순식간에 잊히고, 눈앞에서 벌어지는 일도 더는 보이지 않게 되는 거였다. 망막을 스쳐 지나가는 익숙한 풍경들처럼 불행에도 익숙해지기 마련이었다. 그 속에 한 사람 한 사람의 애달픈 사연이 들어있다는 걸 상상조차 할 수 없게 되는 거였다. 그러면 끊임없이 더욱더 불행한 일들이 일어나야만 인간은 겨우 한 움큼의 위로를 나눠 받을 수 있다는 말인가?

김포댁은 꼬리를 무는 생각에 이리저리 휩쓸리다가 하, 하며 탄식을 했다. 세상은 시골 할머니들의 사정에 관심이 없었다. 시골 노인들의 호소를 귀담아듣는 사람들은 없었다. 이게 팩트였고 현실이었다. 그들은 고립되었다. 한전에서는, 송전탑 영향권에는 기껏 한 가구가 살고 있을 뿐이니 크게 문제가 될 건 없을 거라고 했다. 문제가 없다니? 그들은 송전탑 아래서 농사를 짓고 있었다. 거기가 그들의 일터고 삶의 터전이었다.

도시 생활을 접고 귀농을 선택함으로써 새 인생을 시작했는데 하필 그게 밀양이었다. 이런 일이 있을 줄 미리 알았다면 굳이 밀양을 선택하지는 않았을 것이다. 하지만 밀양을 선택했고 모든 걸 걸었다. 아니, 많은 걸 걸었다. 물러설 데가 없잖아. 김포댁은 소리 내어 중얼거리며 고개를 세차게 저었다. 한가하게 사람 구경이나 하러 온 건 아니었다. 김포댁은 휴대전화기를 꺼내 시간을 확인하고 기사들을 검색했다. 기자회견은 이미 끝난 모양이었다. 관련 기사가 두 개 보였고 사진 한 장이 보였다. 검은 바탕에 노란 글씨로 밀양, 거기 사람이 산다, 라고 쓰인 현수막을 배경으로 수십 명의 사람이 손팻말을 들고 있는 사진이었다. 주류 언론에서는 아예 취급조차 않고 있었다. 김포댁은 어쩐지 숨이 가빠오는 느낌이었다. 그녀는 기사 내용을 재빨리 읽어 내려갔다. 기사 끝에 어처구니없는 댓글들이 달려있었다. 참 부지런하기도 한 사람들이었다. 떼한민국, 떼써서 돈 뜯기, 밀양에 전기 주지 마라, 종북 빨갱이, 님비 근성, 돈벌레들. 하나같이 가슴팍에 발길질을 해대는 말들이었다.

"엄마, 사람들이 이걸 왜 안 읽고 버려?"

초등학교에 입학하면서 한글을 뗀 아이가 주워 온 전단을 내밀며 말했다.

"바쁜가 보지."

"엄마, 근데 호소문이 뭐야?"

"호소문은 억울하거나 원통한 사정을 하소연하는 글이야. 국민한테 우리 이야기 좀 들어달라고, 우리 편 좀 들어달라고 사정하는 거지."

"아, 억울해서 엄마랑 할머니들이랑 그러는 거구나. 엄마, 이 호소문, 내가 읽어볼까?"

"그래. 우리 연이가 똑똑히 읽어볼래? 세상 사람들 다들 들어보라고."

아이는 구겨진 종이를 찬찬히 당겨 폈다. 어느새 여린 햇빛이 사그라지고 푸른 저녁 빛이 감돌기 시작했다. 김포댁은 이 빛마저 사라지면 다시는 비밀문서를 읽을 방법이 없어질 동화 속 아이처럼 마음이 조급해졌다.

사실 대국민 호소는 저들이 먼저 했다. 지난 5월 한전 사장이란 자가 언론에 대국민 호소문을 발표했다. 김포댁은 그때 웃기는 일이라고 생각했다. 호소는 약자가 하는 거지. 결국은 제 뜻대로 다 할 거면서 호소라니? 혹시라도 국민 여론이 밀양에서 농성 중인 노인들에게 동정적으로 바뀔까 봐 선수를 친다고 생각했다. 김포댁은 새삼 그날의 감정이 떠올라 쓴 약을 삼킨 것처럼 얼굴을 찌푸렸다. 그때는 뭔가를 이해해 보려고 몇 번씩이나 그 호소문을 읽었었다. 그들이 제발 자신들을 설득해 주기를 바랐다.

호소문의 내용은 예상에서 한 치도 벗어나지 않은 것이었다. 밀양시를 제외하고는 울산 울주군, 부산 기장군 양산시, 창녕군에서는 이미 공사가 끝났다는 말로 시작되었다. 그 얘기는 남은 밀양시 때문에 이미 다 끝난 공사를 무를 수 없다는 말로 들렸고 당신들만 양보하면 모든 게 원만하게 끝날 거라는 말로도 들렸다. 갈등조정위원회 등 주민협의체를 구성하여 대화와 설득을 위한 충분한 노력을 기울였다는 말이 뒤를 이었다. 움막이나 농성장을 직접 방문하여 한 사람씩 만나 일일이 대화 노력을 기울였다는 주장이었다. 이 대목에서 농성 중이던 사람들은 모두 기가 막혀 코웃음을 쳤더랬다. 그들이 말하는 주민협의체는 주민 전체의 의결로 선출한 대표성 있는 단체가 아니었다. 송전탑 건설에 찬성하는 사람들끼리 모여서 만든 모임이었을 뿐이고 그들이 한 일이란 주민의 의견을 모은 것이 아니라 분열만을 조장했을 뿐이었다. 한 사람씩 만나 설득 노력을 기울였다는 말 역시 사실과는 좀 달랐다. 설득보다는 회유와 협박에 가까웠다. 그러고도 주민 고통에 공감한다고 덧붙였다. 공감이라니, 한숨이 터져 나왔다. 주민들의 고통에 공감해서 모든 법적 대응을 취하려 노력했다고 했다. 병 주고 약 주는 격이었다. 송전탑이 주는 피해를 줄이기 위해 주민들이 꺼낸 안들에 대해서는 한마디로 불가능이라 일축했다. 송전탑 지중화 안은 불가능에 가깝다고 했다. 천문학적 비용이 들고 기간도 얼마나 걸릴지 산정할 수 없을 정도이며 전례가 없다고 했다. 기존 노선의 용량을 증량하여 그대로 쓰자는 안에 대해서는 뚜렷한 설명 없이 정상 운행이 불가능할 거라 답변했다. 뒤이어 해마다 되풀이되는 전력 수급 상황의 심각성을 강조했다. 관계자들 외에는 알 수도 확인해 볼 수도 없는 말들이었다. 5월에 계획 예방정비에 들어가는 원전이 6기에 달해서 12월에 신고리원전 3호기를 가동하지 않으면 전력 대란이 일어날 거라는 협박에 가까운 말이 이어졌다. 그러므로 야간공사를 해서라도 전력공급을 해야 한다고 주장했다. 이게 그들의 결론이었다. 아마 국민에게 하고 싶은 말이기도 할 터였다. 마지막으로 밀양 주민을 위한 파격적인 토지 보상안을 제시했다고 했다. 주민 생활 향상을 위해 태양광 밸리 사업을 추진하고 마을기업 육성 방안을 마련한다고도 했다. 모두 뜬구름 잡는 소리처럼 들렸다. 다 싫다는 말이 신음처럼 흘러나왔다. 그냥 하던 대로 농사나 짓게 해달라는 말 외에는 할 말도 하고 싶은 말도 없었다.

김포댁은 나직이 중얼거렸다.

"정말 전기는 부족한 걸까? 개발과 성장 대신 아껴 쓰는 방법은 대안이 될 수 없는 걸까? 원전을 자꾸만 새로 만들어도 아무 문제가 없는 걸까?"

의문은 좀처럼 잦아들지 않는 먼지처럼 피어올랐다. 저들에게 정답은 이미 정해져 있었다. 그렇다고 예, 옳으신 말씀입니다, 우리가 이해해야지요, 하면서 손 놓고 있을 수는 없는 노릇이었다. 4개면 농성장 곳곳에서 마찰이 일어났다. 보온용품과 먹을 것을 들이는 것을 막고 보온을 위해 사용할 비닐 등을 빼앗으면서 이해니 공감이니 하는 말을 사용하는 것은 진심일 리 없었다. 저들의 목표는 단 하나, 이 공사를 강행하는 것이었다. 애초에 다른 출구 따위는 없어 보였다. 다행히도 시민사회 단체에서 응원의 손길을 보태주었다, 저들에 맞서 이번에는 이쪽에서 대국민 호소문을 내보내게 된 거였다. 국민이 편들어주지 않으면 방법이 없다는 걸 잘 알고 있었다.

아이는 침을 한 차례 꿀꺽 삼키고 호소문을 또박또박 읽어 내려갔다. 초롱초롱하게 빛나는 아이의 두 눈을 대견스레 바라보며 김포댁은 귀를 기울였다.

"밀양 765kV 송전탑 건설 중단 시민사회단체 대표 대국민 호소문.
밀양 주민들의 가슴을 밟고 건설하는 밀양 765kV 송전탑 건설, 중단되어야 합니다."

아이는 여기까지 읽고 또 침을 꿀꺽 삼켰다. 아이가 읽기에는 너무도 재미없고 딱딱한 말들이었다.

"어쩌면 우리는 이토록 무심했습니까?"

아이는 여기까지 읽고 다시 멈췄다.

"엄마, 무심한 게 뭐야?"

"무심은, 마음을 두지 않는다는 건데, 말하자면 무관심한 거랑 비슷한 거야."

"아, 무관심. 알겠어."

이때 지나던 노인이 김포댁이 앉아 있는 자리 앞에 와서 멈춰 섰다. 한 손에는 좀 전에 김포댁에게 받아 간 전단이 들려 있었다. 칠십 언저리를 지나고 있는 나이대로 보였는데 입성이 깔끔하고 점잖아 보이는 인상이었다. 김포댁은 약간 긴장하며 자리에서 일어섰다. 가끔 시비를 거는 사람들이 있어서였다.

"아니, 일어서지 말아요. 힘든데 그냥 앉아 있어요."

노인이 깍듯한 존대어로 말했다.

"내가 댁이 준 이걸 좀 읽어봤수. 그냥 이런저런 생각도 들고 궁금증도 생겨서 얘기나 좀 해볼까 하고 왔는데 괜찮겠어요?"

말하는 노인의 표정이 온화했다.

"아, 네. 말씀하세요."

김포댁은 노인이 앉을 자리를 마련하며 대꾸했다.

"밀양에서 왔어요?"

노인이 물었다.

"네."

김포댁은 짧게 대답하고 노인을 건너다보았다.

"흠, 그렇구먼. 아이까지 데리고. 고생이 많아요."

김포댁은 이 말에는 대답을 안 했다. 구구절절 설명할 만큼 의욕이 생기지는 않았다.

"실은 내 고향이 밀양이라오. 중학교 입학하면서 부모님이 공부하라고 서울로 보냈다오. 처음엔 혈혈단신으로 서울살이를 시작했는데 나중엔 동생들도 차례대로 올려보내시더니 결국 부모님도 밀양 살림을 몽땅 정리하고 올라오셨다오. 이제 생각해 보니 그 후론 밀양에 한 번도 가지 않았어요. 거, 참. 몇 년은 공부하느라 바빠서 그다음엔 취직하고 결혼하고 사느라 바빠서 내내 잊고 살았지요. 거기가 내 고향인 걸 잊고 살다가 송전탑 뉴스를 보고는 기억이 났다오. 내가 거기서 태어났다는 게."

"그러시군요. 저는 밀양에서 태어난 건 아니고 그리로 귀농했어요. 벌써 10년 차랍니다. 지금은 밀양 사람 다 됐지요. 이 아이는 거기서 태어났고요."

아이는 스케치북을 펼쳐 놓고 색연필로 뭔가를 그리다가 내려놓더니 하품을 했다. 눈에 졸음이 가득했다.

"아, 젊은 분이 대단하군요. 귀농이라니. 광화문 일대는 내 산책코스라오. 종로에 사는데 주로 청계천 변을 걷곤 한다오. 오늘은 무슨 생각이 들었는지 여기까지 왔다가 댁이 건네준 이 전단을 읽게 됐어요. 이걸 읽어보니 마음이 안 좋아요. 내 동년배 노인이 목숨을 놓아버렸더군요. 어쩌면 어릴 적 내 동무였을 지도 모르지요. 정말 이렇게까지 해야 하는 걸까요?"

노인이 더듬거리듯 말했다.

"누가요? 한전이요? 아니면 우리가요?"

김포댁이 살짝 날이 선 목소리로 대꾸했다.

"아니, 아니. 오해는 말아요. 내가 누구 편들려고 하는 말은 아니오. 그저 이렇게까지 말고는 잘 해결할 방법이 없을까 싶어서, 안타까워서 한소리요. 실은 우리 아들이 공무원이라오. 이 일과 관련된 부서에서 일한다오. 집에 와서 일에 관한 얘기를 하는 아이가 아니라서 얘기를 나눠본 적은 없다오. 그래서 하는 소리는 아니고 그저 일개 공무원이 어쩔 수 있는 일이 아니란 생각이 들어서. 그저 두루 안타까워서 그러지요."

그는 우물쭈물 얼버무렸다.

"해결 방법이 있었다면 여기까지 오지도 않았겠지요. 그 해결 방법은 국가가 찾아야 하는 거 아닙니까? 그들이 전문가 아닙니까? 우리 같은 촌사람들이 그 복잡한 셈법을 어찌 알겠습니까? 송전탑 건설의 타당성을 입증할 사회적 검증 기구를 만들어서 공개적으로 검증을 해달라는데 저들은 거기에 대해서는 아무 말이 없어요. 마치 그런 소리는 들은 적도 없다는 듯이. 검증 결과에 승복하겠다는데도 말이죠. 그건 왜 그럴까요? 애초에 제대로 된 협의 같은 건 할 생각이 없는 게 아닐까요? 그러니 힘없는 우리 같은 사람들은 단식이나 하면서 이렇게 엎드려 호소하는 거지요."

김포댁은 날 선 목소리가 튀어나올까 봐 의식적으로 목소리를 낮추었다. 애꿎은 노인에게 화를 낼까 봐 조심스러웠다.

"나는 단지 평화롭게 합리적으로 해결되기를 바라는 사람이라오. 다만, 큰 목적을 위해서는 어쩔 수 없는 일도 있는 법이라."

노인은 이번에도 말끝을 흐렸다. 그가 하고 싶은 말은 결국 이것일 터였다. 다수의 이익을 위하여 소수의 희생은 감수할 수밖에 없다는. 어쩌면 이게 무수한 대중들의 생각일지도 몰랐다.

"어르신, 어르신 댁 앞마당에 송전탑이 들어선다면 가만 계시겠습니까? 그때도 다수의 이익을 위해서 내가 참아야지 하시겠습니까?"

김포댁이 정중한 어조로 말했다. 노인은 짚고 있던 지팡이 끝으로 보도블록 사이에 쌓인 먼지를 헤집었다. 무의식적인 행동이었다. 잠시 침묵이 흐르자 잊고 있던 주변의 소음이 들리기 시작했다. 노인은 머뭇거리다가 말했다.

"미안합니다. 안타까워서 괜한 참견을 했어요."

"진심으로 안타까우시면……."

김포댁은 여기까지 말하다가 입을 다물었다. 부질없는 짓이란 생각이 들었다.

"아닙니다. 말씀 잘 들었습니다. 관심 가져주셔서 감사하고요."

노인은 갑자기 바지 주머니에서 장지갑을 꺼내더니 거기에서 만 원짜리 지폐 한 장을 꺼내 연이에게 쥐여주었다. 아이는 어떻게 하냐는 눈빛으로 김포댁을 바라보았다.

"아닙니다. 이러지 마세요."

김포댁이 만류했지만, 노인은 과자나 사 먹으란 말을 남기고 황급히 인파 속으로 사라졌다.

아이는 어느새 한 손에는 전단을, 다른 손에는 노인이 준 만 원 지폐한 장을 든 채 제 엄마의 어깨에 비스듬히 기댄 채 잠이 들었다. 김포댁은 아이를 무릎에 누이고 아이가 읽다 만 부분부터 차근차근 읽어 내려갔다. 광장에 어둠이 내리고 광고판에 희미하게 조명이 들어오기 시작했다. 어두워질수록 조명은 밝고 아름다웠고 현란했다. 아름다움은 인간의 고통에 관심이 없었다. 김포댁은 새삼스러운 깨달음에 제 무릎을 쳤다. 아, 이곳을 이렇게 밝히려고 우리 동네에 철탑이 세워져야 하는 거구나. 하도 밝아서 지나가는 개미도 보일 지경이네. 건물을 휘감으며 빛나는 불빛들은 할매들 주름진 얼굴에 흐르던 눈물을 타고 도달한 거였구나.

"엄마야, 나, 미치겠다. 저놈의 헬기 소리 땜에 심장이 다 두근거리네."

목에 사슬을 감고 앞줄에 앉아 있던 쌍둥 어매가 산꼭대기로 사라지는 헬기를 올려다보며 몸서리를 쳤다. 헬기는 할머니들 머리 위로 귀청이 떨어질 만큼 요란한 굉음을 내며 날아다녔다. 노인들이 철탑이 들어설 산 정상으로 가는 길을 밤낮으로 지키고 앉아 있어도 머리 위로 나는 헬기를 막을 수는 없었다.

행정대집행이 예고된 이날 아침 쌍둥 어매는 집안 단속을 하고 나서는 길에 이웃집 단짝 수애 어매와 골목 어귀에서 딱 마주쳤다. 돌아서기에도 모른 척 지나기에도 어색한 상황이었다. 쌍둥 어매는 한 손을 흔들며 알은

체를 했다. 순간 수애 어매는 쌩하니 고개를 돌리고 되돌아서 저의 집으로 들어가 버렸다. 사십 년 지기가 하루아침에 절연되었다. 수애 어매는 보상을 받는 쪽을 선택했다. 단지 그뿐이었는데 그녀는 어쩐지 쌍둥 어매를 비롯해 움막에서 시위하는 사람들을 외면했다. 사십 년 단짝이었는데 더는 같이 밥도 안 먹고 말도 안 하는 사이가 되었다. 자식들이 보상받고 끝내라 했다고 했다. 누가 뭐라나? 각자의 입장이 있는 거지. 그렇다고 절연을 할 것까지야. 사실 쌍둥 어매 역시 수애 어매를 따라 합의서에 서명할까 고민하지 않은 건 아니었다. 하지만 도저히 그럴 수는 없었다. 이 애타는 마음들을 외면할 수는 없었다. 쌍둥 어매는 사실 저 헬기 소리보다 아침에 마주친 수애 어매 때문에 더 마음이 복잡했다. 누구한테 하소연할 데도 없었다.

2000년도에 제5차 장기 전력 수급 계획에 의해 울산 신 고리원전에서 생산한 전기를 도시로 보내기 위해 69기의 송전탑 건설 계획이 확정되었다. 1979년에 제정된 전원개발촉진법을 적용해서 토지 강제수용이 시작되었다. 전원사업자로 지정되면 19개 법률에 규정된 규제를 피할 수 있게 하는 법률이었다. 밀양에서는 4개 면에 송전탑이 세워질 예정이었다. 토지 수용을 시작하고서야 밀양 주민들은 고향 땅에 무슨 일이 벌어지는지 알았다. 2005년에 밀양 상동면에서 처음으로 반대 집회를 시작했다. 그때는 몰랐지만, 끝을 모르는 기나긴 싸움이 시작된 것이었다.

공사는 시작되고 반대에 부딪혀 중단되었다가 다시 개시되는 지루한 도돌이표를 반복했다. 그게 벌써 8년째였다. 그동안 스스로 목숨을 내놓은 사람들이 있었고 명이 다해 세상을 떠난 이들도 있었다. 노인들에게 8년은 죽을 만큼 긴 시간이었다. 그동안 할머니들이 막아선 산길 저 위로 헬기들은 부산하게 굴착기며 자재들을 실어 날랐고 모르는 새에 산꼭대기에 철탑이 번득이는 모습을 드러내곤 했다. 헬기 소리는 할머니들에게 저승사자보다 무섭고 진저리나는 것이 되었다.

어쩌면 모두 알고 있었다. 이 싸움이 어떻게 끝날지를. 이들에게는 저들의 이론과 논리를 반박할 만한 전문성도 힘도 없었다. 그렇다고 고분고분하게 고개 숙이고 있을 수는 없었다. 이들에겐 도저히 꺾이지 않는 마음이 있었다. 고향 땅에서 그렇게 내몰릴 수는 없는 노릇이었다. 지는 싸움일지라도 싸워야만 하는 때가 있었다. 지금이 바로 그때였다.

"어머나, 이 철모르는 쑥 좀 봐라. 여름이 낼 모랜데 이 뭐고? 이거 따다가 쑥떡이나 해 먹었으면 좋겠네."

쌍둥 어매가 자신이 앉은 자리 밑에 도도록이 돋아난 쑥을 쓰다듬으며 말했다.

"오늘 싸움 잘하고 막걸리 받아다가 그리합시다. 안될 게 뭐가 있습니까?"

부녀회장이 싹싹하게 말했다.

"봐라, 봐라. 저놈들이 왔다."

박촌 할매가 몸을 부르르 떨며 소리쳤다. 산모롱이를 돌아 형광색 제복을 빼입은 경찰들이 모습을 드러냈다. 할머니들이 허우허우 숨을 몰아쉬며 올라온 길을 젊은이들은 날아갈 듯 가벼운 발걸음으로 성큼성큼 다가왔다. 얼핏 보기에도 수백 명은 족히 돼 보였다. 대열 맨 뒤에는 사복을 입은 공무원과 한전 직원들이 따르고 있었다. 할머니들은 긴장한 눈길로 바라보았다.

"허가받은 부지를 점거하는 것은 불법 행위입니다. 부지 밖으로 이동해 주시기 바랍니다."

확성기 소리가 울려 퍼졌다. 마침내 전투경찰들이 방패를 들고 대오를 맞추어 오합지졸 같은 할머니들의 무리와 마주 섰다. 어떻게 봐도 어울리지 않는 그림이었다. 좁다란 산길에 대치한 경찰들은 사람 하나 끼어들 틈이 없도록 빽빽이 늘어선 채 방패로 얼굴을 가려 사람들이기보다는 견고한 성벽처럼 보였다. 확성기를 든 사복 차림의 남자가 같은 말을 기계적으로 반복했다.

"허가받은 부지를 점거하는 것은 불법 행위입니다. 부지 밖으로 이동해 주시기 바랍니다."

어떠한 감정도 실리지 않은 건조한 목소리였다. 이쪽은 절박함에 새된 비명부터 질러대는데 다른 쪽은 귀찮은 뒷설거지를 앞에 둔 게으른 일꾼 같은 태도였다. 부녀회장이 확성기 소리에 응수하듯 입을 열었다.

"우리가 왜 비켜야 하는지 먼저 설명을 해라. 우리가 스스로 비키고 싶어지도록 설득을 하란 말이다."

그녀의 목소리는 몹시 쉬어서 콩가루를 삼킨 것처럼 메말랐다.

"송전선 선로 건설 반대 농성장 철거 행정대집행 중입니다. 불법 행위를 중단하시고 부지 밖으로 이동해 주시기 바랍니다."

사내는 여전히 무감동한 목소리로 같은 말을 반복했다.

"세상이 싫다. 우리 같은 힘없고 약한 사람들 무시하는 더러운 세상이 싫다. 언제 우리가 돈 달라 하더냐? 요대로만 살다가 죽겠다는데 왜 우리를 쫓아내나 말이다. 내가 나이 서른에 남편 잃고 60년 가까이 예서 땅 파먹고 살았다. 죽을 날이 낼모레다. 내는 더는 바랄 게 없다. 예서 기대 사는 사람들을 쫓아내지 마라. 대명천지에 이런 법이 어딨노?"

영덕 할매가 갈라진 목소리로 말했다.

"누가 할매들을 쫓아냅니까? 그냥 사시던 데로 살면 된다, 이말 입니다."

사복 입은 남자 하나가 삿대질하듯 말했다.

"하, 저놈 봐라. 송전탑이 들어오면 여기가 전자레인지하고 한 가지가 되는 기라. 너 같으면 전자레인지 속에 살겠나? 저런 쳐 죽일 놈을 봤나?"

박촌 할매가 분통을 터트렸다.

"할매들, 살살 하입시다. 쉬엄쉬엄하입시다. 쇠사슬 그거부터 치아뿌입시다. 그러다 다칩니다."

농성장에 몇 번 얼굴을 비춘 적 있는 한전 직원이 느물거리듯 말했다.

"뭐라카노? 내사 마 돌아뿐다. 저놈이 말리는 척하면서 남의 허파를 디비뿌네. 왜 나를 욕쟁이 할매로 만드나? 경찰들을 수백 명을 데리고 몰려와서는 지금 누구 약 올리나? 이 세상이 너거들 거냐? 이 나무들, 벌레들, 풀포기들, 다 같이 살라고 있는 거다. 우리 같은 늙어 꼬부라진 늙은이들을 무시하면 안 되는 기라. 우리는 그래도 상관없는데 니들 자신을 돌아봐라. 그래도 되겠는가? 너 자식한테 안 부끄럽나? 사람이 사람한테 그러면 안 된다."

박촌 할매가 소리쳤다.

"너희들 전기 펑펑 쓰자고 와 우리를 못살게 구노? 우리가 지금 이러고 싶어 이러냐? 지금 농사일이 얼마나 많은데. 우리도 돌아가서 농사나 짓고 싶다. 그게 소원이라 말이다."

부녀회장이 말했다.

"외부 세력은 나가주십시오."

확성기가 무지르듯 말했다.

"외부 세력은 너희다. 너희나 나가라. 밀양시는 한전의 하수인이냐? 어째서 주민 편을 들지 않는가? 전기가 사람을 위해 있는 거지 전기를 위해 사람이 있는 거가?"

"제복을 입었으니 너희들이 국가다. 국가가 국민에게 이래서야 하겠는가?"

"발전소가 송전탑을 부르고 송전탑이 발전소를 부른다. 핵발전을 중지해라."

산발적으로 쏟아지는 호소를 무시하듯 방패를 든 경찰들이 우르르 할머니들의 대열로 들어섰다. 경찰 서넛이 할머니들을 한 사람씩 둥글게 에워싸고 쇠사슬을 걷어내기 시작했다. 비명, 탄식, 고함, 욕설, 악다구니,

거친 숨소리, 울음소리가 뒤섞였다.

"절단기 가져와."

"죽여라. 나부터 죽여라."

"가만 계시소. 다칩니다."

"안 간다. 못 간다."

얼마 못 가 할머니들은 여경들에 의해 사지가 따로따로 붙들린 채 차례로 들려 나갔다. 시민단체에서 나온 젊은이들은 경찰에 의해 연행되어 갔다. 수녀들은 흙바닥에서 무릎을 꿇고 기도문을 중얼거렸다. 경찰은 순식간에 움막과 텐트와 컨테이너 안의 집기들을 들어냈다. 반찬 통이 엎어지고 김치 통이 뒤집혀 신 내가 진동했다. 좁은 움막 안을 가득 채우고 있던 잡다한 물건들이 빠져나간 공간은 그저 바람에 날리는 낡은 거적때기처럼 보였다. 움막과 텐트는 삽시간에 눈앞에서 사라졌다. 상처를 입은 사람들은 시내 병원으로 실려 갔고 온몸에 기운이 빠진 노인들은 풀숲에 주저앉아 눈물을 흘리며 망연히 이 광경을 지켜보았다. 이날 하루에 밀양의 4개 농성장은 일시에 철거되었다. 이날 경찰은 약 2,500명, 한전 직원 등 공무원은 250여 명이 동원되었다. 2013년에서 2014년 사이에 동원된 인원이 38만여 명에 이르렀고 그들의 숙박비는 99억여 원에 달했다. 한전에서는 '밀양 주민의 대승적 협조로 행정대집행이 완료되었다'라는 보도 자료를 내보냈다.

김포댁은 저녁밥을 식탁에 차려놓고 집을 나섰다. 큰 아이들은 학교와 직장을 따라 도시로 떠났고 이제는 막내만 남아있었다. 막내는 아직 학교에서 돌아오지 않았고 남편도 과수원에서 뒷설거지하느라 아직 돌아오지 않고 있었다.

"해가 길어졌네."

그녀는 앞산 너머로 나지막이 걸린 해를 바라보며 중얼거렸다. 철탑은

화사한 햇살에 싸여 얼핏 그럴듯한 건축물처럼 보였다. 사위는 저녁 빛에 잠겨 색색의 빛깔로 물들고 있었다.

"아이고, 마!"

김포댁은 뜻 모를 탄식을 쏟아내며 마을회관을 향한 골목길로 접어들었다. 시내에 나갔다가 돌아오는 길이면 버스가 산모롱이를 돌 때마다 산 위에 철탑이 모습을 드러냈다 사라지곤 했다. 이제 철탑은 흔한 풍경의 일부가 되었지만, 그녀는 여전히 철탑이 보이면 고개를 돌렸다. 철탑은 혈관처럼 이어져 그날의 광화문 광장까지 도달할 거란 생각이 떠올랐고 그날의 그 어이없어 보이던 활기와 무심한 사람들과 아름다운 조명들이 떠올랐다. 그러면 어쩐지 못 견디겠는 마음이 훅하고 치밀어 올랐다. 아무에게도 하지 못한 말이었다.

"6월이라 해도 낮에는 뜨거워 죽겠더니 해지니 선선하네."

회관으로 들어서는 김포댁을 보며 부녀회장이 인사하듯 말했다. 그녀는 지금은 부녀회장 자리에서 물러났지만, 여전히 회장님으로 불렸다. 가르마를 따라 하얗게 솟아나는 백발이 세월을 실감케 했다. 다른 할머니들이 그렇듯 그녀의 손바닥은 더 두껍고 딱딱해졌고 손톱 끝은 뭉툭해지고 도저히 지워지지 않는 검은 때가 끼어있었다. 그동안 이들은 하지 무렵이면 모임을 했다. 누가 그러자고 앞장서지 않아도 절로 그런 마음들이 되었다. 그동안 영덕 할매와 박촌 할매를 비롯한 그 또래 노인들이 앞서거니 뒤서거니 세상을 떠났다. 몇몇은 밀양을 완전히 떠났다. 세월은 무정하게 흘렀지만, 밀양을 매섭게 할퀴고 간 상처는 사람들의 마음속에 고스란히 남아있었다.

잡채와 부추전이 상에 올랐고 막걸리에 커피 바나나와 참외까지 두서없는 음식들이 상에 올랐다. 누구는 막걸리를 누구는 커피를 앞에 두고 둘러앉았다. 모인 이들이 이십여 명이 채 안 되었다. 회장이 입을 열었다.

"자, 우선 바쁘신 중에도 이웃 마을에서 예까지 걸음 해 주신 분들께 먼저 감사와 환영의 인사 올립니다. 그간 개인적으로나 사회적으로 여러 일이 많았고 무엇보다 사상 초유의 전염병으로 오랫동안 모일 수 없었습니다. 개인적인 인사는 차차 하기로 하고 먼저 세상을 떠나신 어르신들을 기억하며 그래도 힘내자는 의미에서 건배합시다. 건배!"

그녀는 막걸릿잔을 치켜들며 외쳤다. 얼굴에는 십여 년 세월을 웅변하듯 주름살이 짙어지고 머리숱이 옅어졌지만 카랑카랑한 목소리는 여전했다. 모두 제 앞에 잔을 들었다.

"차린 건 별로 없지만, 마음껏 드시면서 편하게 이야기를 나눕시다. 돌아가며 자유롭게 그간의 소회를 밝히는 시간을 갖겠습니다."

한바탕 박수가 끝나고 산외면을 대표하여 온 할머니가 말했다.

"이맘때면 이유도 없이 몸이 아픕니다. 온몸이 쑤시고 먼저 간 할매, 할배들이 꿈에 나타난다 싶으면 이맘땝디다. 이런 걸 유식한 말로 트라우마라고 한답디다. 우리가 겪은 일은 저 송전탑이 서 있는 한, 없었던 일이 되진 않을 겁니다. 국가가 우리 같이 약하고 힘없는 사람들을 무시하고 짓밟아 놓고 제대로 된 사과 한마디 없었다는 것도 믿을 수 없지만 사실입니다. 이걸 눈감아주면 이런 일은 앞으로도 어디에서건 생길 겁니다. 그 모든 걸 알량한 보상금으로 퉁 치려는 게 말이 됩니까? 그 보상금, 자존심 상해 못 받습니다. 그거 받고 끝낼 거였으면 18년을 이렇게 살았겠습니까? 우리가 바봅니까? 저들은 에어컨 팡팡 돌리고 야밤에도 대낮같이 불을 밝혀놓고 살면서 그 피해는 왜 우리에게 떠넘깁니까? 핵발전소가 안전하다는 말은 다 거짓말이라는 거는 지금 모르는 사람이 없습니다. 그런데 왜 자꾸 거꾸로 갑니까? 일 저지르고 그 이득을 챙기는 사람들은 따로 있고, 그 피해는 애먼 사람들이 보는 게 말이 됩니까? 우리 같은 사람들, 저 들판에 풀포기 같은 사람들 짓밟는 인간들을 두고 볼 수는 없습니다. 싸움은 끝나지 않았습니다."

한 사람 한 사람의 말이 끝날 때마다 깊은 공감과 위로와 격려의 박수가 이어졌다. 이런저런 말들이 오가고 난 후 회장이 다시 입을 열었다.

"올해로 싸움을 시작한 지 18년째입니다. 오늘은 제가 유식하게 말 좀 하겠습니다. 그동안 우리가 배운 게 많다 이 말입니다. 세상 사람들은 우리 할매, 할배들을 잊었고 우리가 겪은 일에 관심도 없지만 우리는 아무것도 잊지 않았고 우리의 싸움은 여전히 끝나지 않았습니다. 저들은 토지수용동의서에 도장을 받기 위해 우리를 괴롭히고 회유하고 협박했습니다. 주민의 분열을 조장하고 공동체의 믿음을 파괴했습니다. 친구였던 이웃이 냉정하게 외면하는 경험도 했습니다. 우리끼리 적이 아닌데 그리되었습니다. 지자체 공무원은 일방적으로 한전에 편들었고 경찰은 공권력을 행사하여 우리 할매, 할배들을 고립시켰습니다. 우리도 이 사업이 어떻게 진행되는지 알 권리가 있음에도 제대로 된 정보를 주지 않았습니다. 우리의 의사와 상관없이 송전탑이 들어서면서 토지매매가는 하락하였고 전자파 피해가 얼마나 무서울지는 아무도 말해 주지 않았습니다. 이로 인한 피해는 아마도 더 긴 시간이 지난 후에 나타날 겁니다. 그것은 분명 되돌릴 수 없는 피해가 될 겁니다. 그런데도 저들은 우리의 호소에 귀 기울이지 않았고 우리를 협의의 대상이 아니라 단지 도장만 찍으면 그만인 수단으로 대했습니다. 우리의 생명과 우리 삶의 가치를 무시했습니다. 국가는 알량한 합의금으로 우리의 진심을 뭉개버렸습니다. 일부 국민은 우리를 지역 이기주의자들이니, 님비현상이니 하며 비난했습니다. 우리가 무지몽매한 사람들이 된 것 같았습니다. 우리는 이기적인 사람들이 아닙니다. 우리는 그저 우리 땅에서 안전하게 농사지으며 살고 싶은 사람들일 뿐입니다."

옳소, 하며 쌍둥 어매가 이어 말했다.

"저래 말씀하시는 우리 회장님도 유식하지마는 그 말을 죄다 알아듣는 저도 억수로 유식해졌다, 이 말입니다. 우리가 우리 땅에서 일어나는 일을 나 몰라라 하고 있었다면 마음은 편했을지 몰라도 이래 유식해질 수는 없

없을 겁니다. 나는 아무것도 모르는 바보로 살지 않아서 그것만으로도 다행이라 생각합니다. 저는 보상 필요 없습니다. 아니, 안 받습니다. 주변에서 이래 말합디다. 안 받는다고 뭐가 달라질 게 있느냐고. 이미 송전탑은 세워졌고 그게 철거될 일은 없을 거라고. 나도 다 알아요. 그래도 싫습니다."

회장이 다시 이어 말했다.

"맞습니다. 밀양에서 일어난 일은 지금도 전국에서 벌어지고 있어요. 그래서 우리는 그 사람들과 힘을 합치려고 합니다. 유식한 말로 연대라고 합니다. 우리는 탈핵, 탈 송전탑을 통해 기후 위기와 싸우는 사람들과 연대하려 합니다. 내가 마 언제 죽을지 모르지만 죽는 날까지 이 싸움을 멈추지 않을 겁니다."

이날은 행정대집행 이후 9년째, 반대 투쟁을 시작한 지 18년이 되는 날이었다. 단장면, 산외면, 부북면, 상동면 일대 100가구는 한전이 주는 합의금을 여전히 거부하고 있었다. 누군가에게는 쓸모없는 일처럼 보일지 모르지만, 그들로서는 국가의 부당한 강제에 동의하지 않았음을 표현하는 유일한 방법일지도 모른다.

9. 마고할미가 울었어: 골프장 환경오염 사건 -
은미희

앞산, 산 능선이 운무로 뒤덮였다. 산 정수리에서부터 보니 같은 흰 운무가 슬금슬금 내려오는가 싶더니 이내 산은 희부연 장막 속으로 모습을 감추었다. 하루에도 몇 번씩 일기는 변했고, 산은 그 일기에 얼굴을 달리했다. 도무지 종잡을 수 없었다. 햇빛 쨍하니 맑았다가도 어느 순간 습한 바람이 불며 한바탕 비가 퍼붓기도 했고, 또 언제 그랬냐 싶게 무겁게 내려앉아 있던 먹장구름이 물러가고 말간 해가 천연덕스럽게 중천에 걸려 있기도 했다. 그때마다 산은 검은색으로, 진한 녹색으로, 혹은 회색이거나 황금색으로 얼굴을 달리했다. 그 모양이 마치 변덕 심한 노인 같았다.

마고할미. 저 산의 주인은 마고할미였다.

마고할미가 사는 그 주산은 좌우로, 여러 봉우리들을 시봉(시녀봉우리)처럼 거느리고 있었고 그 봉우리들은 미끈한 능선과, 아찔한 계곡과, 까마득한 단애로 이어져 반도 남단에서 으뜸으로 자리했다. 그 계곡마다 갖가지 전설과 이야기들이 시간의 층을 달리하며 쌓여있었다.

겨울이 되면 그 산은 매혹적으로 바뀌었다. 울울창창, 산의 속살을 가리던 나뭇잎들이 지면서 숨겨져 있던 계곡들이 드러났는데, 멀리서 보면 그 계곡들이 마치 농염한 여인의 근육처럼 아찔했다. 그 안에 들면 너덜경이 위태롭게 펼쳐져 있었지만 먼 데서 보면 영락없이 여인의 나신이었다. 마고할미가 아니라 젊디젊은 마고 여인의 몸이었고, 육덕진 여인의 산이었다. 그 산의 정수와 정기는 생명의 근원이었고, 그 산은 그것들을 옹골차게 품고 있었다.

그 생의 에너지가 웅숭깊었다, 흡, 숨을 들이키면, 그 들숨 안에 마고할미의 기운이 빨려 들어오는 것만 같았다. 농밀한 수액의 향기와, 비릿한 흙냄새, 들척지근하게 빨려드는 대기, 그것들은 숲의 에너지이기 전에 농염한 여인의 체취였다. 아니 마고할미의 체취였다. 정말, 그 안에 들면 마고할미의 심술에 길을 잃을 것만 같아 겁이 나기도 했다. 마고할미가 자신의 품 안에 사람을 잡아놓고 놓아주지 않을 것만 같아 미현은 올라갈 생각을 하지 않았고, 올라갈 엄두도 내지 못했다.

하지만 옛날, 오래전, 아주 오래전, 미현은 저 산에 오른 적이 있었다. 그 기억이 새뜻하게 떠올랐다. 박락되지 않거나 잊혀 지지 않는 기억은 저주에 가까웠다. 잊혀야 할 것들은 잊혀야 했는데, 시간이 갈수록 오히려 더 선명하게 살아나는 과거의 일들은 현재의 삶을 뒤흔들어놓았다.

그때 그랬다. 해를 넘겨 계속되는 가뭄에 사람들의 마음이 강퍅해지고 사박스러워질 때 미현은 친구들과 함께 산에 올랐었다. 한사코 저 산을 두려워하는 미현에게, 미현의 생각이 얼마나 엉뚱한 것인지 사실 확인을 해 주겠다는 친구들의 호기와 강요에 떠밀려 미현은 마지못해 그 산을 올랐다. 오르면서도 내내 찜찜했다.

"아직까지 그런 소녀적 감상에 젖어 있다니. 부끄러운 일이야."

"소녀적이라니. 유아적이지."

산행을 내키지 않아 하는 미현을 두고 친구들은 돌아가면서 한마디씩 놀려댔다.

"싫어. 산에 오르는 거. 힘든 일을 뭐 하러 해. 그냥 보는 거만으로도 족해. 그냥 너희들끼리 다녀 와."

미현의 거절은 받아들여지지 않았다. 친구들은 그때, 산을 알기 위해서는 산속으로 들어가 봐야 한다며 미현을 억지로 끌어냈다. 그 안에 들면 또 다른 세상을 보게 될 거라고. 그 속에 든 많은 것들을 직접 확인해 보라고 미현을 부추기고, 어르고, 달래고, 회유했다. 그렇게 끌려간 산행이었다.

"이 맑은 공기 좀 들이켜 봐. 달지 않아? 자연 치료제야. 돈 주고도 살 수 없는 거라고. 그러니 자주 오면 좀 좋아?"

깊숙이 그 안에 들었지만, 그때라도 돌아서고 싶었다, 미현은. 굳이 오르고 싶지 않았다. 소녀 같거나 유아 같든지 간에. 산에 대한 생각과 애착은 자신만의 방식으로 갖고 싶었다. 그저 멀리서, 어느 정도의 간격을 두고서 산을 보고 싶었다. 하지만 친구들은 고집스럽게도 미현의 산에 대한 두려움을 없애주는 것이 자신들의 애정이자 의무라고 생각했다.

대학 같은 과 친구들이었다. 소설을 쓰거나 시를 쓰거나. 하지만 친구들은 소설과 시를 쓰기보다는 술 마시는 일을 더 많이 했고 쓰여 지지 않는 소설과 시에 자신들의 박복한 재능을 한탄했다. 술 마시는 것처럼 소설을 써봐. 누군가 말했고, 술은 소설과 시의 마중물이야, 라고 누군가 답했다. 친구들이 소화불량과 불면증을 겪으며 쓴 소설과 시는 세상에서 받아들여지지 않았다.

황음과 통음으로 망가진 몸을 회복하기 위해 친구들은 산을 찾았다. 절인지처럼 술에 푹 절어있다가, 드릴로 관자놀이를 뚫는 듯한 숙취에 친구들은 가자, 산에, 하며 자리에서 일어났다. 체력은 국력이라며, 체력은 문력이라며, 친구들은 산으로 향했다. 안 가. 너희들끼리 다녀와.

미현의 거절은 번번이 물리쳐졌다. 그때도 그랬다.

친구들은 앞에서 끌고 뒤에서 밀어주며 미현을 산속 깊은 곳으로 데려갔다. 오랜 가뭄 속에서도 산속은 울울창창 우거진 나무들로 어둑했다. 그 어둠이, 그 어둠의 입자가 미현의 신체 안으로 스며들어왔다. 아마 그 때문이었을 것이다. 알 수 없는 두려움에 자꾸만 살갗에 자잘한 돌기가 돋는 것이.

우르릉 쾅! 중간쯤 올랐을 때 갑자기 마른하늘에서 뇌성이 울렸다. 처음에는 그냥 흘려들었었다. 어느 지점에선가 바위가 굴러떨어졌거나 음속을 뚫고 날아가는 비행기 소리로 여겼다. 우르르릉. 다시 그 소리에 땅이 울릴 때, 비행기 소리가 요란하네, 무리 진 일행 사이에서 누군가 말했다. 그 소리에 하늘을 올려다봤지만 조각난 하늘에 비행기는 보이지 않았다.

"비행기 소리 아닌 거 같은데?"

"아니야 비행기 소리 맞아."

"비 오는 거 아냐?"

"비가 온다는 일기예보는 없었어."

친구들은 비는 아니라고, 아닐 거라고, 확신하며 벌써 팍팍하게 무거워진 다리를 토닥이며 산 정상을 향했다.

"얼마나 더 가야 해? 공연히 따라왔어."

미현은 알 수 없는 불안함에 자꾸 주변을 둘러보았다. 그때 미현의 얼굴에 무언가가 떨어졌다. 뭐지? 손으로 쓱 문질러 닦는데 이내 후드득 빗방울이 듣기 시작했다. 느닷없던 뇌성만큼이나 뜬금없는 빗방울이 제법 굵고 드셌다. 그 빗방울이 오랜 가뭄으로 제대로 살이 오르지 않은 나뭇잎을 매섭게 후려쳤다. 그 빗방울에 찢긴 나뭇잎들이 사방으로 흩날렸다. 빗방울이 채찍처럼 몸에 감겼다.

"마고할미가 질투했나 보다."

누군가 말했고, 난감한 표정으로 서로를 바라보았다. 오랫동안 이어지는 가뭄에 설마 그날, 비가 올 것이라고는 누구도 생각하지 못했고, 그런 까닭에 당연히 비에 대한 대비를 하지 못했다. 친구들은 그 또한 추억이라며 유쾌한 얼굴로 그 비를 맞았다. 하지만 미현은 여전히 뭔가 불길했고 불안했다.

시간이 갈수록 빗줄기가 굵어지는 것이 금방 그칠 비가 아니었다.

산에서 갑자기 비를 만나면 위험했다. 길은 젖어 미끄러웠고, 여차하면 산사태와 폭포수처럼 떨어지는 붉덩물을 만날 수 있었다. 그 붉덩물에 휩쓸려 가면 그만이었다. 물이 선 채로 덮쳐온다던가. 산에서 만나는 붉덩물은 그 기세가 사납고 위력도 엄청났다. 비 오는 날 계곡이 무서운 이유였다. 빠르게 떨어지는 체온도 문제였다. 재게 걸음을 옮기는데 이미 질척해진 흙은 신발에 덕지덕지 들러붙었고, 그 흙덩이들 때문에 모래주머니를 매단 듯 발걸음은 무겁기만 했다.

큰일 났네, 금방 그칠 것 같지 않은데. 누군가 혼잣말처럼 중얼거렸고,

그 말에 친구들의 표정에서 웃음기와 유쾌함이 가셨다. 대신 그 얼굴에 걱정 근심이 갈마들었다.

어딘가 안전한 장소를 찾아 비를 긋다 갈 것인지, 아니면 서둘러 하행을 할 것인지 고민하다 하행을 결정하고 서둘러 산을 내려왔다. 조심해. 앗! 번갈아 가며 자주, 미끄러졌고 그럴 때마다 외마디 같은 비명을 배물며 갈퀴손에 잡히는 대로 붙잡고 버텨냈다. 그렇게 넘어지고 미끄러지면서 서로가 서로에게 의지해 길을 내려왔다.

"오고 싶지 않았어."

미현은 물에 젖어 신발에 찰지게 들러붙는 흙을 떼어내며 울상을 지었다. 미현의 말에 친구들은 아무런 말도 하지 않았다.

큰 부상 없이 하산할 수 있었던 것은 행운이었다. 그 비에.

속옷까지 흥건히 젖은 채 추위로 떨며 산에서 내려오는 미현의 일행을 보고 사람들은 말했다. 너희들 때문에 마고할미가 질투해 비를 뿌렸나보다고. 청춘남녀들이 산 정상을 밟지 못하게 하려고 마고할미가 방해한 모양이라고. 그 말에 미현과 친구들은 웃었지만 내심으로는 서늘한 공포가 일었다.

시간이 지나고, 그 일이 하나의 특별했던 추억으로 갈무리될 즈음에 친구들은 우쭐한 마음으로 그때를 떠올리며 안줏거리 삼아 이야기했다.

"잘못했어. 그때 누군가 한 명을 그곳에 두고 왔어야 했는데. 인신 공양을 했어야 했어. 그러면 평생 마고할미가 심술을 부리지는 않았을 텐데 말이야."

친구들이 그 말을 할 때면 준호의 시선이 아련하게 헤매는 걸 미현은 눈치채지 못했다. 그저 평소에 유난히 그가 산을 좋아한다고만 생각했었다.

그날의 기억으로 산에 대한 두려움이 더 커진 미현과는 달리 준호는 폭우가 쏟아지던 그날을 떠올리며 산을 그리워했다.

"그 산이 그리워. 폭우가 쏟아지던 날의 그 산이. 마고할미의 눈물이었어. 그 비는."

역삼각형의 준호의 얼굴에서 눈빛이 형형했다.

"그 산이 그립다고?"

미현은 하던 일을 멈추고 고개를 돌려 준호를 바라보았다. 그 비가 마고할미의 눈물이라니. 도대체 무슨 말을 하는 건가 싶었다.

"그때 나 혼자라도 오를걸 그랬어."

준호의 눈가에 진득한 아쉬움이 고여 있었다.

"그 폭우를 뚫고 산을 오른다고?"

믿을 수 없다는 듯 미현은 되물었다. 그 물음에 준호는 미현의 시선을 피해 고개를 돌렸다. 제정신이야? 정신 차려. 네가 아무리 산을 좋아한다해도 그건 아니야. 미현은 소리치고 싶었다. 나무라듯, 타박하듯, 앙탈을 부리듯, 그렇게. 하지만 미현도 굳은 표정으로 준호에게서 시선을 돌렸다.

서로의 외면이 어색함을 불러왔다. 준호는 그 어색함이 견디기 어려웠던지 말없이 자리에서 일어나더니 인사도 없이 나갔다. 탁. 문이 닫히는 소리가 유난히 크게 울렸다. 미현은 준호가 나가는 것을 알면서도 배웅하지 않았다. 그 자리가. 준호가 빠져나간 자리가 밑동 굵은 나무가 뿌리째 뽑혀 나간 자국처럼 휑했다.

산은 살아있어. 알 수 없는 에너지로 옹골차게 뭉쳐져 있는 것이 산이야. 그게 산이야. 무정물이 아니라고. 평소에도 준호는 곧잘 혼잣말처럼 말했다. 그때마다 미현은 정을 박듯 말했다.

"나에게 산은 공포야."

공포라는 미현의 말에 준호는 그녀의 얼굴을 빤히 바라보았다. 곧게 날아오는 그 시선이 마치 쐐기 같았다. 공포라고? 그 표정이 묻는 듯했다.

"응. 공포야. 네 말대로 산은 생물이야. 살아있어. 그 안에 들면 산의 기운이 느껴져. 무형의 에너지 같은 거. 마치 나를 질투하고 밀어내는 것만 같아. 그래서 더 무서워."

"산이 너를 질투한다고?"

"산이 나를 질투한다기보다 뭐랄까, 부정을 타는 것을 막는다고나 할까, 뭐, 그런. 여하튼 이제 산은 안 갈 거야. 그 산의 에너지가 무서워."

그 표정에 대고 미현은 또박또박 확인시켜 주었다. 준호는 쏘아보는 듯한 눈빛을 거둬들였다. 그러고는 하던 일을 계속했다. 아무렇지 않다는 듯. 나에게 산은 공포야. 금세 돌변한 준호의 태도가 어딘지 미심쩍고, 얄미워 미현은 다시 한번 힘주어 말했다. 하지만 준호에게서는 더 이상의 반응은 없었다.

왜 그랬을까. 그때. 준호에게서 어떤 반응을 기대했을까. 그때로 돌아간다면 다르게 말할까. 네가 좋다면 나도 좋아. 나도 산이 살아있다는 것을 느낄 수 있어. 그 산의 기운을 내 안에 들이고 싶어. 하지만 나는 그 산이 무서워. 너를 빼앗아 갈까 봐. 라고. 아니, 그때로 돌아간다면 준호에게 말하고 싶었다. 너 때문에 힘들다고. 네가 들어있는 마음 때문에 아무것도 할 수 없다고. 나는 너에게 또 다른 산이 되고 마고할미가 되고 싶다고.

하지만 미현은 준호에게 마고할미가 될 수 없다는 것을 알았다.

준호는 미현에게 곁을 내주지 않았다. 준호의 마음에 둥지를 틀고 그 안에 깃들고 싶었지만 준호는 마음을 열지 않았다. 친절했지만 애정은 아니었다. 웃어주었지만 이성에 대한 설렘은 아니었다. 그저 말이 고프면 찾아왔고, 사람이 그리우면 찾아왔고, 사람의 체온이 필요하면 찾아왔다. 불쑥, 그렇게. 그렇게 찾아왔지만 자신을 나눠주지는 않았다.

어느 날 친구들은 한마디씩 미현의 귀를 피해 준호를 타박했다.

"인마. 미현에게 잘해봐. 너만 바라보는 미현이 안타까워 못 살겠다."

"여자가 한을 품으면 어떻게 되는지 너도 알지?"

"너는 나쁜 놈이야."

친구들의 말은 되돌이표에 걸린 것처럼 다시 이어졌다.

"미현이만 한 여자가 또 어딨다고."

"이 시대에 그런 순정이 어딨다고."

"미현을 비련의 주인공으로 만들지 마."

"너는 복 받은 놈이야. 그러니 그 복을 차지 마."

이어지는 그 타박과 충고가 매서웠지만 준호는 끝내 미현을 받아들이지 않았다.

"그래서 더 미현을 멀리하는 거야. 나 같은 놈 만나 불행해지지 말라고. 나보다 더 나은 사람 만나 행복하게 살라고."

아무렇지 않은 표정으로 말하는 준호의 태도에 친구들은 포기한다는 듯 다시 한마디씩 던졌다.

"이기적인 놈."

"미현은 왜 이런 놈을 좋아하는 거야."

"미현을 좋아하는 남자애들도 많은데 하필이면 너라니."

"그래서 더 좋아하는지도 모르지. 이렇게 뻗대니 더 근사하고 멋있어 보이는 거겠지. 너의 본색을 알면 미현도 마음이 달라질 텐데 말이야."

친구들의 어투 속에는 얼마간의 부러움과 얼마간의 야유와 얼마간의 질투가 버무려져 있었다. 자신들은 가져보지 못한 관심이었고, 받아보지 못한 애정이었다. 이 시대에 그런 순정이라니. 친구들은 마치 오래전, 아주 오래전의 신파영화 속 주인공처럼 미현의 순정을 받아들였다.

그런가? 정말 그런가? 미현은 가끔, 준호에 대한 자신의 마음을 헤아려 보았다. 자신의 준호에 대한 사랑이 신파인가? 하지만 미현은 언제나 그 마음과 생각 속에서 길을 잃었다. 신파면 어떻고, 신파가 아니면 어쩔 건데. 그저 자신은 준호 옆에 머물고 싶은 것뿐인데.

미현은 그때 그 친구들의 대화를 문 뒤에서 들었다. 얇은 베니어합판으로 짜 넣은 벽은 그들의 소리를 막아내지 못했다. 막아내기는커녕 낮게 내쉬는 준호의 한숨까지도 그 벽은 고스란히 실어다 줬다.

그런 그가 왜, 그날, 자신의 입술을 훔쳤을까. 친구들과 함께 올랐던 산에서, 어느 날의 그 산속에서.

　준호는 친구들로부터 한참 뒤쳐져서는 가쁘게 숨을 내쉬며 올라가고 있는 미현을 바위에 걸터앉아 기다렸고, 미현이 준호가 있는 곳에 이르자 으쌰, 바위에서 일어나더니 함께 속도를 맞춰 산을 탔다. 미현은 그런 준호가 고마웠다. 다른 애들은? 미현의 물음에 그는 대답했다. 아마 정상에 있을 거야. 지금 정도면.

　그러다 준호는 불쑥 미현의 입술을 훔쳤다. 빼곡히 서 있는 나무가 하늘을 가려 흑림을 이룬 곳에 다다랐을 때, 준호는 양손으로 미현의 얼굴을 자신의 얼굴로 끌어당기더니 입술을 덮쳤다. 느닷없고 갑작스러운 일에 미현은 흡, 심장이 멎는 듯했다. 미현은 어떻게 반응해야 하는지조차 알 수 없었다. 그저 너무 놀라 온몸이 굳어서는 준호가 하는 대로 내버려둘 수밖에 없었다.

　그의 혀가 입속으로 파고들 때 미현은 억세게 땅을 움켜쥐고 있던 나무뿌리 같다고 생각했다. 사람들의 발에 밟혀 반들반들 윤이 나 있지만 꿋꿋하게 땅속의 양분을 퍼 올리고 있던 나무. 그 생의 의지가 거룩해 보이기까지 했다. 준호의 혀가, 입속을 뒤지는 준호의 혀가 마치 그 나무뿌리 같다는 생각을 했다. 갈망과 열정, 그때 준호에게서 느꼈던 것이었다.

　그 입맞춤이 끝나고 준호는 짧게 탄식을 내질렀다. 그 탄식의 의미가 어떤 것인지 미현은 알 수 없었다. 그리고는 성큼성큼 미현을 앞질러 오르기 시작했다. 미현은 그런 준호의 뒷모습을 지켜보며 어지러운 생각들에 빠져들었다. 뭐지? 뭔 거지? 이 입맞춤의 의미는 뭐지?

　그리곤 언제 그랬냐 싶게 준호는 늘 그랬던 것처럼 무심하게 미현을 대했다. 말없이 불쑥 미현의 자취방을 찾아왔고, 함께 라면을 끓여 먹고, 친구들을 불러 함께 놀다가 혼자 말없이 돌아가거나 그들과 함께 미현의 자취방을 나갔다. 미현을 바라보는 시선에도 찰기는 없었다.

그날의 일에 대해 준호는 아무런 이야기도 없었다. 미안하다거나, 실수였다거나, 미래를 함께 하자거나, 그런 이야기. 준호는 여전히 다른 친구들처럼 미현을 친구로 대했을 뿐이었다. 어떤 때는 그 친근함이 무례함으로 다가왔고, 어떤 때는 그 친근함이 애틋한 살가움으로 다가왔고, 또 어떤 때는 그 친근함이 연인 같은 다정함으로 다가왔다. 종잡을 수 없는 준호의 행태는 미현의 마음을 자꾸만 헛갈리게 하고 소용돌이치게 했다. 아니, 준호는 여일한데 자꾸만 미현이 준호의 마음을 오역하고 오해하고 있는지도 몰랐다.

그런 준호에게 미현은 묻고 싶었다. 왜? 그날 그랬어? 나는 너에게 뭐니? 하지만 미현은 묻지 못했다.

그런 준호였다. 한 계절을 단벌로만 지내는 친구. 말수가 적고, 몸피가 가늘어 선병질적으로 보이는 녀석. 정치판을 기웃거리는 아버지 대신 어머니가 가족들의 생계를 책임진다던가. 어떤 친구가 들려준 말에 의하면 준호는 그런 아버지를 못 견뎌 한다고 했다.

그 뒤로도 준호는 친구들이 말리는데도 혼자, 자주, 산에 들었다. 친구들이 같이 가자고 해도 그는 혼자를 고집했다. 혼자서 할 일이 있어. 너희에게 방해가 될 거야. 이유는 많았다. 그가 친구들을 떼어놓는 이유는 그때그때 달랐고, 친구들은 더는 그를 붙잡지 못했다. 미현도 그랬다.

그는 그렇게 혼자 저 산, 마고할미의 품에 들었다. 금방 돌아올 사람처럼 단출하게 가벼운 배낭 하나만을 메고 산을 향해 가는 그의 뒷모습이 마치 춤을 추는 듯 즐거워 보였다. 그는 그곳에서, 그 마고할미의 품속에서, 바람이 되기도 했고, 표범이 되기도 했고, 구름이 되기도 했다. 그렇게 산을 타고 내려오면 준호의 얼굴은 알 수 없는 홍조로 물들어 있었고, 상기된 그 얼굴 어느 어름에는 설렘도 들어있었다. 저 자식, 진짜로 산을 좋아하네. 아니야. 저 산에 숨겨둔 애인이 있나 보지. 마고할미가 애인인가? 그런 준호를 보고 친구들은 놀려대거나 산에 대한 준호의 애정을 인정했다.

그런 준호가 어느 날, 산에서 소설을 완성해 오겠다며 단출한 살림 도구들을 챙겨 집을 나섰다. 언제 돌아오겠다는 말은 없었다.

"꼭 가야 해?"

물었지만 대답은 없었다.

"다른 애들도 알아?"

그 물음에도 역시 준호는 대답하지 않았다. 그저 웃음인지, 아닌지, 모를 애매한 미소만 입가에 괴어있었을 뿐이었다. 산에서 머무르는 동안 필요한 도구들을 배낭에 챙겨 등짐으로 지고 걸어가는 준호의 뒷모습이 마치 딱정벌레처럼 보였다. 여차하면 걸음을 방해하는 그 도구들마저 버릴 기세였다.

미현은 그 뒷모습에 대고 아무런 말도 할 수 없었다. 잘 가, 라고도, 나쁜 놈, 이라고도, 언제 올 거냐고도, 오지 마, 라고도, 평생 그렇게 산속에서 살다 산속에서 죽으라, 는 말도 나오지 않았다. 안녕의 기원과 원망 섞인 저주의 말은 그렇게 미현의 가슴속에서 저들끼리 서로 치고받고 싸우고만 있었다.

그렇게 떠난 준호는 소식이 없었다. 비가 오고, 바람이 불고, 혹한이 들이닥치고, 폭설이 내렸지만 그의 소식을 아는 사람은 없었다.

저 산, 어느 곳엔가는 그가 있을 것이다. 바람으로, 혹은 구름으로, 아니면 노루나 곰으로. 미현만이 아니었다. 친구들도 그의 소식을 듣지 못했다. 아직? 응 아직. 다들 그의 소식을 궁금해했고, 만나면 준호의 소식부터 물었다. 산에서 내려왔을지도 몰라. 누군가 이야기했고, 아니야, 그의 가족들이 아직 그 안에 있다고 했어. 거기서 뭐 하고 지낼까? 모르지. 마고할미의 애인이 되었는지도. 누군가의 물음에 또 누군가가 대답했다. 그 말들의 꼬리에 미현도 덧붙였다. 그럴지도 모르지. 그러고도 남을 녀석이

지. 아니면…… 아니면, 뭐? 아니면…… 아니면 뭐냐니깐! 사고를 당했을 수도…… 동티나게 재수 없는 소리 마! 녀석은 잘 살아있을 거야. 언제 그 랬냐는 듯 해맑은 표정으로 어느 날 짜잔 나타날 녀석이라고! 친구들은 그의 부재를 걱정했고 아쉬워했다.

그는 떠났다. 바람처럼. 마고할미의 유혹에 이끌려 그 품 안으로 들어갔 다. 어쩌면 그날, 비 쏟아지던 날의 그 산행에서 준호는 마고할미에게 사로 잡혔는지도 모르겠다. 아니, 그 이전에 그는 마고할미의 주술에 심장이 저당 잡혔는지도 모른다. 그러지 않고서야 저 산을 그렇게 사랑할 리가 없다……

준호가 들어있을 앞산을 바라보고 있는데, 경훈이 잔뜩 찌푸린 얼굴로 할미집 문을 열고 들어섰다. 바람 속을 돌아다녔는지 그의 머리카락이 더 부룩이 일어나 있었다. 머리카락만이 아니었다. 우거지상을 한 그의 얼굴 도 바짝 마른 종이처럼 메말라서는 금방이라도 살비듬이 일듯 보였다. 아 직 바람에 겨울의 냉기가 묻어있는 계절이었다.

"도대체 말이 안 통하니, 원."

거친 행동만큼이나 말투도 불퉁스러웠다. 미현은 경훈을 바라보았다. 뭉툭한 코에 두툼한 입술을 가진 그의 얼굴이 말을 할 때마다 씰룩였다. 경훈은 마뜩잖은 듯 가슴팍의 단추를 풀어 젖히더니 탁자 위에 던져놓은 서류봉투를 주워 파닥파닥, 얼굴을 향해 부채질을 해댔다. 무언가 심화가 끓어오르는 모양이었다.

"고집불통 영감탱이 같으니라고! 언제 죽을지도 모르는데, 그냥 마을에 좋은 일한다 생각하고 사인해 주면 좋을 텐데, 무슨 핑계가 그리 많냐."

그가 혼잣말을 했다. 고집불통 영감탱이라고 하는 걸 보니 호식이네가 아직 땅을 내놓지 않은 모양이었다. 호식이는 그 집 개 이름이었다. 호랑 이만큼 덩치가 크고, 호랑이만큼 기상이 드세고, 호랑이만큼 잘 먹는다고 해서 사람들은 언제부턴가 김 영감네를 호식이네로 불렀다. 진돗개 품종 인 그 개는 정말 멀리서 보면 백호 같기도 하고, 새끼 곰 같기도 했다.

경훈이 애달아할 만했다. 호식이네는 이 마을에서 두 번째로 땅을 많이 가진 지주이기도 했으니까. 골프장을 만들려면 호식이네의 사인이 필요했는데 김 영감은 꿈쩍도 하지 않았다. 골프장 클럽하우스를 짓기 딱 좋은 곳에 김 영감의 땅이 있으니 경훈의 애간장이 탈 만도 했다.

"내일 죽는다 해도 이상하지 않을 노인네가 욕심 사납기는."

다시 경훈이 혼잣말을 했다.

경훈은 김 영감이 땅을 내놓지 않은 이유를 좀 더 많은 보상금을 받기 위해서라고 생각했다. 알 박기 같은. 하지만 김 영감은 그랬다. 자식들은 팔라고 성화지. 지금이 좋은 기회라고. 누가 이런 깡촌의 땅을 이만한 돈을 주고 사겠냐고. 그러니 임자 만났을 때 얼른 파는 게 상수라고. 나라고 왜 그걸 모르겠소. 지금이 아니면 이 깡촌의 땅을 팔지 못한다는 것을. 하지만 선산을 팔아먹고 나중에 저승 가서 조상들을 무슨 낯짝으로 본단 말이오. 나 역시 그곳에 묻히고 싶소. 죽어서도 이곳에 있고 싶단 말이오. 어디 이 산이 그냥 산이오? 영험한 산이 아니오? 거기에 곰보 자국 패듯 골프장을 만든다니. 싫소! 나는 싫단 말이오. 마고할미가 가만있지 않을 거요. 아믄. 그 마고할미가 어떤 할미인데. 제 살집을 헤집고 제 자궁을 파헤치도록 가만두겠소? 화가 무서워서라도 싫소, 나는.

보름 전 김 영감은 미현의 가게인 할미 집에 들러 막걸리 한 병을 들이키고는 한탄하듯 제 속엣말을 토해냈다. 내가 왜 깡촌을 떠나지 않는지 아오? 서울에 있는 병원 한 번 가려 해도 넉넉히 이틀은 잡아야 할 만큼 불편하기 짝이 없는 이곳이 내가 죽을 자리이기 때문이오. 나는 여기서 죽고 싶고 여기에 묻히고 싶단 말이오. 살기 좋은 곳이 죽기도 좋은 곳인데, 이곳처럼 살기 좋은 곳이 또 어디 있겠소?

살기 좋은 곳이 죽기 좋은 곳이라는 김 영감의 말이 자꾸만 귓가에 맴돌았다. 김 영감의 말대로 이곳은 삶과 죽음이 공존하는 곳이었다. 산 자와 죽은 자가 뒤섞여 살아가는 곳이기도 했다. 하긴 어느 곳이 그러지 않을까.

미현은 그날, 김 영감의 말을 들으며 잔이 빌 때마다 막걸리를 시울에 닿도록 채웠다. 그때마다 김 영감은 잔을 들어 단숨에 마셨다.

"할미 집. 내가 이곳을 마음에 들어 하는 이유 중 하나요. 밥집 이름치고는 기가 막히지 않아? 이곳에서 밥을 먹을 때면 마고할미가 차려주는 밥을 먹는 기분이란 말이야. 비밀 하나 알려줄까? 평생 저 산을 보며 늙은 사람들은 알지. 마고할미가 자신의 애인이고 마누라라는 것을."

김 영감의 말이 비수처럼 미현의 가슴에 박혔다. 준호도, 어쩌면 준호도 그랬을까…….

평소에도 김 영감은 미현의 할미 집을 자주 찾았고, 그때마다 낫낫한 표정으로 말을 했었다. 그 김 영감이었다. 작달막한 키에 눈빛이 순하던 김 영감은 미현이 술을 치는 족족 잔을 비워냈다. 나란히 서면 미현의 어깨 아래 김 영감의 민머리인 정수리가 있었다.

그 작은 몸으로 김 영감은 억척스럽게 살아왔었다. 비탈진 땅을 편편하게 다듬어 다랑논을 만들고, 그 다랑논에 벼도 심고, 꿈도 심고, 희망도 심어 자식들을 키워냈다. 그러다 산수유가 노랗게 꽃망울을 맺으면, 흰 매화꽃이 축포처럼 꽃을 틔울 때면 김 영감은 춤을 추듯 그 다랑논을 날아다녔다. 그 모양이, 햇빛에 붉게 달아오른 얼굴이 마치 술에 취해 불콰해진 얼굴처럼 보였다.

키가 작은 김 영감이 엎디어 땅을 고를 때면 영락없이 땅강아지처럼 보였다. 작디작은 땅강아지. 하긴 김 영감만이 아니었다. 이곳에 사는 노인들은, 평생 땅을 일구며 땅만 바라보고 살던 노인들은 모두 땅강아지들이었다. 땅이 하는 이야기를 듣고, 땅이 내주는 먹이를 먹고, 땅을 살리는 일을 하다 땅으로 돌아갔다. 조상들이 잠들어 있는 곳, 조상들의 피와 살이 흙이 되어 대물림된 곳, 그곳이 바로 이곳이었다. 또 이곳은 그들이 태어난 곳이었고 죽을 자리였고, 묻힐 자리였다.

그날, 김 경감은 혼자 집으로 가지 못했다. 평소보다 더 많이 마신 것도 아니었는데, 김 영감은 취해서는 푸념을 했다. 땅을 팔라고? 뭐? 이 땅이 어떤 땅인데. 억만금을 준대도 안 팔지. 암.

가끔 미현은 그런 김 영감의 푸념에 추임새처럼 대답했다.

"마고할미가 화를 낼 거예요."

그러다 어느 순간부터 미현은 김 영감의 잔에 술을 치지 않았다. 술을 치지 않아도 그는 취기를 더해갔다. 그 취기에 흠집이 난 레코드판처럼 같은 말만 반복했다. 이 땅이 어떤 땅인데, 안 팔지, 안 팔 거야. 암, 안 팔고말고. 억만금을 줘봐라. 내가 파나.

그렇게 취해 할미집 탁자에 한쪽 뺨을 대고 쓰러지듯 잠들어 있을 때 김 영감의 아들이 할미집 문을 열고 들어섰다. 푸른색 패딩점퍼 옆선에 흰 줄이 나 있는 검은색 트레이닝 바지를 입은 김 영감의 아들은 미현에게 인사도 없이 쓰러져 있는 김 영감 곁으로 다가갔다. 정기. 그의 이름이었다. 왜 김 영감은 아들의 이름을 정기라고 지었을까. 지리산의 정기를 받으라고 그랬을까. 아니면 지리산의 정기를 받고 태어났다고 그런 이름을 지어줬을까. 아니면 또 다른 이유가 있을까.

"여기 계실 줄 알았지."

그는 양말도 신지 않은 맨발에 세 개의 흰색 줄이 나 있는 슬리퍼를 신고 있었다. 한기에 노출된 그 발가락이 푸르게 죽어있었다.

아들은 마뜩잖은 기색을 굳이 숨기려고 하지도 않은 채 탁자에 잠들어 있는 아버지를 내려다보았다.

"도대체 얼마나 마셨기에 이 지경이 되신 거지."

탁자에 널브러지듯 엎디어 있는 김 영감을 향해 말했지만 그 말의 과녁은 김 영감이 아니라 자신이라는 사실을 미현은 알았다. 저희 아버지, 술 못 마시게 해줘요. 마셔도 조금만 마시게 해요. 술을 달라고 졸라도 주지 말란 말이에요. 평소에도 김 영감의 아들은 미현에게 말했었다. 굳이 싫은 기색을 숨기지도 않고. 아버지, 술 마시면 안 된다 말입니다. 의사가 그랬어요. 술을 끊어야 한다고. 고혈압에는 독약이라고. 그러니 아버지가 술을 달라고 해도 주지 말란 말입니다.

김 영감의 아들이 할미 집을 싫어하는 이유가 술 때문만이 아니란 걸 미현은 알았다. 술이 아닌, 다른 그 무엇. 그 무엇이 자신이란 걸 미현은 알았다. 김 영감의 아들은 공연히 마을에 이상한 소문이 나지 않을까, 걱정했고, 행여 아버지가 자신의 곳간을 털어 미현에게 내어줄까, 염려했던 것이다. 오죽하면 여자 혼자 살까. 여자 혼자 사는 그 삶이 얼마나 팍팍할까. 죽어 가지고 갈 거 아닌데 나눠 쓰면 좋지. 그 말대로 김 영감은 가을 수확하면 콩도 덜어다 주고, 푸성귀도 넉넉하게 담아다 주고, 정성스레 손질한 산수유도 챙겨줬다. 그 아들도 그 사실을 알았을 것이다.

그 이유 때문이었을 것이다. 그는 언제나 미간을 찌푸린 채 할미 집 앞을 지나쳐갔다. 미현은 말하고 싶었다. 아버지가 좋아하는 것은 내가 아니라 이 할미 집이라고. 아니, 이 할미 집이 아니라 마고할미라고. 저 산의 여주인, 마고할미라고. 당신은 마고할미를 아느냐고. 마고할미의 전설을 아느냐고. 진짜 내가 여기서 기다리는 사람은 따로 있다고. 아버지도 그걸 알고 계신다고. 그래서 나를 가엾게 여기고 좋아한다고. 한 사람을 가슴에 품고 사는 일, 그게 쉬운 일이 아니라는 것을 아셨고, 요즘에도 그런 일이 있다는 것을 신기해하셨다고. 게다가 당신 아버지가 안기고 싶어 하는 것은 내가 아니라 저 마고할미의 품이라고. 죽어서라도 그 품에 안기고 싶어 한다고. 그걸 아느냐고.

하지만 미현의 그 말은 가슴 속에서만 요동을 쳤다.

김 영감은 얼마 전부터 산언저리가 자꾸만 파헤쳐지고 나무가 베어지는 것을 못 견뎌 했다.

언제부턴가 산이, 저 산이, 달라지고 있었다. 울창하던 나무들이 베어지고, 군데군데 벌건 흙이 드러나곤 했다. 재선충에 감염된 소나무들을 베고 더 이상의 감염을 막기 위해 불가피하게 산림 정비를 한다고 했으나 그 말이 핑계라는 사실을 마을 사람들은 알았다. 소나무를 베고 편백나무를 심는다고 했으나 벌채된 나무들 가운데는 멀쩡한 편백나무도 있었으니까. 게다가 물길 또한 달라지고 있었다. 저들끼리 스스로 길을 만들며 내려오던 물길이 달라진 것이다.

천벌을 받을 것이여. 천벌을. 저 산이 어떤 산인데, 이 지랄들인지 몰라. 언젠가 마고할미가 노해 복수를 할 것이여. 두려워해야지. 마고할미의 분노를.

김 영감은 술을 들이켜며 화를 냈다. 술에 저를 맡기는 모양이 마치 자학처럼 보였다.

아들이 김 영감을 업고 할미 집을 나간 이후로 그를 본 적이 없었다. 사흘이 멀다 하고 할미 집에 들러 파전 하나를 안주로 놓고 막걸리를 마시다 가던 김 영감이 할미 집을 찾지 않았다. 왜 마고할미를 좋아하는 이들은 모두 떠나갈까. 미현은 김 영감의 건강이 궁금했고 걱정됐다.

그런 김 영감의 소식을 미현은 할미 집을 찾은 마을 사람들로부터 들었다.

"그러니까 김 영감네도 땅을 내놓는다고 했다지?"

"설마. 김 영감의 고집이 어떤 고집인데 땅을 내놓겠소?"

"아무리 고집이 세도 자식 꺾는 고집 봤소?"

"하긴 그 집 아들이 땅을 팔고 싶어 했지."

"그걸로 샀는지는 몰라도 언제부턴가 번듯한 승용차를 끌고 다니던데?"

"누가 말이여? 김 영감이?"

"아니, 정기가."

정기는 김 영감의 아들이었다. 미현을 경계하던 그 눈빛을 가진 남자.

대학을 졸업하고 대기업에 입사했다고 마냥 좋아하고 자랑하던 김 영감이었는데. 언제 그만두고 내려왔는지 모른다. 명절이 아닌 날도 슬금슬금 아버지 집을 밤 고양이처럼 찾아들더니 언제부턴가 아예 아버지 집에 눌러살았다. 딱히 하는 일은 없었다. 사람들 눈을 의식해 집안에만 있다가 불가피한 일이 생길 때만 나왔다. 소문으로는 결혼해 딸 하나를 두었다지만 미현은 그 식구들을 본 적이 없었다.

다 큰 아들을 두량하는 것은 온전히 김 영감의 몫이었다.

경훈은 그 김 영감에게 다녀온 모양이다. 녹슨 파란 철 대문의 김 영감네 집은 언제나 열려있었다. 장쇠가 뒤틀리고 녹슬어 문은 움직이지 않았다. 가지고 갈 것도 없는데, 라며 김 영감은 그 문을 수리하지 않고 방치했다. 그 닫히지 않는 문틈으로 목줄에 매인 호식이가 보였다. 조금이라도 그 집에 발을 들여놓기라도 한다면 호식이는 흰 이를 드러내놓고 으르렁거렸다. 호식이 때문이라도 그 열린 문안으로 아무나 들어갈 수 없었다.

"사람의 욕심은 끝이 없다니까. 그만하면 잘 쳐줬는데도 뭐 안 판다고? 늙을수록 욕심이 더 사납다니까."

다시 경훈이 혼잣말을 했다. 소문에 김 영감이 땅을 판다고 하더니 아직 땅을 내놓지 않은 모양이구나. 경훈의 말에 미현은 무언가 안도감이 느껴졌다.

"누님 물 좀 주쇼."

경훈이 벌게진 얼굴로 미현에게 말했다. 아직 심열이 가라앉지 않았는지 침이 말라붙은 입술 가가 하얗게 얼룩져 있었다. 미현은 말없이 냉장고에서 물병을 가져다 컵과 함께 경훈 앞으로 밀어놓았다. 그는 어투만큼이나 거칠게 물을 따르더니 한입에 털어 마셨다. 채 삼키지 못한 물이 입가를 타고 목으로 흘러내렸다. 경훈은 손등으로 흘러내린 물을 쓱 닦고는 미현을 바라보았다.

"그래 누님은 결정하셨소?"

그 눈빛은 채근이었고, 타박이었다. 미현은 대답 없이 행주를 가져와 그가 탁자에 흘린 물을 닦아냈다.

"결정하셨나고요!"

경훈이 다시 마뜩잖은 눈빛으로 미현을 바라보았다. 말투에 짜증과 타박이 녹진하게 붙어있었다.

하지만 미현은 이번에도 대답 대신 시선을 앞산으로 가져갔다. 이제 얼마 후면 저 산은 온통 하얗게 변할 것이다. 그 흰빛으로 저 산은 눈부시게 다시 태어나겠지. 겨울 설산과는 다른 흰빛, 그 산은 환영인 듯 흰빛으로 어룽거리다가 다시 녹음으로 짙어질 것이다. 한 두어 주일, 저 산이 흰빛으로 뒤덮일 때, 세상은 이승이 아닌 듯했다. 마치 꿈속인 듯싶었고, 그곳이 선계인 듯싶었다. 여인의 속살 같은 분홍빛 도는 그 흰빛은 아찔하게 코끝으로 파고들었다. 색에도 향기가 있다는 것을 미현은 여기서 알았다.

"왜 대답이 없소?"

자신이 아닌 다른 곳을 향해있는 미현의 눈길을 보고 경훈은 원망 섞인 소리로 물었다. 하지만 경훈의 물음은 미현의 시선을 붙잡지 못했다.

"하! 정말 돌아버리겠네. 누님!"

그가 버럭 소리를 질렀다. 그제야 미현의 시선이 경훈에게로 향했다.

"내가 말한 거 잘 생각해 봤냐고요!"

경훈의 눈빛이 간절했다. 어느 어름에는 진득한 빛도 서려 있었다. 미현은 그 물음에, 아니 그 시선에 오히려 입이 굳게 다물렸다. 하고 싶은 말이 가슴안에서 화석처럼 굳어지면서 발화되지 않았다. 그 화석들이 굳어지고 굳어져서는 담을 쌓고 성을 쌓았다.

경훈이 너는 지리산 반야봉의 전설을 아니? 그곳에는 마고할미(지리산 산신 이름)가 산대. 선도성모나 노고할미라고도 부르지. 마고할미는 천신의 딸이래. 그 마고할미가 말이야. 한 도사를 만나 사랑에 빠졌대. 지리산에서 불도를 닦고 있던 반야라는 도사였는데, 그들은 결혼해 천왕봉에서 살았대. 하지만 행복은 오래 가지 않았어. 여덟 명의 딸을 낳으며 살았지만 반야는 깨달음을 얻기 위해 가족들과 헤어져 반야봉으로 떠났어. 마고할미가 붙잡았지만 그는 듣지 않았지. 이기적이지. 마고할미를 뿌리치고 간 반야는 마고할미가 백발이 되도록 돌아오지 않았어. 마고할미는 반야봉에서 수도 생활을 하는 남편 반야를 그리워하며 언젠가 돌아올 그를 위해 나무껍질을 벗겨 그가 입을 옷을 만들었대. 딸들이 성장하자 마고할미는 전국 팔도에 딸들을 한 명씩 내려보내고는 홀로 남아 남편을 기다렸어. 하지만 반야는 끝내 돌아오지 않았어. 기다림에 지친 마고할미는 남편 반야를 위해 만들었던 옷을 갈기갈기 찢어버렸어. 그렇게 갈기갈기 찢긴 옷들은 바람에 날려 반야봉으로 가 풍란이 되었대. 저 반야봉이 반야가 불도를 닦던 곳이래. 그래서 사람들은 저 봉우리를 반야봉이라 불렀대.

미현은 소리 없이, 마음속으로 경훈에게 마고할미의 애달픈 이야기를 전해 주었다.

마고할미가 지었다는 옷, 그 옷은 어땠을까. 미현도 마고할미처럼 준호를 위해 옷을 짓고 싶은 적이 있었다.

미현의 말들은 여전히 입 밖으로 발화되지 못하고 가슴에 차곡차곡 쌓였다. 말이 쌓은 그 성은 갈수록 높이가 달라졌다.

"누님."

경훈이 다시 목소리를 낮춰 미현을 불렀다. 그 소리가 이번에는 은밀하고, 다정했다.

"이제 그 사람은 안 와요. 이만큼 기다렸으면 됐어요. 지금까지 소식 한 장 없는 거 보면 진즉에 변심했거나 이 세상 사람이 아닐 거예요. 살아 있다면 오히려 더 괘씸하지요. 여태 기다리는 누님을 생각하고 배려하지 않았다는 얘기가 되니까요. 그러면 더 억울하고 화나지 않겠어요?"

경훈의 소리가 아프게 미현의 심장 속으로 파고들었다.

"이거 팔고 읍내에 좋은 아파트 하나 사서 살림 합쳐요. 골프장이 완공되면 거기서 일자리도 준다 했으니 이제 누님도 고생하지 않고 여유롭고 편하게 살 수 있어요."

그가 달래듯 자분자분하게 말했다.

잠시, 미현은 흔들렸다. 그럴까. 그래도 될까. 이제 그만 돌아서두 될까. 벌하듯, 보란 듯이, 준호를 기억 속에서 소거해 버릴까. 기다릴 만큼 기다렸으니 잘잘못을 따지지는 않을 게다. 하지만 미현의 마음을 돌려세운 건 그 환영 같은 흰 꽃들이었다. 봄이 되면 축포처럼 터지던 그 꽃들. 한겨울 숨죽여있다 봄 햇살에 간지러운 듯 가지를 떨다가 어느 날 화르르 피어나던 그 빛들. 그렇게 어느 순간 환하게 피어났다가 다시 꽃비로 내리던 그 매화꽃들이, 그 생명의 기운이, 그 순결한 냄새가, 미현을 붙잡았다. 미현을 잡은 건 그가 아니라, 그것들이었다. 그 흰빛은 나날이 밀도를 달리하는 햇빛에 더 농염한 빛으로 무르익어서는 제 깊숙한 밀원을 열어 보이며 벌 나비들을 유혹했다. 그 유혹으로 새로운 세상을 만들고 또 다른 생명을 배태했다. 봄이 되면 이곳은 온통 생명의 기운으로 환하면서도 시끌벅적했다. 요즘 세상에 누님 같은 사람이 어디 있대요. 순정을 지키는 일. 그건 다 옛날이야기지. 경훈이 그날 밤 그랬다. 밤늦도록 술을 먹다.

어쩌다 경훈과 살을 섞게 되었을까. 술 탓이라 하기에는 어딘가 미심쩍었다. 아마 외로웠는지도 모르겠다. 아니면 오지 않는 준호가 야속하게 느껴져서 엇나가고 싶었는지도 모른다. 일종의 앙탈이었고, 그에게 내리는 징벌이었다. 봐라. 나를 기다리게 한 벌이야. 나도 너를 얼마든지 배신할 수 있어. 잘 보라고. 제 밀원을 벌 나비들에게 활짝 열어 보이던 그 흰 꽃들처럼 미현은 제 자궁을 열고 경훈을 받아들였다. 그 이상의 의미는 없었다. 경훈을 마음에 두지도 않았고, 그날을 기억하지도 않았다. 하지만 경훈은 그날 이후 미현의 사람을 자처했다. 경훈에게 있어 미현은 주인 없는 암소였고, 자신이 그 암소의 주인인 양 행세했다. 그는 자꾸만 미현의 삶을 통제하려 들었고, 다가올 자신의 미래에 미현을 끼워 넣었다. 하지만 미현의 마음속에는 경훈은 없었다.

그 냉담함이, 미현의 무시가, 오히려 경훈의 마음에 불을 지폈다. 누님. 나를 봐요. 누님을 위해서라면 뭐든 다 한다니까요. 그러니 마음을 열어요. 경훈은 틈만 나면 미현의 가게에 와 암컷을 유혹하는 숫공작새처럼 꽁지깃을 떨며 미현의 마음을 사려고 했다. 하지만 그 꽁지깃은 미현의 마음을 건드리지 못했다.

하지만 한 가지, 고생하지 않아도 된다는 말은 조금, 아주 조금, 미현의 마음을 움직였다. 술에 취한 남자들을 받아주는 일이, 몸이 힘들면 푹 쉬어도 된다는 말이, 남들이 지분거리다 만 반찬들을 정리하고 기름진 개수대에 손을 담그는 일을 안 해도 된다는 말이, 명치를 간지럽혔다.

언제부턴가 조금씩 버거워지고 있었다. 저 산에서 캐 온 산채 나물을 무쳐내다가도, 가늘게 채 썰어낸 무에 고춧가루를 넣고 조물조물 무쳐내다가도 불쑥, 불쑥 명치 언저리가 막히곤 했다. 고춧가루에 물든 그 붉은 손이 마치 덜컹 썰어낸 고깃덩어리처럼 보여 끔찍하기도 했다. 지금 내가 뭐 하고 있지? 왜 여기서 이렇게 삭아가고 늙어가고 있지? 자신에게 화가 나기도 했고, 슬픔이 복받쳐 오르기도 했다. 이제 어지간히 지친 모양이었다.

"누님. 내 말대로 해요."

불쑥 경훈의 입김이 귓바퀴로 덮쳤다. 미현은 순간 저도 모르게 미간을 구기며 고개를 외로 틀었다. 그의 입김에서 익히지 않은 마늘 냄새가 났다. 화들짝 놀라 자신을 피하는 미현의 태도에 그는 머쓱했던지 다시 얼굴을 뒤로 가져가며 말했다.

"골프장이 완공되면 섭섭지 않게 대우해 준다고 했으니 나만 믿어 봐요. 어디 나만 좋은 일인가요? 누님도 좋지."

그의 음성이 사뭇 의기양양했다.

경훈은 골프장이 들어오는 것을 좋아했다. 이런 촌구석에 언제 다시 좋은 기회가 오겠어요? 골프장이 들어서면 일자리도 생길 거고, 외지인들이 들락거리다 보면 그들 상대로 장사를 해도 되고, 죽어가던 마을이 사람 소리로 들썩이면 좀 좋아요? 마을이 다시 살아나게 됐는데 왜 반대를 하고 난리인지 모르겠어요. 제발 우리 마을에 골프장을 지어달라고 사정을 해도 부족할 판에.

경훈은 나서서 사람들을 설득하고, 골프장이 들어오면 변화할 마을에 대해 힘주어 이야기하고 다녔다. 그게 완장이라면 완장이었다.

그렇듯 타인 앞에 나서서 일을 다잡고 끌고 가는 것은 경훈의 생애에 있어 처음일 것이다. 세상 변화를 따라가야지요. 언제까지 이런 궁벽한 시골에서 살랍니까. 골프장이 들어오면 길도 새로 날 거고, 일자리도 그만큼 늘어날 테고, 사람들이 찾아오면 이런저런 일들로 마을은 활기가 넘칠 거 아닙니까? 소득도 그만큼 높아질 테고. 농사지어봤자 손에 남는 게 몇 푼이나 되던가요. 고생은 고생대로 하고. 그러니 오히려 이 땅에 골프장을 짓겠다는 회사가 고마울 일이지요. 반대할 일이 아니란 말입니다.

그는 입에 버캐가 일도록 사람들에게 이야기하고, 이야기하고, 또 이야기했다. 처음에는 골프장에 시큰둥하던 사람들도, 골프장만큼은 막아야 한다던 사람들도, 그의 말에 차츰 귀를 기울이고 관심을 가지기 시작했다. 시나브로 변하는 사람들의 표정에 경훈은 고무되어 더 열심이었다. 골프장만 들어오면 농사 안 지어도 된다니까요. 경훈의 말에 사람들은 흠흠, 웃음을 삼키며 표정을 관리했다.

경훈의 말을 들으면 골프장만 들어오면 금방이라도 도시의 어느 정돈되고 잘 꾸며진 공원처럼 마을이 변할 것 같았다. 하지만 미현은 경훈의 말에 동의하지 않았다. 그림처럼 잘 다듬어진 공원 같은 골프장은 마을 사람들을 위한 것이 아니었다. 그것은 가진 사람들을 위한 것이었다. 적어도 궁벽한 이곳까지 이동할 수 있는 수단과, 그린피를 지불할 수 있는 경제력을 갖춘 사람들, 또 밥을 먹고, 고가의 골프 세트를 사고, 번듯하게 차려입고, 그리고, 자신을 드러낼 그 무언가로 치장할 수 있는 능력을 갖춘 이들을 위한 곳이 그곳이었다.

제법 규모가 있는 골프장 한 개를 건설하려면 수백억 원이 필요하다고 했던가. 어느 골프장은 조성 비용만 3백억 원이 넘었다고 들었다. 3백억 원. 미현은 그 3백억 원이라는 돈이 얼마만큼인지 가늠할 수 없었다. 당장에 3백만 원도 없는데. 3백만 원이라는 돈도 만져보기 힘든 돈인데. 3백억 원이라니. 그 골프장을 이용하기 위해서는 수백억 원에 대한 사용료를 지불해야 하는데 마을 사람들에게 그 사용료는 다른 세상으로 통하는 티켓 같은 것이었다. 결코 들어갈 수 없는, 그런. 평생 땅을 일구며 살아왔지만 골프장의 광활한 그 땅은 평생 엎디어 매만지던 그 땅과는 다른 것이었다. 문은 누구에게나 열려 있었지만 그 열린 문으로 들어갈 수 있는 사람은 그리 많지 않았다. 이제까지 무상으로 누리던 자연이었고 자연풍광이었지만 골프장이 들어섬으로 마을 사람들은 그 현장으로부터 쫓겨나 이방인이 되었고, 고스란히 있는 자들에게 자신들의 안방을 내어주어야만 했다.

그 자연에도. 자연을 향유하는 방식에도, 새로운 차별이 생기고, 또 다른 계급이 생기는 것이다. 있는 자만이 누리는 혜택. 천혜의 자연환경은 있는 자에게 더 많은 것을 베풀거나 누릴 수 있도록 품을 허용하는 것이다. 자연은 본디 평등하나 인간의 개입으로 그 무상의 자연 공간에도 새로운 차별과, 계급과 질서가 생겨나는 것이다. 미현은 그것이 마뜩잖았다. 새로운 질서가.

"이런 거 받지도 말고 또 있거든 사람들 눈에 띄지 않게 재깍 찢어 쓰레기통에 버리란 말이오."

계산대 위에 놓여 있던 골프장 반대 유인물을 보고 경훈은 미간을 구기며 박박 찢어 쓰레기통에 쑤셔 넣었다. 어제 반대편에 서 있던 사람이 가져다준 유인물이었다. 그들은 인근 도회지에서 온 자연보호단체 소속이라고 자신들을 소개했다.

유인물 속 호소가 미현의 마음을 움직였다.

우리나라 첫 국립공원이자 세계자연보전연맹 녹색 목록으로 지정된 지리산엔 반달가슴곰, 담비, 수달, 삵, 하늘다람쥐 등 멸종위기 야생생물 40여 종이 살고 있다고. 그러니 지리산의 생태계와 문화유산을 지키기 위해서 모든 개발 사업이 중단되도록 정부가 나서달라고. 게다가 골프장이 들어서는 곳은 환경부가 지정한 '생태 자연도 1등급' 지역이며 삵이나 팔색조 등 멸종위기종이 서식하는 지역이라고.

그들은 골프장 건설로 인해 일어날 수 있는 문제점과 피해사례를 여러 현장에서 찾아내고 그걸 근거로 들어 반대의 목소리를 정당화했다. 그들은 그랬다.

골프장에서 사용하는 농약이 해마다 늘고 있고, 실제 잔류농약이 검출된 골프장이 늘고 있다고. 최근 3년간 전국 골프장에서 뿌린 농약은 2019년 186t에서 2020년 202t, 2021년 213t 등으로 늘었다며 환경부가 작성한 '골프장별 농약사용 실태 현황'을 근거로 들었다.

게다가 그 유인물에 다양한 문제점들을 나열해 놓고 있었다.

골프장은 하루 약 800톤, 가정용 물탱크 800개 정도의 물을 사용함으로써 농업용수의 고갈을 불러오고, 농약사용 등으로 심각한 식수의 오염과 자연환경 파괴 등을 불러온다고 했다.

또, 골프는 우리와는 맞지 않다고 강조했다.

골프는 15세기 스코틀랜드에서부터 시작되었는데, 영국은 평지에 가까운 나라로 국토 면적의 80% 정도가 목초지와 농경지로 여름은 서늘하고 겨울은 따뜻해 사계절 푸른 잔디인 벤트그래스가 그 목초지에서 자란다고. 비도 이삼일마다 오기에 자연 파괴 없이 골프장을 관리할 수 있다고. 그 벤트그래스만 잘 깎아준다면 관리도 쉽다고 말했다.

하지만 우리나라는 국토 면적의 65%가 산림인 데다 환경조건이 지역에 따라 변화무쌍해 서식하는 생물들이 많다고. 국토는 좁지만 온갖 생물이 다양하게 살고 있는 축복받은 나라가 우리나라라고. 이런 우리나라는 잔디가 자연적으로 유지될 수 있는 기후조건을 가지고 있지 않으며, 골프장처럼 잔디를 유지하기 위해서는 맹독성 농약 살포와 같은 여러 가지 환경에 치명적인 위해를 가해야만 한다고. 때문에 골프장에서는 잔디 이외의 생명체는 살 수 없다고 했다.

골프장을 건설하기 위해서는 수십만 평의 대지에서 수백 종의 식물을 모두 제거해야 하고, 지표면을 고려잔디와 벤트그래스로 덮어야 하므로 이곳에는 더 이상 다른 생명체가 살 수 없는 죽은 공간이 된다고 했다. 잔디를 깔기 위해서는 40에서 70센티미터의 흙을 거둬내야 하는데 흙 1그램에는 1억 마리의 미생물이 살고 있다고, 게다가 그 흙들은 몇만 년 동안 축적된 시간의 응집물이라고. 그렇게 자연 흙을 파내고 생명체가 거의 없는 모래나, 마사토나, 인공의 흙으로 덮은 후 잔디와 벤트그래스를 심게 된다고. 그리고 엄청난 비료와 농약으로 불안정한 잔디의 생명을 유지시킨다고. 그렇게 골프장이 들어서면 주변의 생태계도 무너질 수밖에 없는데, 가장 먼저 피해를 본 것이 숲이라고. 시간이 만들어 낸 그 숲들이 사라지고, 숲이 사라지면 맑은 공기를 제공하고 자연재해를 줄여줄 자연 방어의 기능도 사라진다고 경고하고 있었다.

또 그 유인물에는 구체적인 피해사례도 제시하고 있었다.

농약의 사용으로 양식장 어류들이 집단 폐사하고, 골프장 캐디로 일하던 종사원의 기형아 출산과 식수 고갈과 농약 사용으로 인한 식수원 오염과 어류 피해 등을 구체적인 장소와 피해 종사원의 이름, 사건 발생 날짜 등을 증거자료로 명시해 놓고 있었다.

미현은 오랫동안 그 유인물 속의 반달가슴곰과 수달과 삵 같은 동물들의 이름에 시선이 고정돼 있었다. 반달가슴곰이 준호라고 읽혔고, 수달이 준호라고 읽혔고, 또 삵도 준호라고 읽혔기 때문이었다.

"지들이 우리 마을에 해 준 게 뭐 있다고 이런 선동질이야. 누님도 이런 사람들을 멀리하란 말입니다. 그냥 돕지 말고!"

경훈이 버럭 소리를 질렀다. 미현은 질끈 눈을 감았다. 그의 말이 벼락처럼 어지러웠다.

그때 경훈의 전화벨이 울렸다. 경망스럽게. 한 트로트 가수의 음성이 쨍쨍하게 할미 집을 울렸다. 그 소리가 미현의 신경 줄을 건드렸다.

자연보호단체가 골프장반대와 관련해 군수실을 점거했다는 내용이었다. 계속해서 군수와의 면담을 요청했으나 바쁘다는 군수가 핑계로 들어주지 않자 그들은 군수실 점거라는 무리수를 둔 모양이다.

경훈은 얼굴이 벌겋게 달아올라서는 에잇, 쌍! 침을 뱉듯 욕하고는 황급히 할미 집을 나갔다.

미현은 경훈에게 말해 주고 싶었다. 골프장이 들어서면 마을 사람들도 혜택을 얻게 될 거라는 골프장 회사의 약속은 지켜지지 않았다고. 골프장이 완공된 후에는 마을 사람들은 뒷전이라고. 그들은 자신들의 세계 밖 사람들에게는 신경 쓰지 않는다고. 그러니 이쯤 그만두라고. 하지만 미현은 황급히 뛰쳐나가는 경훈의 뒷모습만 바라보았다.

이 좁은 나라에 무슨 골프장이 그리 많을까. 미현은 마뜩잖았다. 골프장 개수로는 세계 8위이지만 면적대비 순위로는 세계 3위라고 들었다. 그러는 동안 얼마나 많은 산과 나무가 깎여나가고 잘려 나갔을까.

2020년 기준으로 가장 많은 골프장을 가진 나라는 미국이라던가? 무려 1만 6,156개의 코스와 24만 369의 홀과 1만 4,139개의 시설을 갖춘 나라가 미국이라고 했다. 그다음이 일본, 영국이 3위라고 했다. 시설로만 따지면 우리나라는 캐나다와 호주, 독일, 프랑스에 이어 8위를 차지했고, 면적대비 골프장 개수를 비교하면 우리나라는 영국과 일본에 이어 3위라고 했다. 이 좁은 땅덩어리에 세계 3위의 골프장이라니.

그 면적은 또 얼마나 될까. 그 숫자가 비현실적으로 다가왔다. 자신은 한 번도 가보지 못한 곳이었다. 자신은 이 할미 집, 이 밥집이 전부인데, 그 넓은 땅덩어리라니.

하지만 그것이 전부가 아니라는 걸 미현은 알았다. 지자체마다 지역경제 활성화를 모색한다며 골프장을 유치하기 위해 애를 쓴다는 소리를 경훈을 통해 들었다. 정말 경훈은 착실하게 지자체마다 골프장 유치를 위해 땅을 내놓고, 기업들을 유인하는 신문 기사를 스크랩해 와 마을 사람들에게 확인시켜 주었다. 보세요. 내 말이 거짓말인지. 보라고요. 이게 지자체마다 숙제라고요. 숙제! 한데 우리는 제 발로 찾아와 짓겠다는데 협조는 못할망정 반대라니요. 배가 부른 소리라니까요.

되돌이표에 걸린 것처럼 경훈의 말이 미현의 귓속에서 끊임없이 재생되었다.

가진 거 없는 무지렁이들은 이제껏 누대로 살던 삶의 터전에서 그렇듯 쫓겨나는구나. 개구리, 뱀, 도마뱀, 삵, 수달들처럼. 그것들과 다를 바 없구나. 그것들은 이제 다 어디로 갈까. 어디로 가서 다시 뿌리를 내리고, 적응하고, 생을 이어갈까. 미현은 마치 자신이 개구리 같고, 수달 같고, 삵 같고, 곰 같이 느껴졌다.

갑자기, 온몸이 간지러웠다. 여기저기 살갗에 비늘이 돋거나 갑각류의 그것처럼 피부가 단단하게 석화가 되는 듯했다. 저도 모르게 미현은 팔뚝을 긁고 추었다. 손톱이 지나가는 자리마다 붉은 줄이 일어났다.

정말, 그곳에 살던 동물들은 다 어디로 갔을까.

산속에 살던 삵과 노루와 야생의 짐승들이 사람 사는 곳으로 내려오고, 나중에는 내몰린 그것들끼리 함께 뒤섞여 사는 세상이 될까. 정말, 곰이 인가로 내려와 먹을 것을 뒤지듯, 그렇게 인수가 뒤섞여 살까.

문득, 그가, 준호가, 생각났다. 그렇다면, 만약 골프장이 들어선다면, 그렇다면, 준호도 내려올까. 반달가슴곰과 수달과 삵처럼 그도 마지못해 내려올까. 한 마리 곰으로, 혹은 한 마리 호랑이로. 한 마리 토끼로. 준호가 내려왔을 때 미현은 과연 그를 알아볼 수 있을까. 아니, 마고할미가 준호를 놓아줄까. 마고할미는 포클레인이 밀고 올라와 자신의 살점을 뚝뚝, 떠내고 여기저기 파헤치도록 가만둘까. 그냥 잠자코 보고만 있을까.

정말, 그가 돌아왔을 때 미현은 준호를 알아볼 수 있을까. 그도 자신처럼 자글자글 주름이 패어서는 노인의 얼굴을 하고 있지는 않을까. 아니면 나만 늙은 것은 아닐까. 그는 산속에서 형형한 눈빛이 더 깊어지고 얼굴빛이 맑아져서는 이전의 모습과는 다른 얼굴을 하고 있을지도 모른다. 그 신선의 얼굴을 가진 준호는 이렇게 변해 버린 자신을 알아볼 수 없을지도 모른다. 타인이 먹을 밥을 해내느라 손에 물이 마를 새 없었던 지난 시간 동안 매듭은 굵어지고, 주름은 깊어지고, 살이 붙고, 눈가가 흘러내린 미현을 그는 생면부지의 사람을 보듯 그렇게 지나쳐갈지도 모른다.

미현은 그 또한 두려웠다. 준호가 오는 것도, 오지 않는 것도.

미현은 다시 앞산을 바라보았다. 그새 운무가 걷히고 산 정상이 드러나 있었다. 그 모양이 마치 웅크리고 있는 큰 짐승 같았다. 그 산마루와 등줄기를 타고 드러난 잎이 진 나무들이 억센 털처럼 보였다.

이제 얼마 후면 저곳은 붉은 속살을 드러낼 것이다. 깎이고 파이고 헤집어져서는 사람들의 놀이터로 탈바꿈할 것이다. 전설이 살아있고, 은밀한 짝짓기와, 생명 활동이 이어지던 곳들은 이제 조만간 죽음의 장소로 뒤바뀔 것이다.

"이제 지리산을 바라보면서 청정한 공기를 마시며 나이스 샷!을 외칠 수 있습니다."

자신의 치적을 과시하며 우쭐해하던 행정가의 음성이 떠올랐다.

페이드아웃처럼 나이스 샷!은 희미해지고 대신 어디선가 울음소리가 들리는 듯했다. 우엉우엉. 깊은 공명을 품은 채 울리는 그 낮은 소리가 기괴하고도 음울했다. 바람 소리인가? 미현은 바람을 확인했다. 하지만 전깃줄은 흔들림 하나 없이 고요했고, 길가에 떨어져 있던 전단도 수족 속의 가오리처럼 땅에 납작 다붙어 움직임이 없었다.

할미 집 출입문 밖으로 행인이 보이는가 싶더니 이내 그들은 할미 집의 유리문을 밀치고 들어왔다.

"산채나물비빔밥에다 도토리묵하고 막걸리 좀 주소."

마을 주민 오 씨와 서울에서 온 부동산 업자였다. 말쑥한 차림의 부동산 업자는 마을에 골프장이 들어올 거라는 말들이 풍문으로 번지기도 전에 번질나게 마을을 드나들었었다. 그러다 언제부턴가는 아예 마을에서 살다시피 했다.

오십 대 초반, 여자처럼 하얀 피부에 몸피도 가는 데다 곱다시 생긴 외모 탓에 한눈에도 마을 사람들과 구별돼 보이는 사람이었다. 그는 늘 잘 챙겨 입었다. 체형이 드러나 보이는 맞춤한 핏의 상의 재킷을 입고, 머리는 한 올 흐트러진 데 없이 단정하게 빗어 넘겼으며, 바지는 언제나 칼날 같은 주름이 앉아 있었다. 제비. 그 사람을 보면 저절로 제비라는 단어가 연상되었다. 친구 따라 강남 간다는 그 제비 말고. 흥부의 그 제비 말고.

그를 바라보는 마을 노인들의 눈길 속에는 의심으로 가득 차 있었다. 평생을 엎드려 땅만 일구어온 노인들에게 사내의 말끔한 차림은 자신들과는 또 다른 세계에 속한 사람들의 표지였다. 가 닿지 못할 바에야 아예 무시하거나 배척하는 쪽이 더 편하다는 사실을 그들은 살아온 생을 통해 깨달았던 것이다.

사내가 나타나고 오래지 않아 돌기 시작한 이야기는 화려했다. 그가 한 명씩 벽돌 깨기 하듯 마을 사람들을 만나고, 그들에게서 땅문서를 넘겨받은 뒤 얼마 지나지 않아 그들에게서 거둬들인 땅들을 몇십 배로 튀겨 골프장 측에 넘겼다는 소리를 들었을 때, 노인들은 쩝, 혀를 차며 말했다. 그것도 다 할 만 하니 하는 게야. 영악한 게지. 우리 같은 사람들이 어떻게 그들을 해보겠어. 체념했고 받아들였다. 간혹, 그를 본떠 터무니없는 가격을 요구하는 주민도 있었으나 그의 수완에는 따라가지 못했다.

소문으로는 그랬다. 그는. 골프장을 짓는 사람에게. 모개로 땅을 내놓으며. 함께 사지 않으면 팔지 않겠다고 버티었다고 했다. 사든지 말든지 마음대로 하시라. 배짱이었다. 골프장을 짓는 업주는 필요하지 않은 땅인데도 어쩔 수 없이 필요한 땅 때문에 사지 않으면 안 되었다. 그는 그렇게 제 주머니를 불렸다.

서울의 부동산 업자는 그것에 만족하지 않고 더 큰 이익을 얻기 위해 골프장 쪽에서 제시한 가격보다 더 잘 쳐 주겠다며 주민들을 만나고 다녔다. 땅따먹기 놀이였다. 영락없이. 손가락으로 돌을 튕겨 멀리 보내고 그 돌을 다시 자신의 집 안으로 들여보내 그만큼 제 땅을 늘려가는 그런 놀이.

다행히 골프장을 짓는 업주는 큰 용지는 쉽게 구한 모양이었다. 골프장을 짓기로 한 부지의 상당 부분을 서울에 있는 땅 주인에게서 사들인 뒤였다. 아무도 모르게. 골프장을 짓는다는 소문이 나지 않게 조용히, 그렇게. 은밀하게. 비밀스럽게. 어떤 공작처럼.

미현의 땅은 그 골프장 한 귀퉁이에 있었다. 미현은 이 할미 집을 접고 언젠가 그곳에 들어가 흰 꽃이 피는 나무를 심고, 그곳에 나무로 집을 짓고, 그곳에서 흰 꽃처럼 살다, 그러다, 어느 날 흰 꽃처럼 홀연히 떨어져 사라지고 싶다는 생각을 했다. 그 생각을 좇아 그곳에 조그만 땅을 사서 제 명의로 올려놓았었다. 그러니까 그곳은 제가 묻힐 곳이었고, 준호가 돌아오면 그가 살 곳이었다. 경훈이 내놓으라고 보채고 조르는 곳이 그 땅이었다. 자신이 살 자리, 그리고 자신이 묻힐 자리. 준호가 살 자리.

서울에서 온 부동산 업자는 앉자마자 오 씨에게 다그치듯 말했다.

"내가 값을 더 잘 쳐 줄 테니까 나한테 넘겨요. 어차피 넘길 텐데, 기왕이면 값을 더 준다는 나한테 파는 게 낫지 않겠소?"

"나도 팔고 싶지만 어머니 반대가 워낙 심해서리……."

"그러니까 어머니를 잘 구슬려봐요. 이제 사시면 얼마나 더 사시겠다고 그래요. 어차피 돌아가시면 자식들 몫인데, 좀 일찍 주는 셈 치고 넘겨주라고 해요. 말이 그렇지, 지금 골프장 만나 시세가 이만하지, 언제 이 땅이 이런 가격에 팔리겠소? 게다가 언제까지 이런 시골에 처박혀 세월을 탕진할 거요? 땅 팔아서 도시로 나가요. 거기 나가면 기회도 있을 테고, 그러면 이쁜 아가씨도 만날 테고. 이제 결혼해야지."

그의 말이 달콤하면서 도발적이었다. 서울서 온 부동산 업자의 말에 오 씨의 입가에 미소가 괴었다. 마음이 흔들렸다는 방증이었다.

그때 트럭 한 대가 길가에 서더니 낯익은 청년이 훌쩍 차 조수석에서 뛰어내렸다. 이어 운전대를 잡고 있던 이도 따라 내렸다. 그러고는 짐칸에서 흰 천이 둘둘 말린 막대를 내렸다.

"어디다 걸지? 여기쯤이면 잘 보이려나? 여기서 저기로 걸면 되지 않을까?"

운전대를 잡던 이가 손가락으로 두 개의 가로수를 가리켜 보이자 조수석에서 내린 이가 그 두 개의 가로수 사이를 가늠해 보였다.

"괜찮을 거 같은데요."

그 말에 운전대를 잡은 이가 막대에 말린 흰 천을 펴며 막대 한쪽을 다른 이에게 넘겼다. 걸어. 저쪽에. 나는 이쪽에 걸 테니. 운전대를 잡은 이가 막대 한쪽을 들고 자신 앞에 있던 가로수로 향했고, 조수석에 탔던 이는 다른 쪽 막대를 들고 반대편 가로수로 걸어갔다. 그들이 걸어가자 말린 흰 천이 풀리면서 그 안에 쓰여 있는 글자들이 보였다. 골프장 건설 반대. 누구를 위한 골프장인가. 천연기념물들 보호.

"쯧!"

그들을 지켜보던 부동산 업자가 혀를 차며 미간을 구겼다.

그들은 익숙하게 막대를 양쪽 가로수에 묶고는 차를 몰고 다른 곳으로 향했다.

"하긴 이 좋은 산을 허물고 골프장을 짓는다는 것도 그렇지."

오 씨가 그들의 꽁무니를 쫓으며 혼잣말처럼 말했다.

"그러니까 제 발로 돈 싸 들고 와서 골프장을 짓는다고 하는 거예요. 공기 좋고 물 좋고 풍경이 좋으니까. 그러지 않으면 지자체가 기업들을 찾아다니며 골프장 짓자고 조를 판인데. 복 받은 거예요. 이런 자연 풍경 덕분에 로또 맞은 거라고요. 그러니 지금 안 하면 안 돼요. 언제 농지가 변경되고, 자연공원이 해제돼서 목돈을 만져보겠어요. 그러니 할 수 있을 때 넘겨요. 저딴 소리에 현혹되지 말고."

서울서 온 부동산 업자의 회유와 유혹은 끈질겼고 달콤했다.

"저야 팔고 싶지요. 당장에라도 계약서 쓰고 싶긴 한데……."

"어머니 탓만 하지 말고 방법을 생각해 봐요. 방법을."

부동산 업자의 표정이 은밀하고도 집요했다.

방법이라……오 씨는 뒷말을 흐렸다. 그리고는 부동산 업자가 따라 준 잔을 들어 단숨에 들이켰다.

마고할미가 울었다. 우엉우엉. 그 울음에 온 산이, 온 계곡이 진동했다. 그 진동에 새들이 놀라 푸프덕 날아오르고, 온갖 살아있는 것들이 펄쩍펄쩍 뛰어 달아났다. 하지만 달아날 곳이 없었다. 그 산이 움직였으므로. 미현도 놀라 할미 집 다락방에서 뛰쳐나왔다. 제자리에 서 있을 수가 없었다. 마치 트램펄린 위에 서있는 것처럼 땅이 흔들렸고 집이 흔들렸고 세상이 흔들렸다. 세상에!

미현은 화들짝 잠에서 깨어났다. 꿈이었다. 하지만 아직 바닥이 출렁이는 듯한 그 흔들림은 여전히 몸속에 잔흔처럼 남아있었다. 마고할미의 울음이 아직 귀에 남아 웅웅거렸다. 마고할미가 울었어. 미현은 두려운 마음에 산 쪽으로 난 창문을 열었다. 밖은 아직 진득한 어둠에 휩싸여 있었다. 아직 다섯 시도 되지 않은 시간이었다.

마고할미가 울다니. 미현은 무언가 불안했다. 다시 눕는 것도, 남은 잠을 청하는 것도 여의찮았다. 미현은 창문에 박명이 엉기는 것을 지켜보다 기어이 자리에서 일어났다.

할미 집 앞에 걸려 있던 플래카드가 다른 플래카드로 바뀌어 있었다. 골프장 건립, 환영. 지역발전을 위해서 골프장 건설은 꼭 이루어져야 합니다.

밤새 누군가 바꿔 달은 모양이었다. 하지만 다른 쪽에는 언제 달았는지 골프장 반대 플래카드가 새롭게 걸려 있었다.

그 플래카드 밑에 전단이 어지럽게 굴러다녔다. 환경을 지킵시다. 동식물이 살지 못하는 곳에서는 사람도 살 수 없습니다. 환경오염 주범인 골프장 반대. 우리의 건강권을 지킵시다. 농약 지하수 마시겠습니까? 만국기처럼 삐라와 플래카드가 뒤섞여 바닥과 공간에서 펄럭였다. 무슨 큰일이 일어나기 직전의 고요함 같은 기운이 마을에 감돌았다.

하늘에서 바라보는 마을의 풍경은 어떨까. 그 골프장이, 울울창창 숲들 사이로 문득 드러난 그 개활지가 마치 버짐 자국 같지 않을까. 군데군데 버짐이 핀 금수강산이라니.

미현은 앞산을 바라보았다. 간밤의 꿈에서 마고할미가 울었어. 미현은 혼잣말처럼 중얼거렸다. 그 얼굴이 어두웠다. 무언가 큰일이 들이닥칠 것만 같은 이 불길한 예감은 뭘까.

앞산은 그런 미현의 낯빛과는 다르게 무심하게 엎디어 있었다. 멀리 첩첩이 들어앉은 산들의 능선도 각기 다른 채도로 제 존재를 드러내고 있었다. 엎드려 졸고 있는 소의 등줄기처럼 그 능선이 완만한 곡선을 띄고 있었다. 하지만 미현은 여전히 알 수 없는 불안감으로 일이 손에 잡히지 않았다.

언제 왔는지 경훈이 다른 쪽에 걸려 있던 골프장 반대 플래카드를 거칠게 확 잡아챘다. 그 우악스런 손길에 플래카드 한쪽이 느슨하게 헐거워졌다. 그걸로도 마뜩잖았는지 경훈은 플래카드의 네 귀퉁이 매듭을 풀고 돌돌 말아 가로수 밑에 처박아버렸다. 그거…… 미현은 제지하고 싶었으나 말보다 경훈의 행동이 더 빨랐다.

플래카드를 가로수 밑에 던지듯 내버리고서는 경훈은 할미집 안으로 들어섰다. 그러고는 거칠게 계산대 위에 전단지를 내려놓았다. 새로 뽑아왔는지 전단지에서 잉크 냄새가 진하게 올라왔다. 우리도 이제는 변해야 합니다. 마을 발전의 절호의 기회. 놓치지 맙시다. 골프장. 서로 상생의 발전을 위해 노력하면 됩니다.

그 글자들이 이물스러워보였다. 마고할미가 울었어. 미현은 그 글자들을 보며 또다시 중얼거렸다. 말들이 마치 살아있는 것처럼 꼬물꼬물, 저절로 새어 나왔다.

"누님 오늘은 사인하죠. 이제 그만 고집 피우고 사인해요. 이런 기회는 다시 안 와요. 누가 이런 촌 동네 부동산을 산단 말입니까. 하늘이 준 기회란 말입니다. 내 말 들어요. 나중에 누님도 잘했다는 생각이 들 테니."

마고할미가 울었어. 그 소리가 우렁우렁, 붉덩물 흐르는 소리처럼 안에서 요동쳤다. 미현은 곧 무언가 큰일이 들이닥칠까 겁이 났다. 그게 뭘까. 조마조마했다.

"아니, 누가 이렇게 해놓은 거야. 어떤 놈의 새끼야!"

밖에서 새된 소리가 창날처럼 날아왔다. 그 소리가 미늘처럼 미현과 경훈의 시선을 잡아챘다.

골프장 건설을 반대하는 주민이었다. 그는 가로수 한쪽에 뭉쳐진 채 내팽개쳐 있던 플래카드를 주워 들며 흙을 털어냈다.

"언 놈이 이런 거야!"

그의 말이 제법 사나웠다.

그 소리에 경훈의 얼굴이 구겨졌다. 그 구겨진 얼굴에서 눈빛만큼은 날카로웠다.

"자넨가? 자네가 그랬는가?"

땅바닥에 처박혀 있던 플래카드를 주워 흙을 털어내던 이가 가게 안의 경훈을 보고 사박스럽게 물었다.

"언 놈이라니! 형님 무슨 말을 그리 심하게 허요?"

"자네가 그랬냐고 묻잖은가?"

"하. 형님. 내가 했다고 하면 어쩌시려고요."

"이 사람아. 정신 차리라고!"

고성까지는 가지 않았지만 음성 속에 언짢은 기색이 역력했다. 누군가 조금만 엇나가도 금방이라도 주먹이 올라올 것만 같았다. 그 길항의 긴장이 아슬아슬했다. 하지만 이내 경훈은 태세 전환을 했다. 언죽번죽한 태도로 가시 돋친 상대방의 말을 피해 나갔다. 돌아가는 일의 판세나 골프장이 들어온 뒤 자신이 차지하게 될 이득과 혜택들이 경훈의 참을성을 키워주고 있었다. 그만큼 여유가 생긴 모양이었다. 하지만 오히려 상대방은 경훈의 그 언죽번죽한 태도가 못마땅한 모양이었다.

"그러면 못쓰네. 자네. 천벌 받어. 조상 대대로 물려받은 땅을 그렇듯 돈 몇 푼에 내돌리면 못쓰네. 이 사람아. 절대 안 돼."

천벌 받아. 그 어투가 강단지고도 매몰찼다.

"천벌 받다니요. 무슨 그런 심한 말을 하요. 막말로 골프장 안 지으면 그 땅이 천연 그대로 있다고 누가 장담합니까? 어떻게든 개발되고 훼손될 거 아니요? 그럴 바엔 아예 처음부터 마을을 활성화시킬 수 있는 골프장을 짓자는 건데, 그것이 뭐 그렇게 죽일 놈이라는 욕을 듣고 천벌 받을 일이란 말이오?"

"그러잖고. 여기가 어떤 곳인가. 민족의 정기와 정신과 역사가 어린 곳이야. 그런 곳을 갈아엎고 골프장을 만든다니 말이 될 말인가. 성스러운 산에 놀이터를 만들어야 쓰겠는가 이 말이네!"

"아따 정신은 무슨 정신이라요? 세상이 변하면 따라서 생각도 변해야 마땅한 거 아니겠어요? 무슨 그런 옛날 고리타분한 생각에 젖어 산다요. 우리도 한번 잘살아 봐야지 않겠어요? 길도 쭉쭉 내고, 외지인들이 찾아오면 마을도 활기가 돌 테고, 그렇다면 환경도 더 나아질 테고, 그러면 떠났던 자식들도 돌아올 거라 말입니다. 사람이 없어 마을이 사라지는 것보다 그런 식으로라도 살아 있는 것이 좋은 거 아닙니까? 게다가 우리나라 사람들이 해외로 골프 여행을 얼마나 많이 가는 줄 아나요? 일본 시골 마을의 골프장은 한국인들 때문에 먹고 산다고 합디다. 그러니 그 사람들이 국내에서 먹고 쓰도록 유도하면 외화 유출도 막을 수 있고요. 애국하는 길이라고요. 애국!"

말이 말을 받고, 그 말이 또 다른 말을 받았다.

"형님은 지지리 가난한 우리 마을이 뭐가 그리 좋은가요. 자연? 지랄 맞은 천연기념물? 그것들이 우리를 배부르게 해 주던가요? 그 따위 것들이 뭐 대수라고. 오히려 농작물에 피해를 줬으면 줬지, 우리에게 이득 된 게 뭐 하나나 있느냐고요. 마을 한번 둘러보쇼. 금방이라도 귀신 나오게 생긴 집이 한두 군데인지. 이 궁벽한 시골이 싫다고 자식들은 다 고향을 떠나고 늙은이들만 모여서 죽기만을 기다리는 이 마을을 좀 활기차게 만들고 사람 사는 동네로 만들어보자는데 뭐가 그리 불만이고, 제가 죽일 놈이고, 천벌을 받을 놈이란 말이오?"

"자네가 그쪽에서 돈 받았다는 거 모르는 사람이 없네. 그래, 조상 대대로 뼈를 묻어온 땅을 엎고 도시 사람 놀이터 만들어 주자는 게 그게 칭찬 받을 만한 일인가? 그리고 다른 골프장들도 처음에는 마을과 상생한다고 광고했지만 결과는 그렇지 않았어. 이 사람아. 정신 차려!"

"내가 돈 받았다고 누가 그럽디여. 게다가 골프장 들어오는 것이 어디 도시 사람만 좋자고 하는 일이오? 얼마 전 가뭄이 심하게 들었을 때 골프장에서 자신들의 필드 안 연못 물을 나누어 줬다는 뉴스 못 들었소? 그것이 바로 상생이 아니겠소? 상생! 그러니 우리도 상생하잔 말이오."

"그 농약 가득한 물로 농사지어서 누가 먹겠다고?"

오가는 말들이 팽팽했다.

미현은 그들의 말을 들으며 먼 데 산을 바라보았다. 마고할미는 무사하시려나. 우엉우엉, 간밤의 마고할미의 울부짖음이 머릿속에서 떠나질 않았다.

헌데 언제부터였을까. 산 우듬지에 먹장구름이 내려앉아 있었다. 하늘이 잔뜩 으등그러진 게 한바탕 비라도 퍼부을 듯싶었다.

"형님. 일단 골프장을 만들고 우리가 잘 감시하면 되지 않겠소? 그들이 농약을 많이 치는지, 아닌지, 환경보존을 위해 노력하는지 안 하는지, 그렇게 합시다."

그 사이에도 그들의 실랑이는 계속되고 있었다. 술도 없이, 안주도 없이, 그들의 말이 걸었고, 팽팽했고, 아슬아슬했다. 그들의 입씨름은 그냥 두면 영원히 끝나지 않을 것처럼 보였다.

'자네는 세계가 기후 위기로 고통받는 거 안 보이나? 여기저기 홍수와 지진이 일어나고 산불과 폭염으로 사람들이 죽어 나가는데, 이는 지구가 병들고 있다는 증거야. 그러니 지금 우리에게 필요한 것은 골프장이 아니라 숲과 나무네, 이 사람아.' '아따 왜 그런 걸 우리 마을이 책임져야 하는데요. 그것처럼 멍청하고 바보스러운 짓이 어디 있다요? 남들은 다 돈 벌자고 혈안이 돼 있는데. 우리는 지들 이익만 챙기는 계산적인 인간들을 지켜주자고 평생 가난하게 살아요? 그런 형님 생각이 얼마나 현실과 동떨어져 있고 이상적인 생각인지 모르요?' '그래서 자네는 여든 살이 넘은 나무 이만 그루가 베여나간 것이 괜찮다는 것이야? 지금 우리 마을에서 일어나는 꼬락서니를 보소. 수십 년짜리 소나무와 편백 이만 그루가 벌채되고, 물길이 바뀌고 있어. 이만 그루의 나무가 베어나갔는데, 어디 이 같은 일이 보통 일인가? 게다가 물길을 바꾸는 일은 생명과 직결되는 문제인데, 이게 그냥 넘어갈 일이냐고!' '사람이 살다 보면 어느 정도의 환경파괴는 어쩔 수 없는 일이에요. 감수해야지요.' '이 사람아. 무슨 소리를 그렇게 해! 동물이 살 수 없는 곳에서는 사람도 살 수 없어. 사람과 동물이 잘 살고, 건강하게 사는 거 그것이 상생이야.' '싫소! 나는 우리 마을이 잘 사는 것을 봐야겠소.'

둘의 소리가 섞이고 섞여서는 어느 즈음엔가는 서로의 말이 말을 삼켰다. 제 동족을 삼키는 뱀처럼 서로의 말이 서로의 꼬리를 물고 삼켰다.

정말, 언제부턴가 슬금슬금 산이 깎여나가고 있었다. 편백이 사라지고,

소나무가 사라지고, 물길이 바뀌고, 지형이 바뀌고 있었다. 소나무 방제작업과 수해방지대책이라고 했지만 미현과 마을 사람들은 알았다. 그 일들은 골프장을 만들기 위한 밑 작업이라는 사실을.

후두두, 기어이 비가 들었다. 겨울 끝자락의 하늘답지 않더니 비의 기세도 겨울의 비가 아니었다. 굵은 빗방울이 세상을 후려쳤다. 사선으로 내려꽂히는 빗방울이 실내 안까지 쳐들어왔다.

하! 무슨 비가 이리 내리나. 둘은 잠깐 입씨름을 멈추고 비가 쏟아지는 밖을 바라보았다.

세상이 마치 비의 장막에 갇힌 듯 부옇게 흐려 보였다. 그 비의 보늬에 먼데 산이 보이지 않았다. 마치 키질하듯 빗소리가 소란스러웠다. 그때 사선으로 내려꽂히는 비의 기세처럼 오 씨가 왈칵 할미 집 문을 열고 들어왔다.

흠뻑 젖은 그의 몸에서 빗물이 흘러내렸다. 이 비에 우산은 소용없었다. 미현은 얼른 수건을 내와 그에게 내밀었다. 오 씨는 미현에게 수건을 받아 들고 흘러내리는 빗물을 건성으로 훔쳐 냈다. 하지만 빗물은 이미 속까지 젖어 들어 수건으로는 한계가 있었다.

오 씨는 수건으로 몸 여기저기 흘러내리는 빗물을 건성건성 훔쳐내며 둘을 보고 말했다.

"마침 여기 계셨구만요. 호식이네 김 영감이 죽었대요."

"김 영감이 죽었어요?"

오 씨의 말에 얼핏 경훈의 얼굴에 화색이 돌았지만 이내 표정을 수습하며 물었다.

"왜? 어쩌다?"

"글쎄. 선산을 돌아본다고 나갔다가 그곳에서 변을 당했다네요. 미끄러져서 넘어졌다는데, 글쎄, 누구보다 더 잘 아는 길인 텐데, 그곳에서 그렇게 허술하게 넘어졌다는 게 의심스러운가 봐요. 부검하네 어쩌네, 난리예요. 누가 일부러 해코지 하지 않았나 의심도 하는 상황이고. 경찰차도 온 모양이에요."

아까 삐뽀삐뽀 경광등을 켜고 경찰차가 빗속을 달려가더니 그 때문이었던 모양이다.

"아직 들어서지도 않은 골프장이 사람을 여럿 잡는구만."

골프장 반대를 외치는 이가 말했다.

"무슨 그런 소리를 한다요. 들어서지도 않은 골프장이 어떻게 사람을 잡았다고 애먼 소리를 한다요."

경훈이 그 소리를 마뜩잖은 표정으로 받았다.

"그래. 지금 호식이네 할아버지는 어디 있는가?"

"병원 영안실에 있답니다. 부검을 하네 마네 하는 모양입니다."

그것이었나. 마고할미의 울음이 김 영감의 죽음을 예견한 것이었나. 아니었다. 그건. 그간에 마을 사람들이 죽어 나가도 마고할미는 그렇듯 울지 않았었다.

"가봐야지. 여기서 이럴 게 아니라."

골프장을 반대하는 이가 아직도 비가 퍼붓는 밖을 내다보며 말했다.

우산이라도. 미현이 우산을 챙기려 했지만 그들은 빗속을 뚫고 나갔다.

그 빗속에 골프장 환영이라는 플래카드가 비에 흥건히 젖어 물이 뚝뚝 떨어지고 있었고, 반대라고 쓰인 플래카드는 가로수 한쪽에 뭉쳐진 채 처박혀있었다.

미현은 막걸리와 산나물을 탁자에 내왔다. 그리고 잔에 막걸리를 치고는 말없이 입으로 가져갔다. 비가 오는 날의 막걸리는 유난히 들척지근하게 입에 감겼다.

"마고할미가 울었어……."

미현의 말이 음울하게 바닥에 깔렸다. 이제 호식이네 김 영감이 죽었으니 골프장 건설은 예정대로 진행될 것이다. 저 산. 6·25동란 때, 많은 사람들이 저 품속으로 숨어들어 목숨을 지켜 내던 산이었는데. 그들의 피가 붉덩물처럼 흐르고, 그 피가 땅속 깊이 스며들어 아픈 지층으로 남아있던 그 산은 이제 헤집어져 전혀 다른 세상으로 변할 것이다.

그럼 준호도 돌아올까. 뚜벅뚜벅 저 산속으로 걸어 들어간 이도 그 산을 버리고 미현에게 돌아올까. 미현은 잠깐 준호가 돌아올지도 모른다는 생각을 했다. 돌아온다면, 자신은 과연 그를 알아볼 수 있을까…….

"비가 심상치 않은 것이 마고할미가 노하신 게지."

미현은 혼잣말을 하며 다시 잔에 술을 치고 단숨에 들이켰다. 어쩌다 김 영감은 그런 사고를 당했을까. 아들에 업혀 가던 김 영감의 마지막 모습이 울연하게 떠올랐다. 어쩌면 그때 김 영감은 이미 삶의 전의를 잃었는지도 모르겠다. 무력하게 흔들리던 김 영감의 팔다리가 그런 의혹을 안겨주었다. 술맛이 썼다. 혼자 치고 마시는 그 술이 알싸하게 피톨들을 점령해 나갔다. 술기운이 더해갈수록 미현의 생각들이 무시로 시공간을 넘나들었다. 정말, 그때 왜 준호는 자신의 입술을 훔쳤을까. 그저 바람이었을까. 나뭇잎을 희롱하고 지나가는 그런 바람. 준호에게 자신은 누구였을까. 돌아오면 묻고 싶었다. 왜 그때 그랬어? 그 입맞춤의 의미는 뭐였지? 나는 너에게 어떤 존재이지?

준호가 떠나고 오랜 시간이 지난 뒤 한 사람이 할미 집을 찾아왔다. 밥 팔고 술 파는 할미 집에 사람이 찾아오는 일은 특별한 일이 아니었으나 미현은 알았다. 그 사람은 그냥 평범한 손님이 아니라는 사실을. 밥을 먹기 위해 할미 집을 찾은 것이 아니라는 사실을.

단발머리에 역삼각형의 얼굴을 가진 삼십 대 초반의 여자는 한눈에도 준호와 닮아있었다. 반듯한 코와, 단정하게 다물린 입술과, 우물처럼 깊어 보이는 눈을 가진 그녀는 초면이었지만 어딘지 낯이 익었다. 그녀는 실내를 두리번거리며 출입구와 가까운 탁자에 가 앉았다.

미현은 가슴이 뛰었다. 한편으로는 도망치고 싶었고, 또 한편으로는 그녀에게 가 묻고 싶었다. 준호, 동생이지요? 오빠에게 연락이 있어요? 가족에게는 연락했겠지요?

하지만 미현은 한마디도 물을 수 없었다. 그저 그녀가 자리를 잡고 앉아 자신을 부를 때까지 가만히 있었다. 그녀는, 준호를 똑 닮은 여자는 자리에 앉아서도 미현을 부르지 않고 여전히 실내를 두리번거리고 있었다. 무언가를 찾는 듯한 그 표정과 태도가 미현을 알 수 없는 실망과 불안으로 밀어 넣었다.

"저……."

그녀가 미현을 바라보면서 불렀다. 흡, 미현은 깊은 들숨으로 폐부 안에 공기를 채우고서는 천천히 내뱉었다. 그리고 그녀에게 갔다.

"저……."

"준호……동생 맞죠?"

미현은 그녀가 자신을 밝히기 전에 먼저 물었다. 왜 진득하게 그녀가 물어올 때까지 기다리지 못하고 먼저 그렇듯 성급하게 굴었을까. 한 사람에 대한 궁금증이 그녀보다 자신이 더 컸던 모양이었다.

"어떻게 아셨어요?"

미현의 물음에 그녀가 놀란 표정으로 되물었다. 목을 덮는 하얀색 스웨터 위에 브라운색의 모직 코트를 입은 그녀는 일순 무장해제 된 병사처럼 경계심을 풀고 미현을 바라보았다.

"닮았어요. 눈빛이랑 입매가. 분위기도 영락없이 준호에요."

"아……."

그녀는 탄식처럼 짧게 내뱉었다. 미현은 묻고 싶었다. 왜 여기까지 왔느냐고. 어떻게 나를 알았느냐고. 무엇을 알고 싶냐고. 그는 어떻게 있냐고. 묻고 싶은 말들이 입과 머리와 가슴속에서 들끓었다.

"종석이 오빠에게서 들었어요. 언니……가, 언니라고 불러도 되는지 모르겠지만, 여기 있다는 걸 종석이 오빠가 말해줬어요. 언젠가 한 번 꼭 와보고 싶었어요. 언니도 한번 꼭 만나보고 싶기도 했고. 어떻게 생긴 사람인지 보고 싶었어요."

종석이가 말해줬구나. 준호가 아니라. 그 말이 미현에게서 어떤 기대 같은 설렘을 걷어갔다.

종석이는 함께 자주 몰려다녔던 무리 가운데 한 명이었다. 산에서 만난 느닷없는 폭우 속에도 종석이 있었고, 준호가 친구들 몰래 입술을 훔칠 때도 종석이 있었었다. 그러니까 종석은 친한 친구들 가운데 한명이었다.

"그랬군요. 여기는 웬일로."

미현은 마음을 가라앉히며 물었다.

"오빠 소식을 알까 해서요. 우리에게는 연락 안 해도 혹시 언니에게는 연락을 했을지 몰라서……."

미현은 이렇게 대답하고 싶었다. 그 사람을 왜 여기서 찾아요? 하지만 입에서 나온 말은 다른 것이었다.

"참 이기적인 사람이네요."

종석이는 왜 여기로 보냈을까. 미현 또한 준호의 소식을 모른다는 사실을 알고 있었으면서도.

"아담하니 좋아요. 할미 집. 이름도 마음에 들어요. 오빠도 좋아했을 거 같아요."

그녀는 다시 찬찬히 실내를 둘러보더니 혼잣말처럼 말했다. 미현은 말 없이 그녀가 하는 대로 보고만 있었다.

탐색하듯 한 번 더 실내를 휘둘러보고 난 뒤 그녀의 시선이 다시 자신에게로 향했을 때 미현은 앞산으로 시선을 가져갔다. 앞산은 여전히 무심한 듯 엎디어 있었다. 미현은 속으로 말했다. 준호는 저 안에 있어. 마고할미의 품속에. 저곳의 시간은 이곳의 시간과는 다를지 몰라. 이곳의 백년이 저곳에서는 하루일지도 몰라. 준호를 찾으려거든 여기가 아니라 저기로 갔어야 했어. 저어기, 저 산 말이야. 마고할미가 사는 산.

하지만 미현은 입을 굳게 다문 채 앞산만 바라보았다.

"저 이거."

그녀가 큼지막한 브라운색 숄더백에서 사진 한 장을 꺼내 미현 앞으로 밀어놓았다. 변색돼 누런색을 띤 데다 오래돼 모서리의 날카로움을 잃은 사진을 보자마자 미현은 저도 모르게 짧게 신음 같은 소리를 내뱉었다. 사진 속의 인물은 준호와 자신이었다. 찍힌 줄도 몰랐는데, 누가 찍었을까. 배경 속 풍경들을 보니 대학 축제 때 찍은 사진이었다. 어쩐 일인지 그때 준호의 팔이 미현의 어깨에 올라와 있었고, 미현은 상체를 비스듬히 준호에게 기울인 채 손가락으로 브이 자를 그려 보이며 환하게 웃고 있었다. 그 환한 웃음이 준호의 입에도 피어나 있었다. 배경으로는 과 이름이 걸린 천막들이 연이어 서 있었고, 그 앞 잔디밭으로 탁자들이 어수선하게 흩어져 있었다.

준호가 그토록 환하게 웃는 것을 미현은 그 사진 속에서 처음 보았다. 준호는 미현 앞에서, 혹은 친구들 앞에서 그런 웃음을 지어본 적이 없었다.

"참 내 이름은 승혜예요. 편하게 이름 불러주세요."

승혜…… 미현은 그녀를 바라보았다. 불쑥 찾아온 준호의 동생을 바라보는 미현의 눈길 속에 여러 감정이 실려 있었다. 애정과 당혹스러움과 부담감 같은. 미현은 아직도 알 수 없었다. 왜 준호의 동생이 저를 찾아왔는지. 이 사진은 어디서 났는지. 자신에게 묻고 싶은 것이 무엇인지. 하지만 미현은 물어보는 대신 여전히 그녀가 먼저 물어오기를 기다렸다.

"이렇게 활짝 웃는 오빠를 본 적이 없어요. 처음 이 사진을 봤을 때 오빠가 몹시 낯설었어요. 정말 우리 오빠가 맞는지. 그래서 언니가 궁금했어요. 어떤 사람인지. 어떤 사람이기에 오빠를 이렇듯 웃게 만드는지 보고 싶었어요. 그리고 둘이 어떤 사이인지 알고 싶었어요. 엄마는 혹시 언니가 오빠 소식을 알고 있을지 모른다고, 한번 찾아가 보라고 성화를 부리셨어요. 하지만 종석이 오빠가 언니도 오빠 소식을 모른다고 해서 여태 참았어요. 그래도 한번 보고 싶었어요. 언니를. 엄마도 언니를 보고 싶어 했는데 여기 온다는 말씀 안 드리고 왔어요. 엄마두 따라온다고 하실까 봐. 오빠가 그리우면 언니를 찾을까 봐. 그럼 안 되잖아요……."

미현은 아무 말도 하지 않고 탁자 위의 사진에 시선을 던져놓은 채 그녀의 이야기를 들었다. 하지만 들려주고 싶은 말은 있었다. 우리와 있을 때도 오빠는 그랬어. 잘 웃지 않았어. 남들이 파안대소를 할 때도 오빠는 그저 싱긋하고 말 뿐이었어. 나도 이 사진이 생경해. 그가 이렇게 웃었던가, 기억도 나지 않아. 그러니 오빠에게 서운해 하지 않아도 돼. 오빠는 그런 사람이었으니까. 친구들은 그런 오빠를 좋아했지. 함부로 자신의 감정을 드러내지 않는 오빠가 진중해 보였고, 신뢰가 갔거든. 그러니 다들 개인적으로 문제가 생길 때면 오빠를 찾았어. 오빠에게 털어놓고 도움을 청하기도 하고 상의하기도 했어. 어떻게 보면 오빠는 우리 모두의 쓰레기통이었어. 어디로 새어 나갈 염려 없는 비밀 금고 같은 감정의 쓰레기통. 오빠는 역시나 아무에게도 친구들의 부끄러운 일들을 발설하지 않았지. 그렇게 비밀들은 지켜졌고, 친구들은 안도했어. 오빠에게 다녀가면 다들 언제 그랬냐는 듯 다시 힘을 내 살아갈 수 있었어. 오빠는 그 모든 감정들을 대신 짊어지고서도 표정에 변함이 없었지. 나한테도 마찬가지였어. 나라고 특별하게 대하거나 여기지 않았어. 오빠와는 애틋한 시간도 없었고, 그게 오빠였어. 오빠는 그런 사람이었고.

미현의 마음속에 든 말은 한마디도 빠져나오지 않았다.

한동안 침묵이 이어지다 승혜가 조용히 말했다.

"오빠는 늘 힘들어했어요. 맏이로서 집안의 어른 노릇 하느라. 아버지 어머니가 계셨지만 실질적인 기둥은 오빠였어요. 아버지는 바깥으로만 돌고, 어머니 혼자 애면글면 일해 가계를 꾸려갔지만 오빠에게 많은 것을 의지했죠. 아버지는 남남이나 마찬가지여서…… 오빠는……."

그녀는 미현의 시선을 피해 눈을 내리깔며 말을 흐렸다.

승혜의 말을 듣고 있으려니 명치끝에서 마치 바늘 끝으로 찌르는 듯한 날카로운 통증이 일었다. 그런 식으로 가족에게서 도망치고, 세상으로부터 숨다니, 비겁했다. 준호에 대한 분노가 미현의 마음속에 괴었다. 겁쟁이, 바보, 멍청이.

"이거."

승혜의 시선이 사진을 가리켰다.

"가져가세요. 나보다는 동생이 갖고 있는 게 낫겠어요."

미현은 그녀가 자신에게 준다고 할까 봐 먼저 거절했다. 환하게 웃는 준호로부터 도망치고 싶었다. 그 말에 그녀가 미현을 바라보았다.

"오빠가 웃는 거 이 사진에서 처음 봤다면서요. 그러니 가져가요."

"그래요. 그럼."

승혜는 웃으며 그 사진을 가방 속에 챙겼다.

그리고 그녀는 어색한 침묵 속에 얼마간 더 있더니 자리에서 일어나 나갔다. 가면서 뭐라고 했는지 기억이 나지 않았다. 다시 온다고 했는지, 잘 있으라고 했는지, 준호의 소식을 알면 연락을 주라고 했는지, 기억나지 않았다.

그때, 승혜는 그 사진을 자신에게 주려고 했을까. 아니면 자신이 가져간다는 말을 하려고 했을까. 그때 기다렸어야했는데. 그녀의 마음을 확인했어야 했는데. 그러고 나서 돌려주어도 됐을 텐데. 왜 그렇게 조급하게 굴었을까.

미현은 그때 그랬다. 준호를 자신의 삶에서 덜어내고 싶었고 벗어나고 싶었다. 한데 그러지 못했다.

그 뒤로 승혜에게서는 연락이 없었다. 대신 친구들이 번갈아 가며 할미집을 들렀고, 그때마다 준호의 연락을 묻거나 일을 찾아 뿔뿔이 흩어진 친구들의 근황을 들려주었다. 너는 여기서 이렇게 늙을래? 다른 사람도 만나봐. 다른 사람 만나다 보면 잊혀 질 거야. 너도 살 떨리는 연애 한번 해봐야지. 청춘은 갔고, 지금이라도 늦지 않으니 마음을 열고 사람 한 번 찾아봐. 아니면 소설이라도 쓰던가.

친구들은 진심으로 미현에게 충고했다. 하지만 미현은 여전히 혼자였고, 여전히 소설은 쓰지 못하고 있고, 할미 집에 시간을 묻고 있었다.

이 할미 집. 지금 미현에게는 이 할미 집이 전부였다. 시나브로 낡아가는 집, 미현도 이 모든 것들과 함께 삭아가고 있었다.

그때였다. 우르르릉쾅. 우르르릉쾅! 땅이 흔들렸다. 뭐지? 뭐야? 미현은 잠시 어리둥절한 표정을 짓다가 순간적으로 밖으로 시선을 돌렸다. 우르르르릉. 땅이 흔들렸다. 취기 때문인가? 거푸 들이킨 막걸리의 기운 때문인가. 아니었다. 취기와는 다른 흔들림이었다. 그 흔들림이 생소하지 않았다. 간밤, 꿈에도 이랬었지. 미현은 갑자기 가슴이 쿵 내려앉는 듯했다. 지진인가? 미현은 앞산을 뒤졌다. 하지만 비의 장막에 가려 산은 보이지 않았다.

그렇게 얼마나 지났을까. 흔들리던 땅이 잠잠해지고 드세게 긋던 비도 잦아들면서 앞산에 끼었던 먹장구름도 물러가고 있었다. 조금씩 휘장이 들쳐지듯 아랫도리부터 모습을 드러낸 앞산이 이상했다. 산 능선에 보이지 않던 새로운 얼룩들이 생겨나 있었다.

"산사태야. 산사태가 난 거야."

미현은 자신도 모르게 소리를 내질렀다.

한겨울 꽁꽁 얼었던 땅이 풀리고, 땅속을 가만가만 간질이던 봄볕에 땅이 부풀어 오르더니 이 비에 땅이 쓸려 내린 모양이다. 골프장이 들어설 것이라는 큰골, 냉골, 바른골, 종골, 큰번데기골, 애정골, 구골, 그곳에 있던 나무들이 언제부턴가 벌채되고 사라지고 없더니 기어이 이 사달이 난 모양이다. 이거였나. 간밤에 마고할미가 울던 게. 미현은 고개를 빼고 산사태가 난 곳을 눈으로 더듬었다.

사태 진 곳은 어디일까. 그 아름답던 다랑논, 그 논은 이제 더 이상 만날 수 없을 것이다. 미현은 자신의 마음이 사태가 난 것처럼 아릿한 통증이 일었다.

며칠 후, 들려오는 소문들이 어수선했다. 결국 오 씨가 모친의 반대에도 불구하고 서울의 부동산 업자에게 땅문서를 넘겼다는 이야기가 돌고, 그날, 김 영감이 죽던 날, 미끄러져 머리를 다쳤다는 그곳에서 김 영감이 누군가와 말다툼을 하는 걸 본 사람이 있다고 했다. 사방에서 울리는 빗소리에 그들이 나눈 이야기가 어떤 내용인지 알 수 없었지만 서로 감정이 격한 채로 소리를 지르며 싸웠다고 했다. 김 영감의 손에는 삽자루가 들려 있었고 등을 보이고 서 있는 왜소한 남자는 맨 손이었지만 금방이라도 그 삽자루를 빼앗아 들 만큼 화가 나 있었다고 했다. 가서 말릴까 했지만 비가 하도 많이 쏟아져서 그냥 집으로 돌아왔는데, 김 영감이 그리 죽을 줄 알았더라면 가서 말릴 것을 그랬다고, 아쉽다고, 두고두고 아쉬울 거라고 했다, 그 목격자는 경찰에게 자신이 본 것을 진술했다고 했다. 그는 모자를 눌러 쓴 점퍼 차림의 남자는 뒷모습만 보여서 누구인지 알 수는 없다고 했지만 한 가지 확실한 것은 중키에 어깨 한쪽이 비스듬히 처져 있었다고 했다.

미현은 한 사람이 떠올랐다. 오른쪽 어깨가 유난히 처져 있던 사람. 늘 취한 김 영감을 찾아 업고 가던 그 사람. 설마, 그가……

미현은 명치끝에서 극심한 통증이 느껴졌다.

그때 포클레인이 딱정벌레처럼 사태 진 곳을 향해 올라가고 있는 것이 보였다. 무지막지한 쇠 손을 달고서. 그 손이 지나갈 때마다 지리산 그 땅은 뚝뚝 붉은 살점이 떨어지고, 패일 것이다. 미현은 마치 자신의 살점이 떨어져 나가는 것만 같아 자리에 주저앉아버렸다. 하지만 한 가지 희망은 남아 있었다. 어쩌면 준호가 돌아올지도 모른다는. 어제 헤어진 사람처럼 심상한 표정으로 이 할미 집 문을 열고 들어올지도 모른다는.

소설로 읽는 한국환경생태사2:산업화 이후편
작품 해설 – 김종성

1

심층생태론자라고도 불리는 근본생태론자들은 근대의 과학적 세계관과 인간중심주의(anthropocentrism)에서 비롯된 인간의 교만과 이에 따른 환경위기에 문제의식을 가지고 있다. 오늘날의 환경위기(environmental crisis)와 현대인의 자아 및 정체성 상실에 주목하고, 이것을 현대 문명의 쇠퇴 증후로 파악해. 근본생태론자들은 인간은 자연의 일부분일 뿐인데도 인간은 자연과 인간이 유리되어 있는 것처럼 행동하고 있다고 비판한다. 근본생태론자들의 맞은편에 서 있는 사회생태론자들은 오늘날의 환경위기는 자연에 대한 인간의 지배와 타인에 대한 인간의 지배의 결과라고 보면서 환경위기의 원인을 일정한 사회구조로서 특권계급이 존재한다는 것을 의미하는 위계구조(hierarchy)에서 찾고 있다. 머레이 북친(Murray Bookchin)은 환경문제는 사회문제에서 나온 것으로 보았다. 그는 그의 주저(主著)인 『자유의 생태학(The Ecology of Freedom: The Emergence and Dissolution of Hierarchy)』에서 위계구조(hierarchy)에 대해 다음과 같이 말했다.

[위계구조(hierarchy)]는 제도화된 관계(institutionalized relationshi -ps)이다. 즉 글자 그대로 인간이 제도화하거나 만든 것이지만, 인간의 본능에 의해 생겨난 것은 아니다. 또한 특이질의 개인 때문에 명확히 하게 된 것도 아니다. 부연하면 위계구조는 의심할 여지 없이 사회구조(social structure) 속에 위압적인 특권계급(privileged ranks)이 존재한다는 것을 의미한다. 일정한 공동체(given community) 안에는 지배자처럼 행동하는 사람들이 있다. 그러나 위계구조는 그러한 개인적 특질(the idiosyncr -aticindividuals)을 말하는 것이 아니다. 위계구조는 개인들 간의 관계

또는 개인의 타고난 행동양식(patterns of behavior)을 넘어선 다른 사회적 논리(social logic)를 포함한다.

[Hierarchy] must be viewed as institutionalized relationships, relationships that living beings literally institute or create but which are neither ruthlessly fixed by instinct on the one hand nor idiosyncratic on the other. By this, I mean that they must comprise a clearly social structure of coercive and privileged ranks that exist apart from the idiosyncratic individuals who seem to be dominant within a given community, a hierarchy that is guided by a social logic that goes beyond individual interactions or inborn patterns of behavior(Murray Bookchin, The Ecology of Freedom, Palo Alto, CA: Cheshire Books, 1982, p.29.25).

위계구조를 제도화된 사회적 관계로 보는 머레이 북친은 "사회적 비판과 사회적 변혁에 확고하게 뿌리를 내린 생태주의만이, 자연과 인류에게 유익한 방식으로 사회를 변혁하는 수단을 제공할 수 있음을 명확하게 보여준다"고 말했다. 또한 그는 인간의 무자비한 자연 지배를 초래한 사회구조의 요인을 찾아 개혁하는 것이 우선이라는 입장을 견지하며 역사의 진보를 이루어낼 인간의 잠재력을 전폭적으로 지지하는 입장을 갖고 있다. 그는 '자연을 지배해야겠다는 관념은 다름 아닌 인간에 의한 인간의 지배에 그 근원을 두고 있다는 점을 중요시해야 하며, 인간사회의 지배구조는 자연계를 위계적인 연속체로 연결해 주목하게 만들었다고 말했다. 이러한 자연관은 역동적인 진화의 관점, 다시 말해 생명체가 주관성과 유연성이 점점 더 확대되는 방향으로 발전한다는 관점과는 아무런 관계가 없는 정적인 자연관이라고 볼 수 있다.

머레이 북친은 근본생태론자들이 인간중심주의를 비판하는 것에 대해 자연 지배와 약탈에 책임이 있는 사람은 전체 인간이 아니라 가부장제 속의 남성이나 자본주의 체제의 자본가 등 특수한 집단에 속해 있는 사람들이라고 반박했다. 그는 인간의 간섭이 최대한 배제된 자연지대인 원생지대의 지정과 확대를 중요하게 여기는 근본생태론자들에 대해 야생의 자연과 야생 생물만을 신비화하고, 인간을 단순히 하나의 동물종으로 격하시키며, 인간과 자연의 관계만을 중시하고 인간과 사회와의 관계를 경시한다고 비판했다. 그의 눈으로 보면, 여성운동·빈민운동·민중운동 등 사회경제적 정의와 평등을 향한 실천들과 거리를 두고 오직 생태운동에만 관심을 두는 근본생태학(deep ecology)은 '원생지대 숭배교'라고 할 수 있다. 그는 사회적 비판과 사회적 변화에 확고하게 뿌리를 내린 생태주의만이, 자연 그리고 인류에게 유익한 방식으로 사회를 변혁시킬 수 있는 수단을 제공할 수 있다고 주장했다.

아느 네스(Arne Naess)가 주창한 근본생태학은 인간은 자연의 일부분일 뿐인데도 인간은 자연과 인간이 유리되어 있는 것처럼 행동하는 것을 비판하면서 자연에 대한 인간의 특권적 지위를 부정한다. 인간은 그들 자신의 행위가 생태계에 어떠한 결과를 가져올 것인지에 대해서 인간 스스로가 인간 중심적으로 대응한다고 비판하고 있는 것이다. 근본생태학과 더불어 생태담론의 중요한 축의 하나인 사회생태학(social ecology)은 환경위기의 원인을 인간을 포함한 모든 생명 세계를 상품화하려는 시장논리에 기인한다는 데 초점을 맞추어 인간사회의 위계구조에서 찾기 때문에 인간이 지닌 지배 속성에 주목하고 있다.

2000년대에 들어서서 미국 문학계에 근본생태론적 자연관에서 벗어나 자연과 여성, 빈부·인종과 자연환경의 연관성, 세계와 환경, 지구온난화 같은 다양한 사회·문화적 이슈를 반영하는 주제를 다루는 도시자연문학이 등장했다. 로렌스 뷰얼(Lawrence Buell)은 『위기에 처한 세계를 위한 문학(Writing for Endangered Work)』(2001년)에서 생태비평이 근본생태론적 관점에서 사회생태론적 관점으로 이동해야 할 당위성을 강조했다. 그는 사회생태론적인 관점에서 찰스 디킨스(Charles Dickens), 리처드 라이트(Richard Wright), 시어도어 드라이저(Theodore Dreiser)의 작품을 중심으로 19·20세기 영국 및 미국의 도시환경문제를 집중적으로 논의했다. 그리고 그는 『환경비평의 미래(The Future of Environmental Criticism)』(2005년)에서 '생태비평(ecocriticism)'이란 용어를 '환경비평(environmental criticism)'으로 대체하자고 주장했다. 문학 연구에서 환경으로의 관심 이동은 방법론이나 패러다임(paradigm)에 의해서라기보다는 이슈에 의해 주도되었기 때문에 '환경비평'이 '생태비평'보다 적합한 용어라는 것이다.

1990년 이후 전개된 우리나라 소설의 생태비평적 연구가 생태중심적 자연관에 경도되어 있는 근본생태론적 관점 중심으로 소설을 연구한다는 것과 비교가 된다.

2

김종성의 신작 중편소설 「불의 협곡-불의 땅 3」은 「붉은 숲-불의 땅 1」(《내일을 여는 작가》 2023년 봄호 발표)·「붉은 바다-불의 땅 2」(《경기작가》2022년 12월 발표)로 구성된 '불의 땅' 연작의 세 번째 작품으로 일신그룹 청계제련소가 낙동강 최상류 청계협곡을 파괴하고, 청계협곡에서 대대로 삶을 영위해 왔던 원주민 사회를 폭력적으로 해체해 버려 원주민들에게 고향이라는 이름의 장소를 상실하는 아픔을 안겨주는 서사구조를 가지고 있다. 아연광석을 제련해 아연괴를 생산하는 일신 그룹 청계제련소는 환피아와 판피아의 비호 속에 포섭, 배제, 강압, 불법, 편법 등의 다가적인 방법으로 제1공장, 제2공장, 제3공장을 건설해 청계협곡을 식민화하고 청계면 주민을 종속화해 청계협곡에 위계구조로 이루어진 '일신 왕국'을 세웠다. 청계제련소가 배출하는 폐수에 섞여 있는 카드뮴 같은 중금속은 주민들에게 이타이이타이병을 안겨주었고, 청계제련소 굴뚝에서 뿜어져 나오는 아황산가스는 청계협곡의 생태계를 초토화 시켜 청계협곡을 불모의 땅으로 만들었다. 그럼에도 불구하고, 외지에서 살길을 찾아 이주해 온 대다수의 청계면 주민들은 생존권 보장을 내세우며 청계제련소를 옹위하는 데 앞장선다. 중편소설 「붉은 숲」에서 인간과 자연을 상품화하려는 시장논리를 앞세워 청계협곡과 청계면 주민을 지배하는 일신 그룹이라는 거대한 재벌에 맞서 청계협곡의 생태계와 문화와 풍습을 지키려고 지난한 싸움을 해온 훈장 도원은 「불의 협곡」 대단원에서 진주홍 화염에 휩싸여 『퇴계집』과 함께 한 줌의 재가 된다.

정라헬의 신작 단편소설 「온산향가」는 온산공단의 환경오염 문제를 다루고 있다. 국가가 경상남도 울주군 온산면에 비철금속공단을 조성하기로 했던 때를 시대적 배경으로 한 「온산향가」의 전반은 온산면 이진리에 살고 있는 좀상날 가족에 관한 이야기이다. 「온산향가」의 후반은 이주 보상비에 불만을 품은 이주 대상 주민들이 항거하는 이야기이다. 「온산향가」는 국책 사업에 고향을 내어준 온산면 이주민의 처지와 환경오염 방지를 소홀히 하여 온산병을 야기했던 국가와 기업의 행태에 대해 생각해 볼 수 있는 시간을 갖게 한다.

김세인의 신작 단편소설 「둥지 잃은 새」는 천수만 간척사업을 모티브로 하여 쓴 작품이다. 천수만 바다를 메워 여의도의 140배가량 면적의 농지가 생겼다는 것만 좋아했지 그만큼의 바다를 잃었다는 것을 인식하지 못했을 수 있다. 그 땅의 주인은 대기업이 되었고 그 바다에서 돈벌이를 하던 어민은 일터를 잃었다. 새에게 둥지가 보금자리이듯이 어민에게는 바다가 곧 둥지이다. 둥지를 잃은 어민들의 상실감, 그리고 새로 상징되는 희망을 잃어버린 어민의 회한에 대해 아무도 귀 기울이려 하지 않고 있다. 드넓은 간척지와 철새 도래지로 알려진 천수만을 관할하는 지방자치단체는 탐조객을 유치하여 관광 수입을 올리기 위하여 행정력을 쏟고 있다. 「둥지 잃은 새」는 천수만의 간척지 조성으로 인해 바다를 잃어버린, 근원적인 고향을 상실한 원주민들의 아픔을 이야기하고 있다.

박숙희의 신작 단편소설 「곡지 씨의 개나리」는 원자력 발전소 방사능 오염 문제를 다루고 있다. 「곡지 씨의 개나리」의 주인물(main character)인 곡지 씨는 1953년생이며 평생 원자병으로 고생하면서 사는 여인이다. 곡지 씨가 원자병을 앓게 된 이유는 곡지 씨 어머니의 원자병이 대물림되었기 때문이다. 「곡지 씨의 개나리」는 3대에 걸쳐 방사능오염에 노출된 가족의 이야기이다. 하지만 그들 가족은 정부나 기관으로부터 어떤 보호와 보상도 받지 못한 채 생의 마지막 순간을 맞이하고 있다.

정우련의 신작 단편소설 「은어가 사는 강물」은 낙동강 페놀 수질오염 사건을 다루고 있다. 구산전자가 5개월여 전부터 지속적으로 방출한 페놀 폐수가 낙동강 전체를 오염시켰다. 정부의 솜방망이 처벌로 조업을 재개한 구산이 또다시 페놀폐수를 방출하는 바람에 사건은 일파만파 걷잡을 수 없이 커지고 말았다. 대구를 비롯한 영남 지역 주민들의 피해가 극심했다. 그 최대의 피해자는 임산부들이었다. 명수의 아내 은옥은 만삭으로 사산을 하게 되고 다른 피해 임산부들과 시위에 나선다.

배명희의 신작 단편소설 「너무 늦지 않게」는 새만금 간척개발 문제를 다루고 있는 소설이다. 새만금 개발이 망가뜨린 것은 바다와 갯벌뿐 아니다. 거기 기대 살던 사람들과 공동체도 파괴했다. 조상 대대로 살아온 고향을 떠나 다른 곳에 이주해야 하는 불안을 외부인은 상상하기 어렵다. 「너무 늦지 않게」는 누구를 위한 개발인가라는 의문에서 시작하고 있다. 「너무 늦지 않게」는 이 땅은 우리의 다음 세대가 살아갈 땅이며, 그들을 위해서라도 어른들이 자연과 생명을 시기는 길에서 너무 많이 벗어나지 않으면 좋겠다는 작가의 염원이 담겨 있는 소설이다.

동아일보 신춘문예 당선작인 중편소설 「병원」에서 의료폐기물 문제를 선구적으로 다루었던 채희문은 신작 단편소설 「무지개다리 건너는 법」에서 의료폐기물 문제를 심층적으로 다루고 있다. 채희문의 「무지개다리 건너는 법」은 의료폐기물에 관한 틀에 박힌 규정이나 의무가 따르는 시행 방식에 관해 쓴 것이 아니라 쓰레기로 버려지는 생명을 대하는 인간의 합당한 태도를 고민해 본 것이라 할 수 있다. 한때 사랑했든 사랑하지 않았든, 함께 생활했던 생명체를 폐기물 봉투에 넣어 버리는 행위는 오락적인 이유로서 생명체를 칼로 난도질하는 행위와 하등 다를 바가 없다는 생각이며, 어쩔 수 없이 쓰레기로 버려질망정 죽은 생명체를 대하는 인간의 합당한 태도란 어때야 할 것인가를 함께 생각해 보게 하는 소설이다.

마린의 신작 단편소설 「풀잎들」은 밀양 송전탑 사건을 다루고 있다. 행정대집행이라는 이름으로 공권력을 동원하여 농성장을 없애버리고 송전탑 건설을 강행한다고 해서, 고향 땅에서 내몰리고 공동체가 붕괴하며, 국가로부터 소외당한 쓰라린 경험조차 사라지는 것은 아니다. 주민들을 협의의 대상이 아니라 단지 합의의 대상으로 보고, 그들의 삶의 가치를 무시하고 회유와 협박으로 합의를 종용한 일은 정당화되기 어렵다. 주민들에게 제대로 된 정보를 제공하고 진심 어린 대화와 설득이 선행되지 않는다면 밀양에서 벌어진 비극은 언제 어디에서고 반복될 것이다. 주민들의 억울한 마음을 보듬는 것도 마땅히 국가가 해야 할 일이다. 밀양송전탑 사건은 현재진행형이다.

은미희의 신작 중편소설 「마고할미가 울었어」는 지리산 일대에서 건설 중인 골프장 이야기를 모티브로 삼고 있다. 골프장을 건설하기 위해서는 수십만 평의 대지에서 수백 종의 식물을 모두 제거해야한다. 잔디를 깔기 위해서는 40센티미터에서 70센티미터의 흙을 거둬내야 하는데 흙 1그램에는 1억 마리의 미생물이 살고 있다. 헌데 그런 흙을 파내고 생명체가 거의 없는 모래나, 마사토나, 인공의 흙으로 덮은 후 잔디와 벤트그라스를 심는다. 그것이 끝이 아니다. 그 잔디를 관리하기 위해서는 엄청난 비료와 농약을 사용하는데, 실제로 골프장에서 사용하는 농약은 해마다 늘고 있다. 골프장의 농약사용으로 인해 심각한 식수의 오염은 물론이고 양식장 피해와 기형아 출산 등 심각한 부작용이 나타나고 있다. 골프장의 농약 사용으로 인해 심각한 식수의 오염은 물론이고 양식장 피해와 기형아 출산 등 심각한 부작용이 나타나고 있다. 뿐만 아니라 골프장은 많은 양의 물을 사용함으로써 농업용수의 고갈을 불러오는 것으로 드러났다. 가장 심각한 문제로는 골프장이 들어서면서 숲이 사라진다는 것이다. 숲이 사라지면 맑은 공기를 제공하고 자연재해를 줄여줄 자연 방어의 기능도 사라진다. 기후변화로 인해 갖가지 재앙이 우리의 삶을 위협하고 있는 요즘, 환경생태의 변화는 더 큰 재앙을 초래할 수도 있다.

은미희는 「마고할미가 울었어」에서 기후변화로 인해 갖가지 재앙이 우리의 삶을 위협하고 있는 지금 이 시대, 골프장 건설 등 생태계의 파괴는 더 큰 재앙을 초래할 수 있다고 경고하고 있다.

집필 작가 소개(작품 게재순)

김종성 1986년 월간 《동서문학》 신인문학상 중편소설 「검은 땅 비탈 위」 당선. 2006년 경희문학상 소설 부문 수상. 2024년 이병주국제문학상 대상 수상. 고려대학교 문과대학 국문학과 졸업 및 경희대 대학원 국문학과 석사과정과 고려대 대학원 국문학과 박사과정 졸업(문학박사). 연작소설집『탄(炭)』·『마을』·『가야를 찾아서』, 중·단편소설집 『연리지가 있는 풍경』·『말 없는 놀이꾼들』·『금지된 문』 등 출간. 연구서 『한국환경생태소설연구』·『글쓰기의 원리와 방법』·『한국어 어휘와 표현 I·II·III·IV』 등 출간. 전 경희대 국문학과 겸임교수 및 고려대 세종캠퍼스 문화창의학부 교수.

정라헬 2013년 계간 《내일을 여는 작가》 신인문학상 단편소설 「발재봉틀」 당선. 신라문학대상 소설 부문 수상. 경성대학교 국문학과 및 동아대학교 대학원 문예창작학과 석사과정 졸업. 동의대학교 대학원 국문학과 박사과정 수료.

김세인 1997년 계간 《21세기문학》 신인문학상에 단편소설 「옥탑방」 당선. 숭의여자대학교 문예창작과와 한국방송통신대학교 국어국문학과 졸업 및 중앙대학교 예술대학원 문학예술학과 졸업. 류주현문학상 향토문학 부문 수상. 소설집 『무녀리』·『동숙의 노래』, 장편소설 『오, 탁구!』·『어린 새들이 울고 있다』 출간. 전 숭의여대, 장안대 강사. 현 세종시평생교육학습관에서 문예창작 강의.

박숙희   1995년 한국일보 신춘문예 단편소설 「우리에게 필요한 것은 날개가
         아니다」 당선. 부산대학교 인문대학 사회학과 졸업. 단편소설집 『오
         이와 바이올린』, 장편소설 『쾌활한 광기』·『키스를 찾아서』·『이기
         적인 유전자』·『사르트르는 세 명의 여자가 필요했다』·『아직 집에
         가고 싶지 않다』 등 출간. 산문집 『너도 예술가』 출간. 전 도서출판
         풀빛 편집장.

정우련   1996년 국제신문 신춘문예 단편소설 「서른네 살의 다비장」 당선.
         부산소설문학상·부산작가상 수상. 부산여대 문예창작학과 졸업 및
         경성대 대학원 박사과정 국문학과 수료. 소설집 『빈집』·『팔팔 끓고
         나서 4분간』, 산문집 『구텐탁, 동백아가씨』 등 출간. 전 부산외국어
         대학교 겸임교수.

배명희   2006년 중앙일보 중앙신인상 단편소설 「와인의 눈물」 당선. 영남대학
         교 생활과학대학 식품영양학과 졸업 및 한양대학교 대학원 석사과정
         식품영양학과 졸업. 소설집 『와인의 눈물』·『엄마의 정원』 등 출간.

채희문   1987년 계간 《세계의 문학》에 중편소설 「철탑」을 발표. 1988년 동
         아일보 신춘문예 중편소설 「병원」 당선. 서라벌 문학상 신인상 수상.
         황순원 작가상(소나기마을문학상) 수상. 중앙대학교 예술대학 문예
         창작학과 졸업. 창작집 『철탑』·『검은 양복』, 중편소설집 『흥선 대원
         군』, 장편소설 『흑치』·『슬픈 시베리아』, 대표작품선 『바람도 때론
         슬프다』 출간. 청소년 도서 『주니어 박문수전』 출간. 동아출판사 전
         집 『한국소설문학대계』에 중편소설 「철탑」·「검은 양복」, 단편소설
         「309.8킬로미터」, 「호각소리」 수록. 『한국 현대문학 대사전』(서울대
         학교 출판부)에 수록. 전 편집회사 랜스 에디팅 대표.

마린   2007년 계간 《내일을 여는 작가》 신인문학상 단편소설 「나쁜 꿈」
       당선. 인하대학교 문과대학 영어영문학과 졸업. 소설집 『아메리칸
       앨리』 등 출간.

은미희   1999년 문화일보 신춘문예 단편소설 「다시 나는 새」 당선. 삼성문
       학상 수상. 광주대학교 인문사회대학 문예창작학과 및 같은 학교 대
       학원 문예창작학과 졸업. 동신대 한국어교원학과 박사과정 수학. 소
       설집 『만두 빚는 여자』, 장편소설 『소수의 사랑』·『바람의 노래』·
       『18세, 첫경험』·『바람남자 나무여자』·『나비야 나비야』·『흑치마
       사다코』 등 출간. 전 동신대 강사.